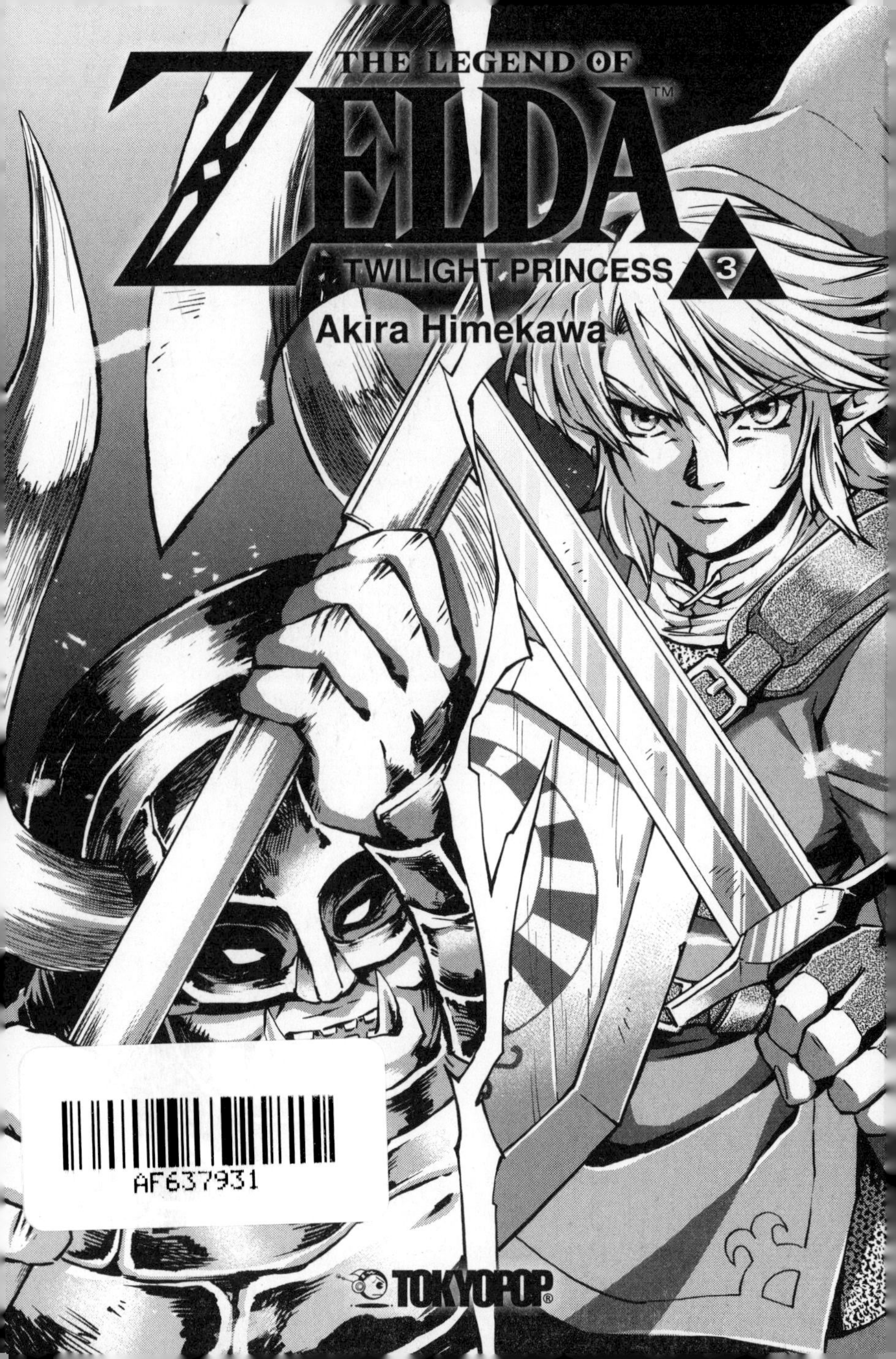
THE LEGEND OF
ZELDA™
TWILIGHT PRINCESS 3
Akira Himekawa
TOKYOPOP®

THE LEGEND OF ZELDA™
TWILIGHT PRINCESS 3

Inhalt

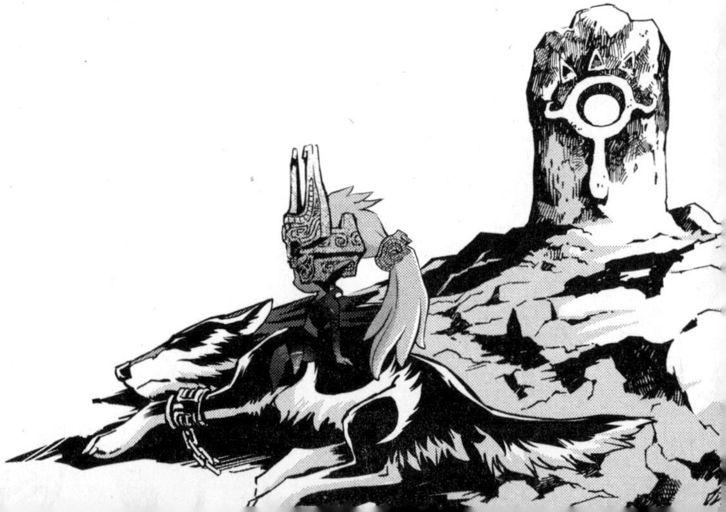

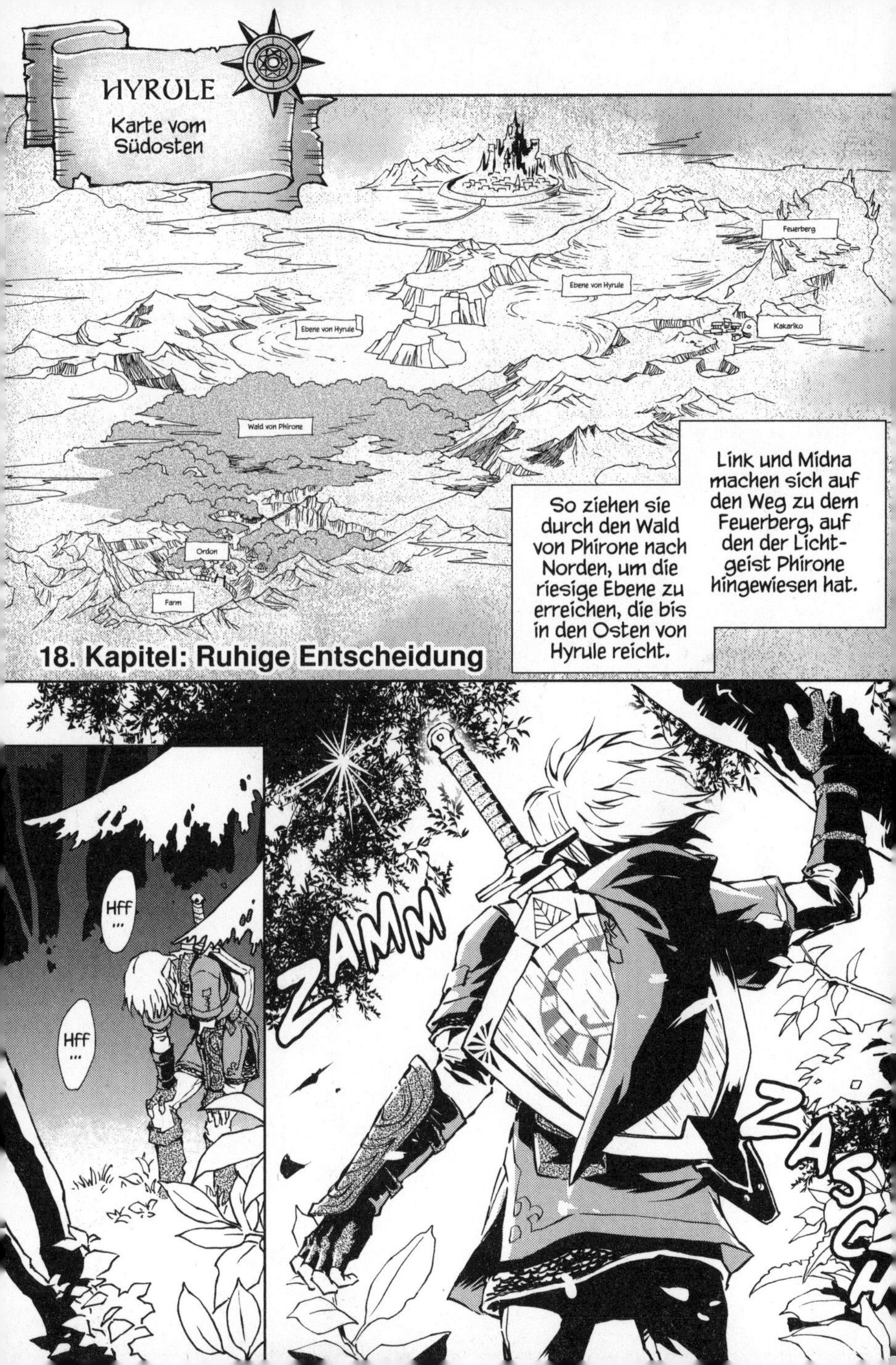
HYRULE
Karte vom Südosten
Feuerberg
Ebene von Hyrule
Ebene von Hyrule
Kakariko
Wald von Phirone
Ordon
Farm
Link und Midna machen sich auf den Weg zu dem Feuerberg, auf den der Lichtgeist Phirone hingewiesen hat.
So ziehen sie durch den Wald von Phirone nach Norden, um die riesige Ebene zu erreichen, die bis in den Osten von Hyrule reicht.
18. Kapitel: Ruhige Entscheidung
ZASCH
ZAMM
Hff ...
Hff ...

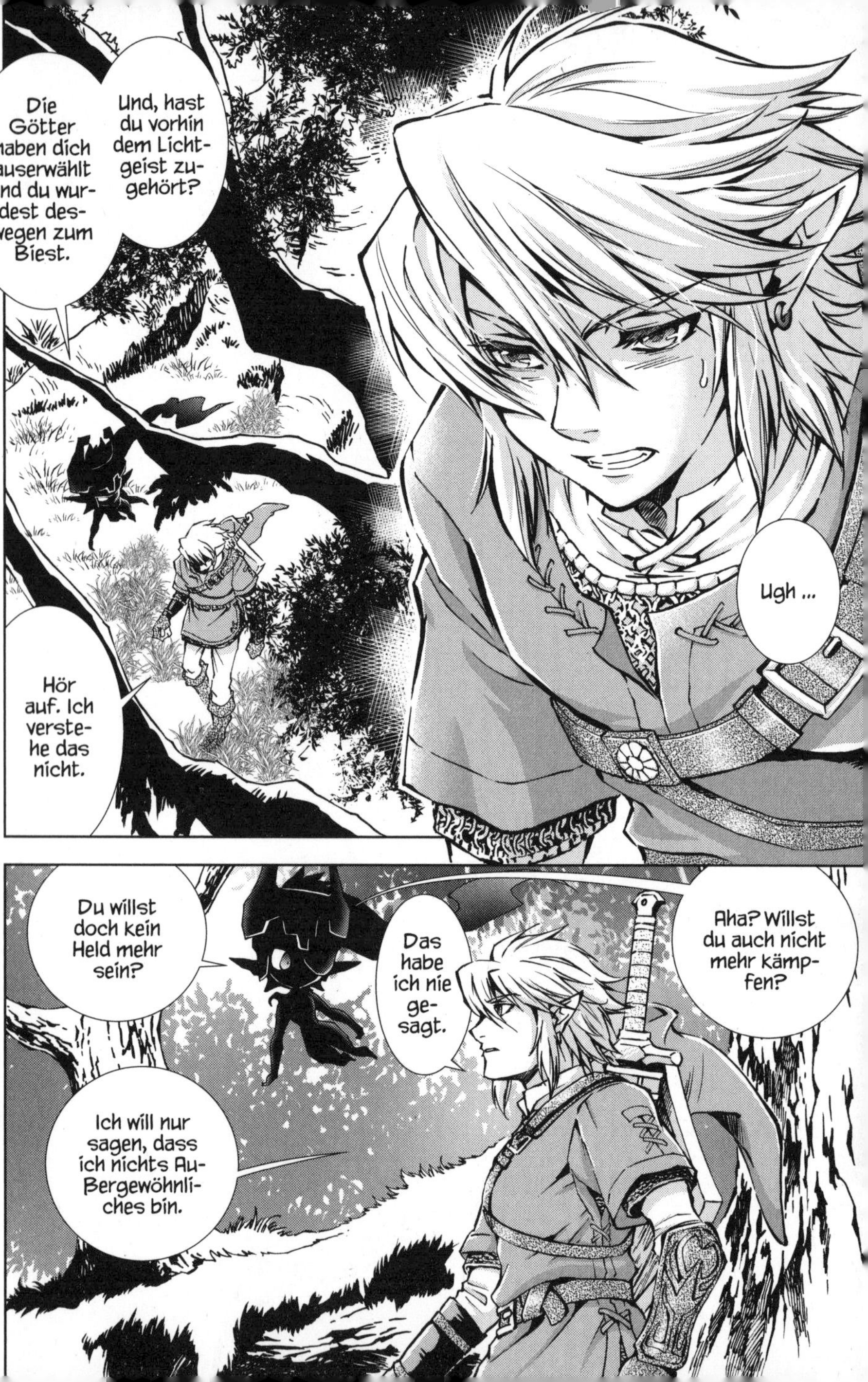
Und, hast du vorhin dem Licht-geist zu-gehört?
Die Götter haben dich auserwählt und du wur-dest des-wegen zum Biest.
Ugh ...
Hör auf. Ich verste-he das nicht.
Aha? Willst du auch nicht mehr kämp-fen?
Das habe ich nie ge-sagt.
Du willst doch kein Held mehr sein?
Ich will nur sagen, dass ich nichts Au-ßergewöhnli-ches bin.

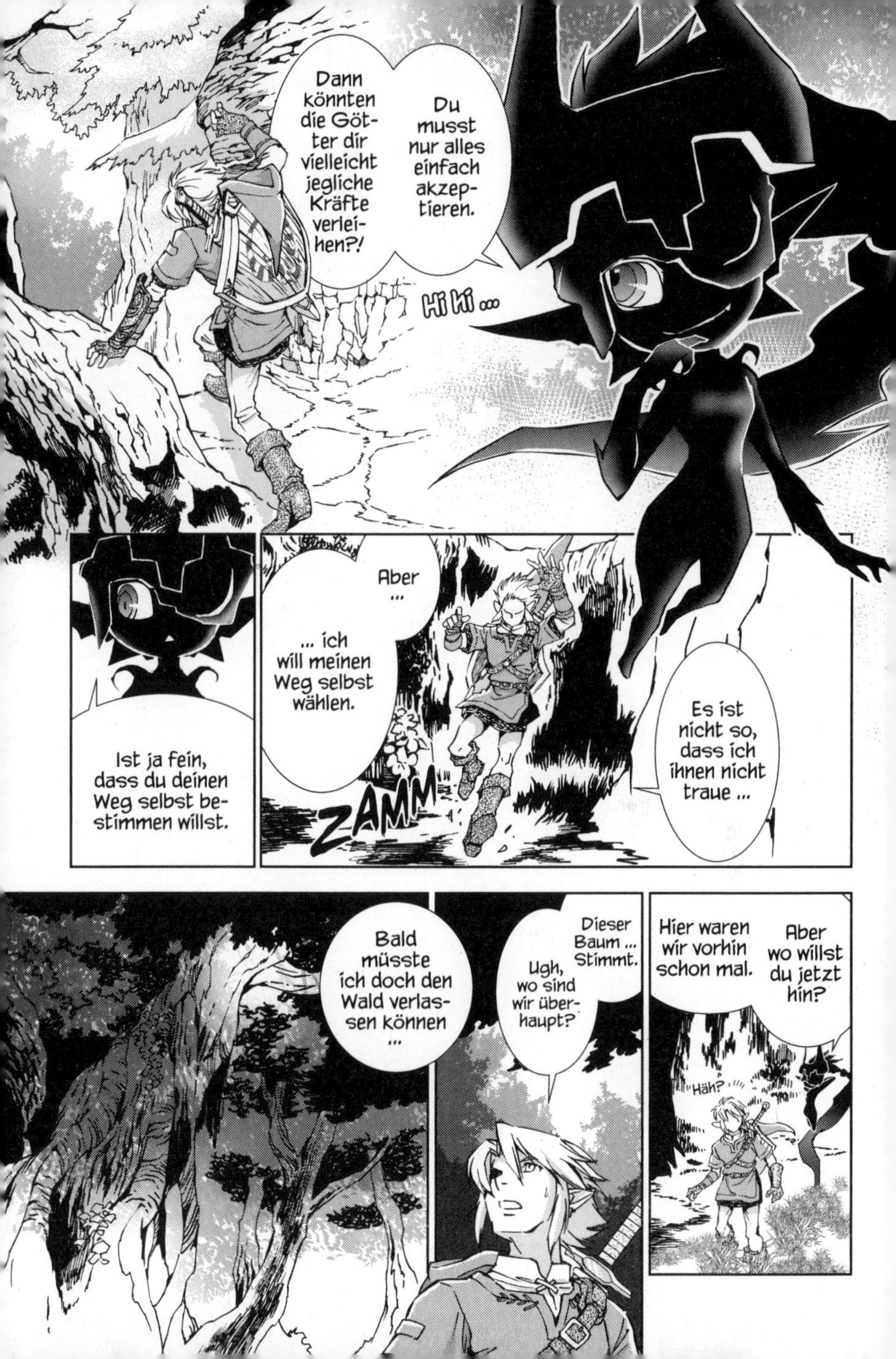
Du musst nur alles einfach akzep-tieren.
Dann könnten die Göt-ter dir vielleicht jegliche Kräfte verlei-hen?!
Hi hi ...
Es ist nicht so, dass ich ihnen nicht traue ...
Aber ...
... ich will meinen Weg selbst wählen.
ZAMM
Ist ja fein, dass du deinen Weg selbst be-stimmen willst.
Aber wo willst du jetzt hin?
Hier waren wir vorhin schon mal.
Häh?
Dieser Baum ... Stimmt.
Ugh, wo sind wir über-haupt?
Bald müsste ich doch den Wald verlas-sen können ...

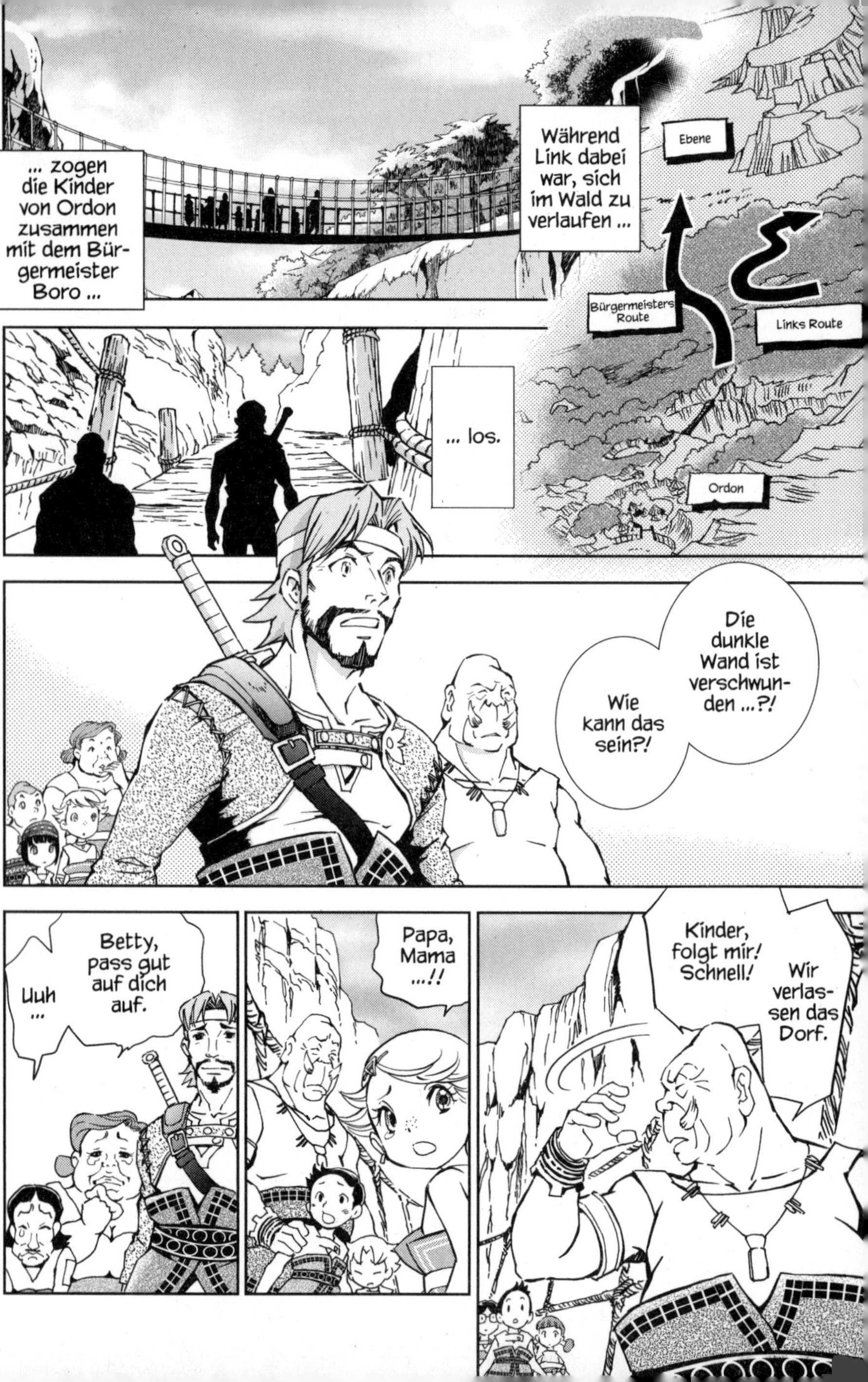
... zogen die Kinder von Ordon zusammen mit dem Bürgermeister Boro ...
Während Link dabei war, sich im Wald zu verlaufen ...
Ebene
Bürgermeisters Route
Links Route
Ordon
... los.
Die dunkle Wand ist verschwunden ...?!
Wie kann das sein?!
Uuh ...
Betty, pass gut auf dich auf.
Papa, Mama ...!!
Kinder, folgt mir! Schnell!
Wir verlassen das Dorf.

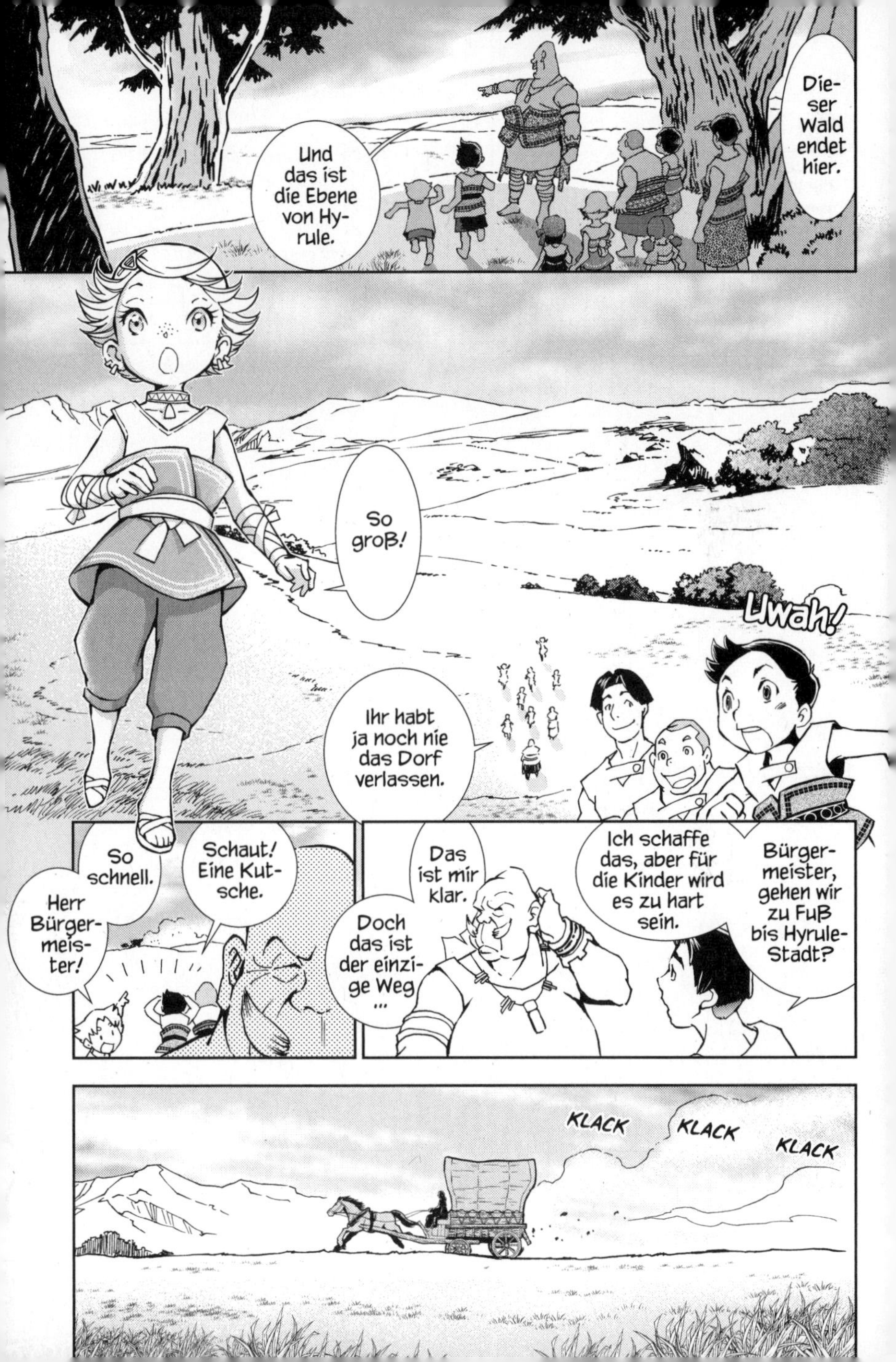

Dieser Wald endet hier.
Und das ist die Ebene von Hyrule.
So groß!
Uwah!
Ihr habt ja noch nie das Dorf verlassen.
Bürgermeister, gehen wir zu Fuß bis Hyrule-Stadt?
Ich schaffe das, aber für die Kinder wird es zu hart sein.
Das ist mir klar.
Doch das ist der einzige Weg ...
Schaut! Eine Kutsche.
So schnell.
Herr Bürgermeister!
KLACK
KLACK
KLACK

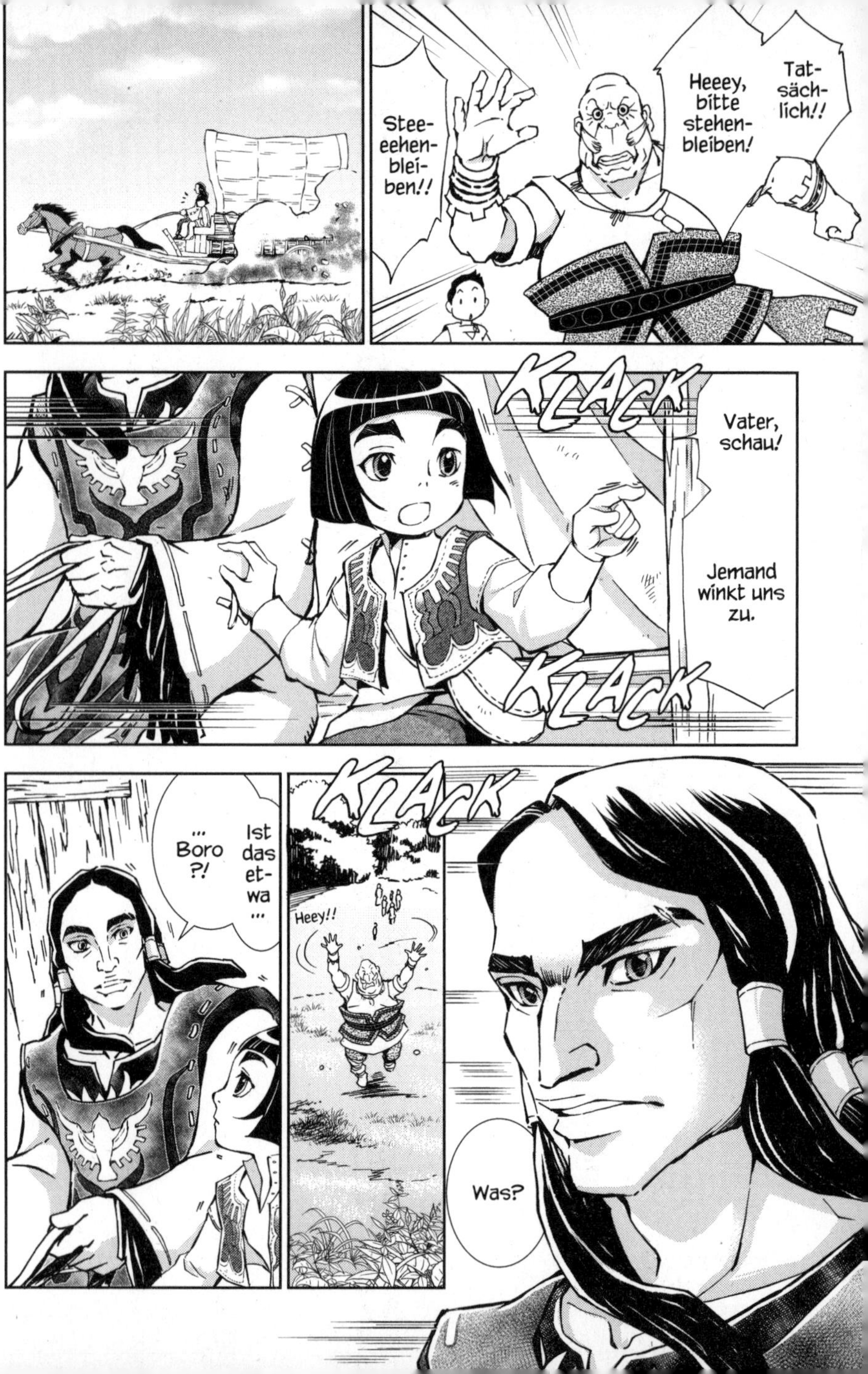

Tatsächlich!!
Heeey, bitte stehenbleiben!
Steeeehenbleiben!!
KLACK
Vater, schau!
Jemand winkt uns zu.
KLACK
Was?
KLACK
Heey!!
Ist das etwa ...
... Boro ?!

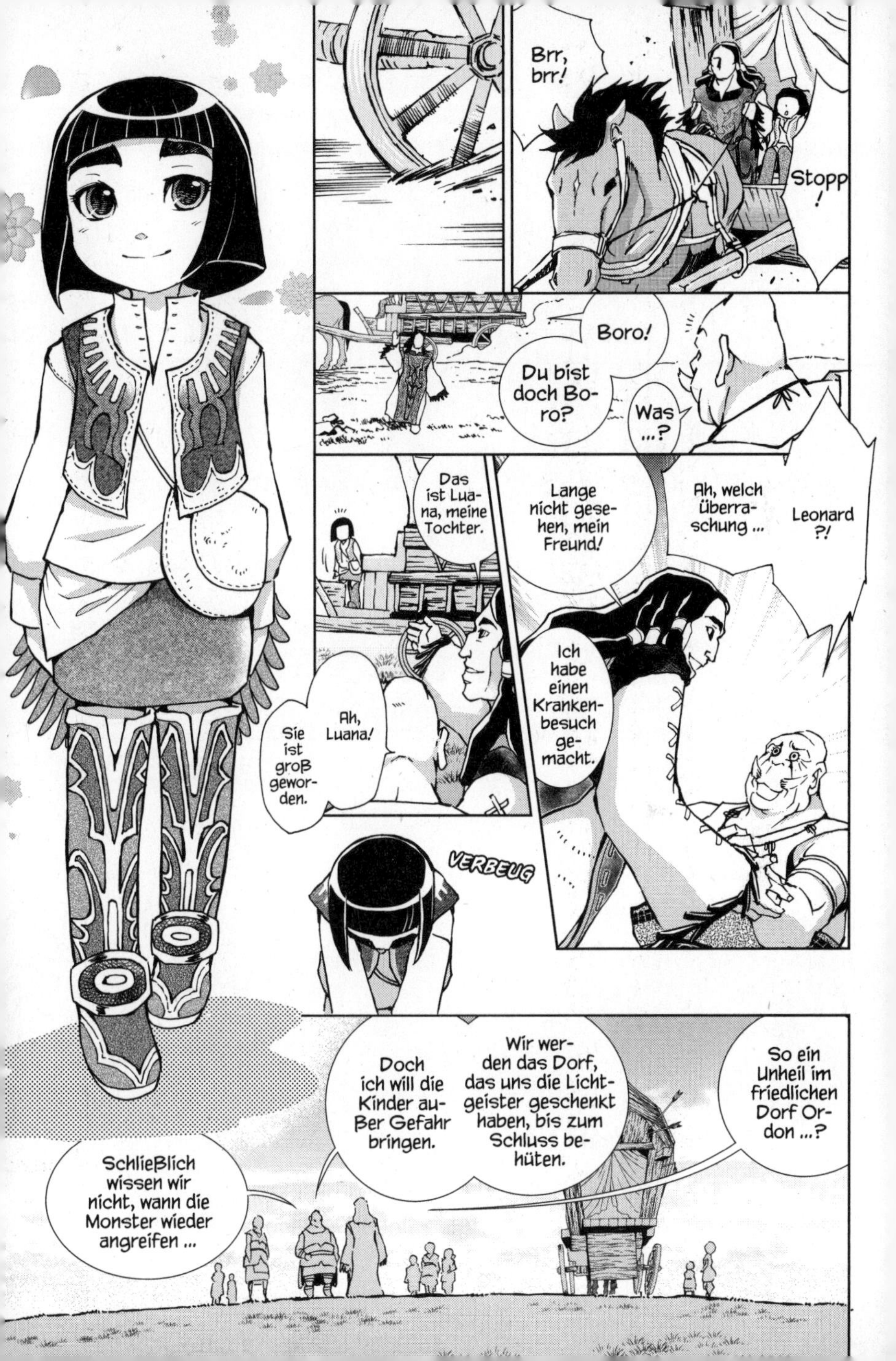

Stopp!
Brr, brr!
Boro!
Du bist doch Boro?
Was ...?
Leonard?!
Ah, welch Überraschung ...
Lange nicht gesehen, mein Freund!
Ich habe einen Krankenbesuch gemacht.
Das ist Luana, meine Tochter.
Ah, Luana!
Sie ist groß geworden.
VERBEUG
So ein Unheil im friedlichen Dorf Ordon ...?
Wir werden das Dorf, das uns die Lichtgeister geschenkt haben, bis zum Schluss behüten.
Doch ich will die Kinder außer Gefahr bringen.
Schließlich wissen wir nicht, wann die Monster wieder angreifen ...

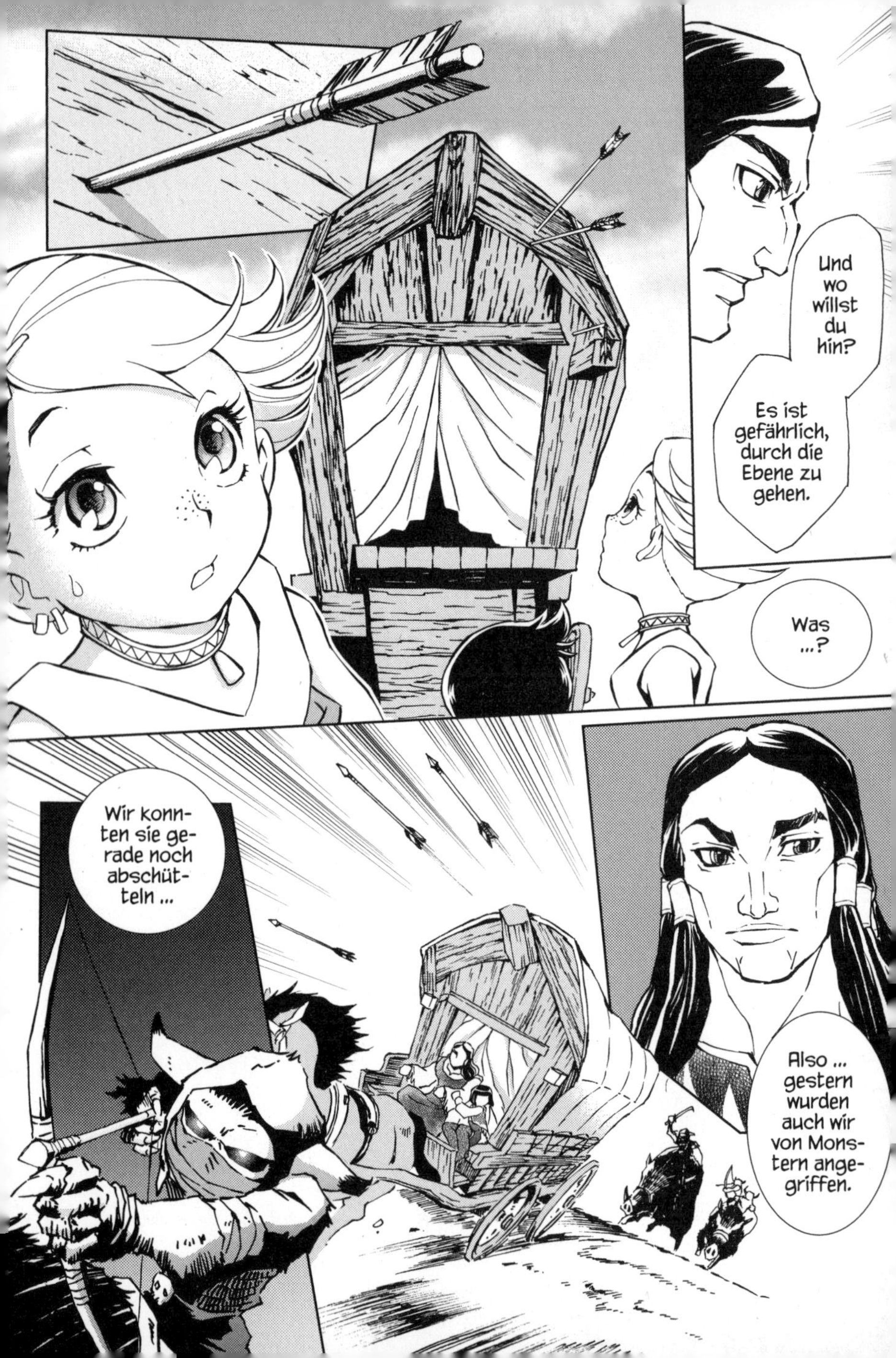
Und wo willst du hin?
Es ist gefährlich, durch die Ebene zu gehen.
Was ...?
Wir konnten sie gerade noch abschütteln ...
Also ... gestern wurden auch wir von Monstern angegriffen.

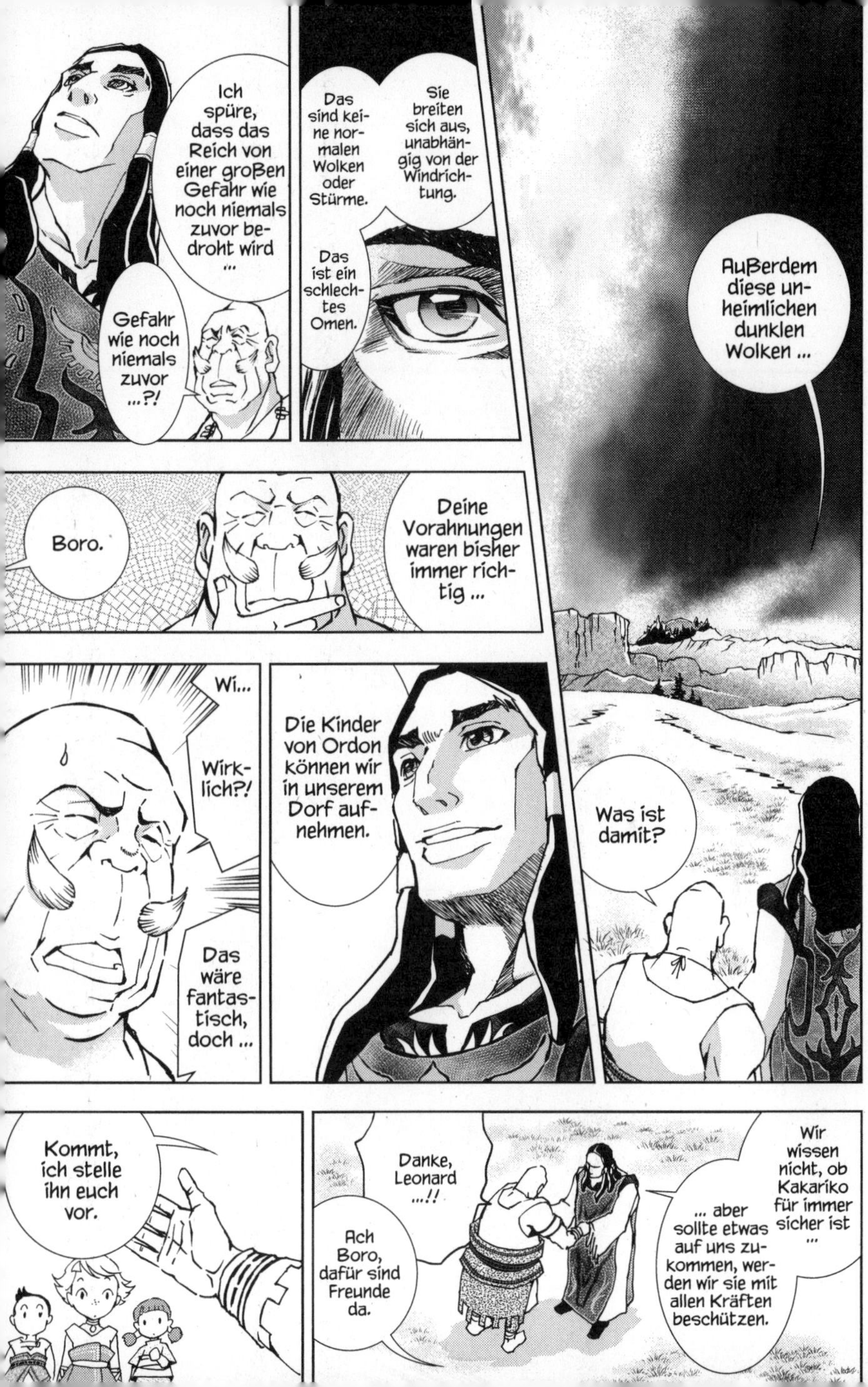

Ich spüre, dass das Reich von einer großen Gefahr wie noch niemals zuvor bedroht wird ...
Gefahr wie noch niemals zuvor ...?!
Das sind keine normalen Wolken oder Stürme.
Sie breiten sich aus, unabhängig von der Windrichtung.
Das ist ein schlechtes Omen.
Außerdem diese unheimlichen dunklen Wolken ...
Deine Vorahnungen waren bisher immer richtig ...
Boro.
Was ist damit?
Die Kinder von Ordon können wir in unserem Dorf aufnehmen.
Wi...
Wirklich?!
Das wäre fantastisch, doch ...
Wir wissen nicht, ob Kakariko für immer sicher ist ...
... aber sollte etwas auf uns zukommen, werden wir sie mit allen Kräften beschützen.
Danke, Leonard ...!!
Ach Boro, dafür sind Freunde da.
Kommt, ich stelle ihn euch vor.

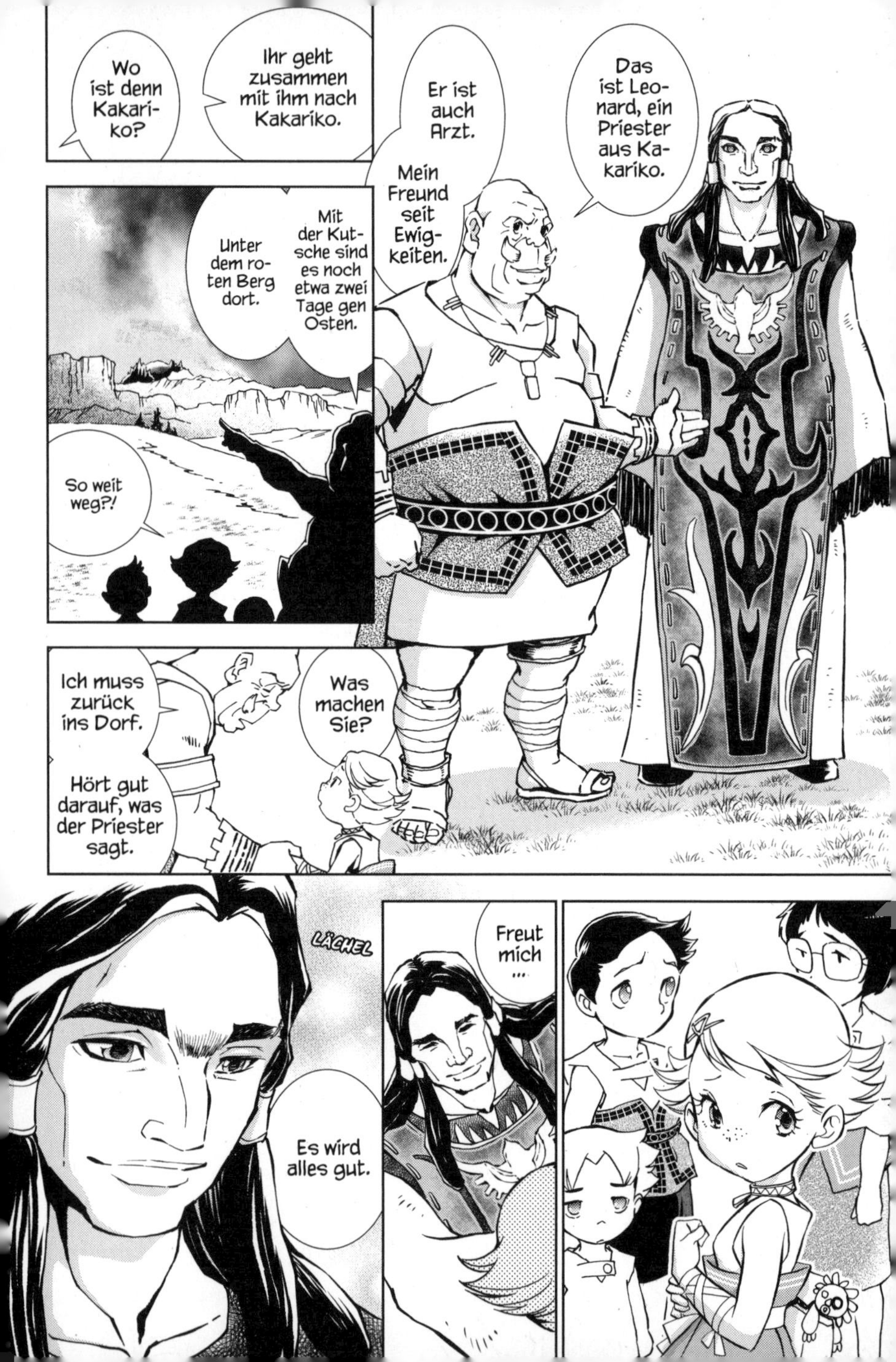
Das ist Leonard, ein Priester aus Kakariko.
Er ist auch Arzt.
Mein Freund seit Ewigkeiten.
Ihr geht zusammen mit ihm nach Kakariko.
Wo ist denn Kakariko?
Mit der Kutsche sind es noch etwa zwei Tage gen Osten.
Unter dem roten Berg dort.
So weit weg?!
Was machen Sie?
Ich muss zurück ins Dorf.
Hört gut darauf, was der Priester sagt.
Freut mich ...
LÄCHEL
Es wird alles gut.

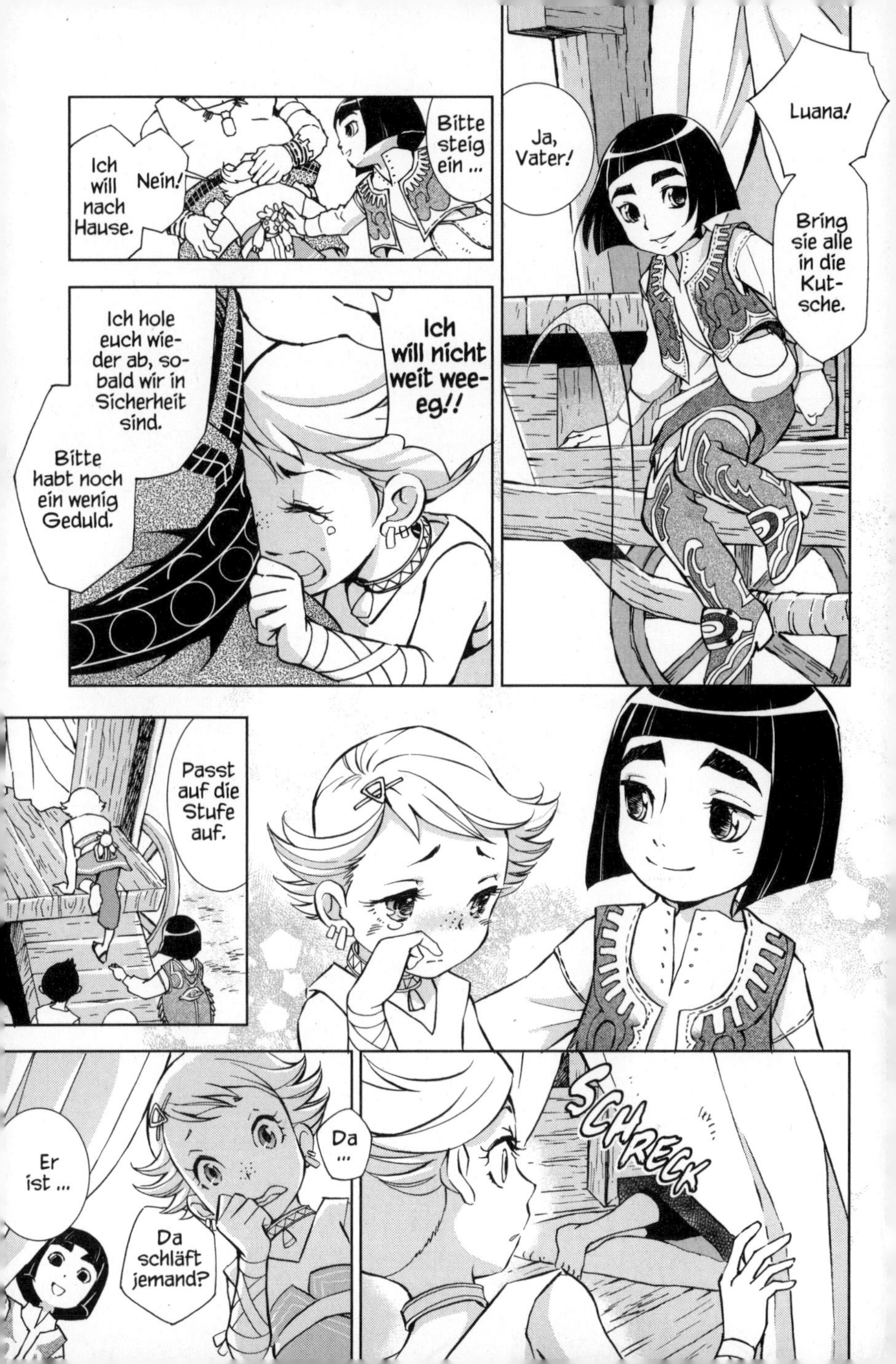
Luana!
Ja, Vater!
Bring sie alle in die Kutsche.
Bitte steig ein ...
Nein!
Ich will nach Hause.
Ich will nicht weit weeeg!!
Ich hole euch wieder ab, sobald wir in Sicherheit sind.
Bitte habt noch ein wenig Geduld.
Passt auf die Stufe auf.
SCHRECK
Da ...
Da schläft jemand?
Er ist ...

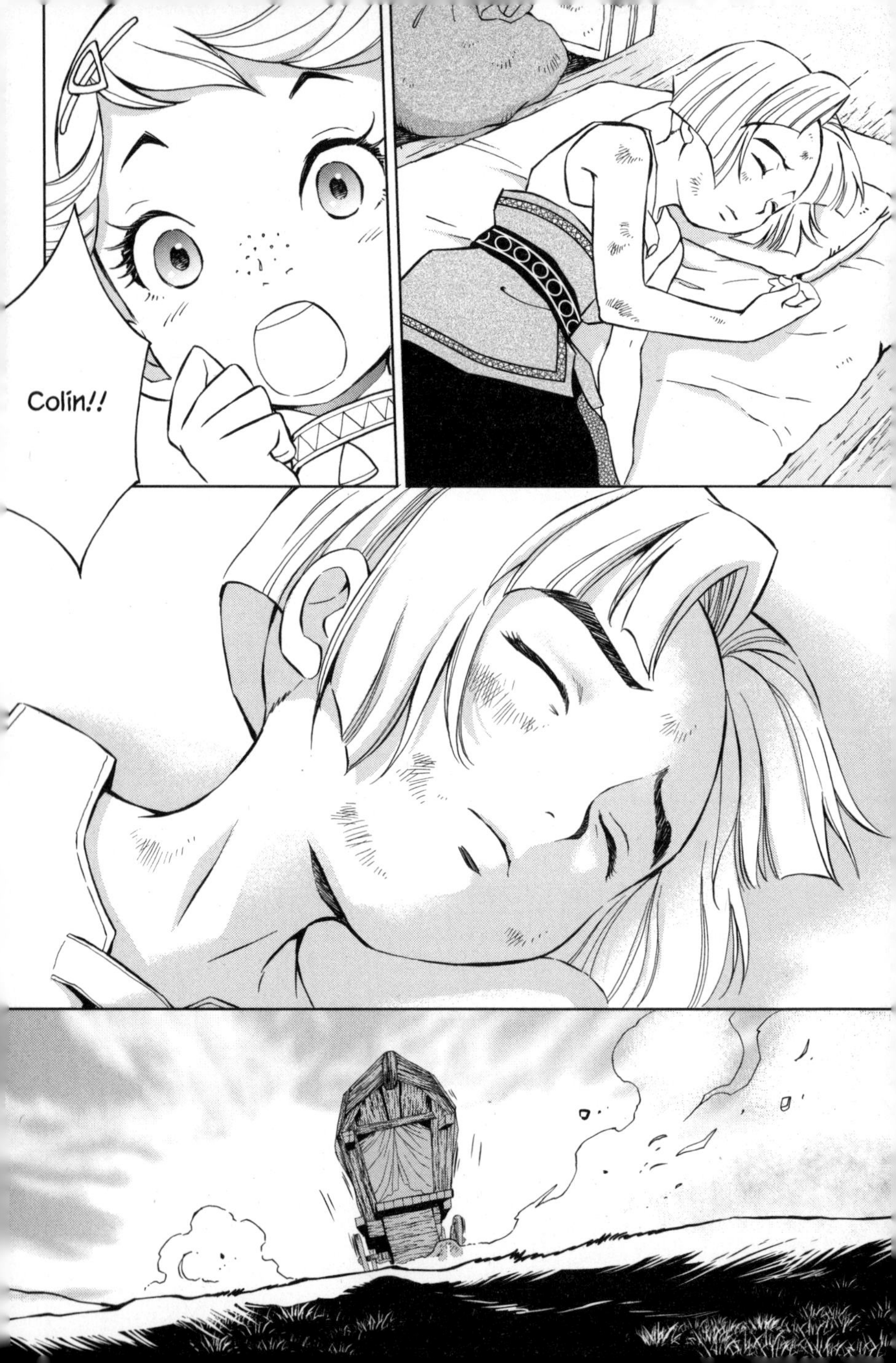
Colin!!

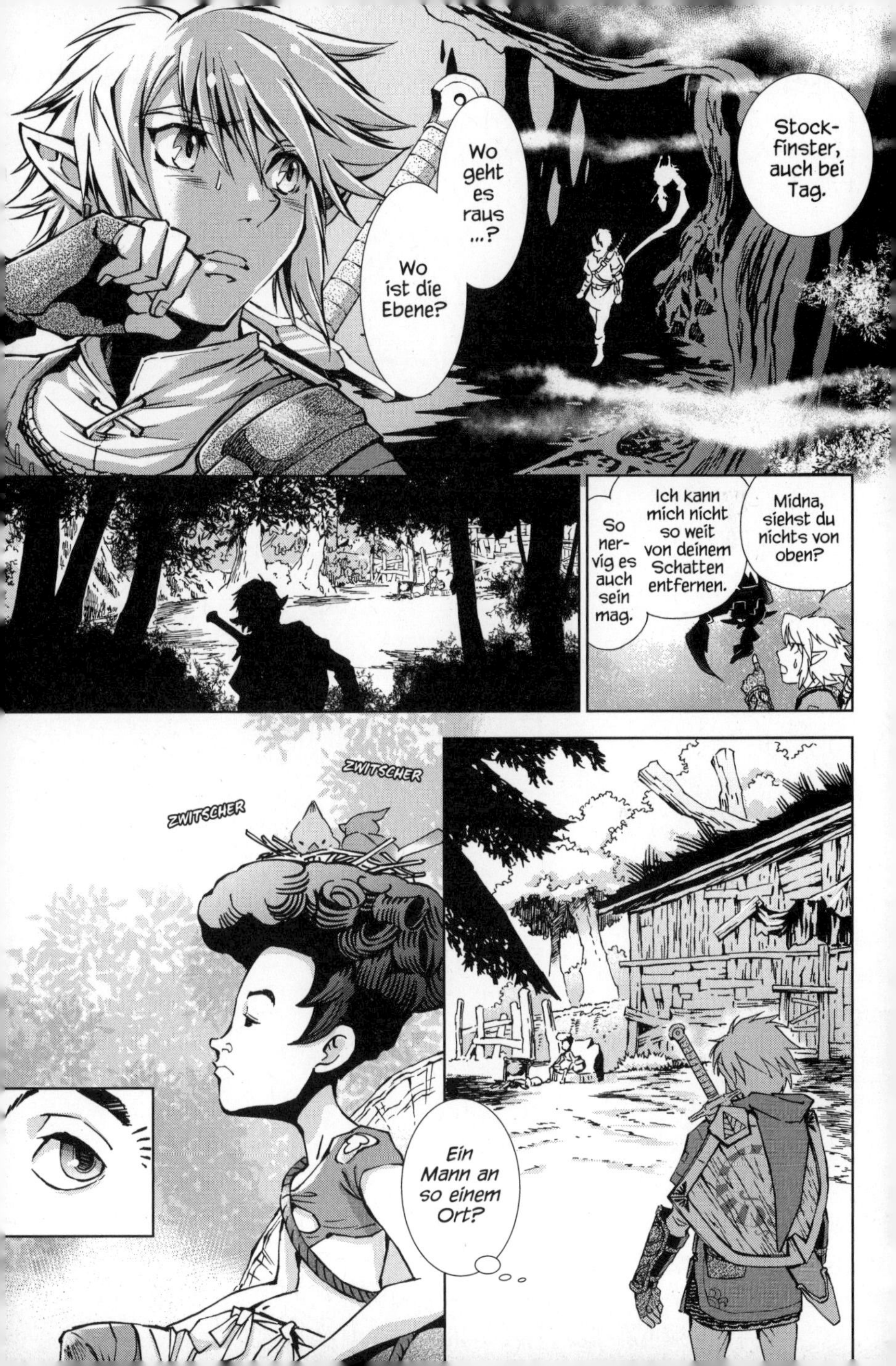
Stock-finster, auch bei Tag.
Wo geht es raus ...?
Wo ist die Ebene?
Midna, siehst du nichts von oben?
Ich kann mich nicht so weit von deinem Schatten entfernen.
So nervig es auch sein mag.
ZWITSCHER
ZWITSCHER
Ein Mann an so einem Ort?

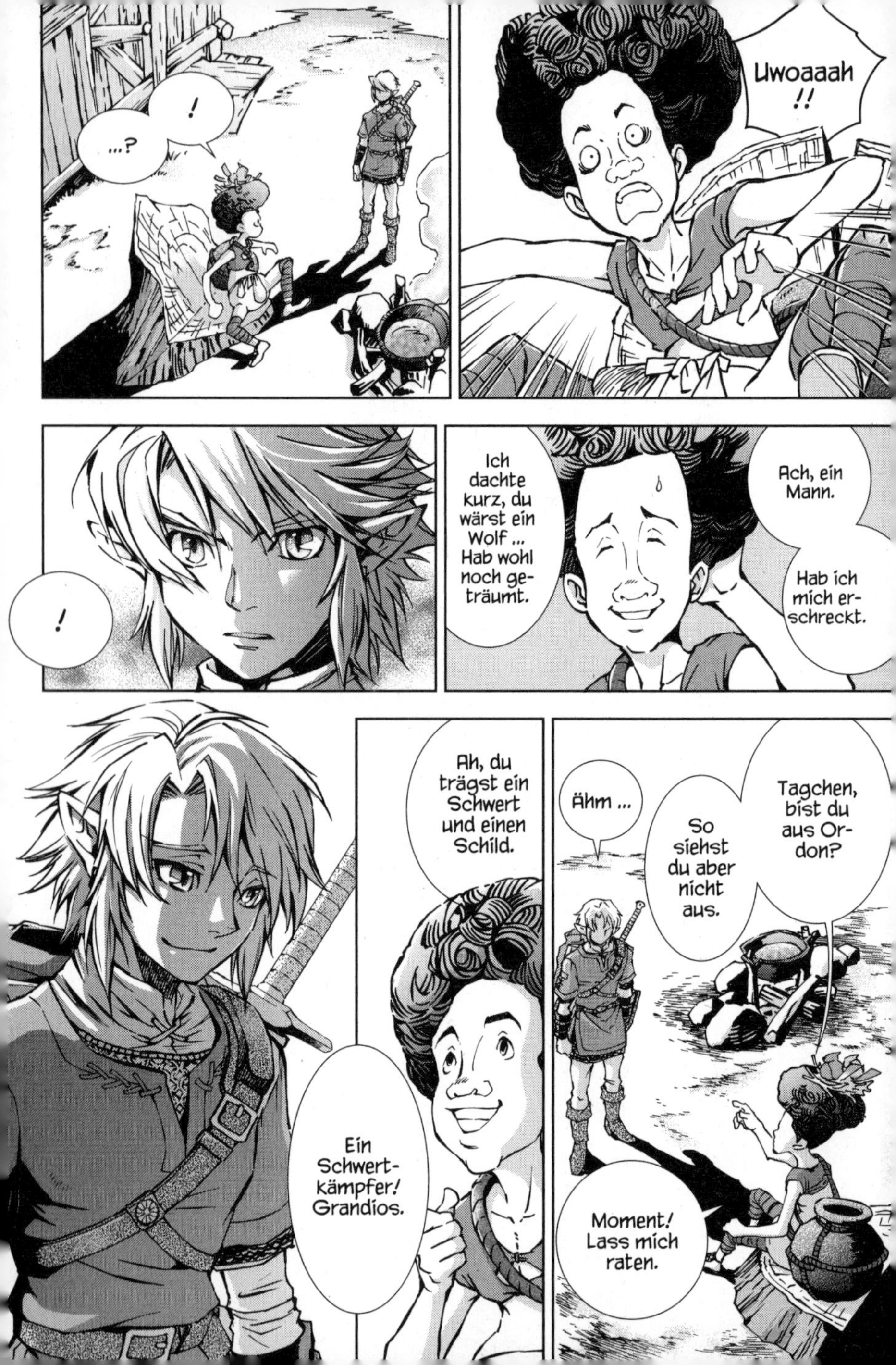
Uwoaaah !!
!
...?
Ach, ein Mann.
Hab ich mich erschreckt.
Ich dachte kurz, du wärst ein Wolf ... Hab wohl noch geträumt.
!
Tagchen, bist du aus Ordon?
So siehst du aber nicht aus.
Ähm ...
Moment! Lass mich raten.
Ah, du trägst ein Schwert und einen Schild.
Ein Schwertkämpfer! Grandios.

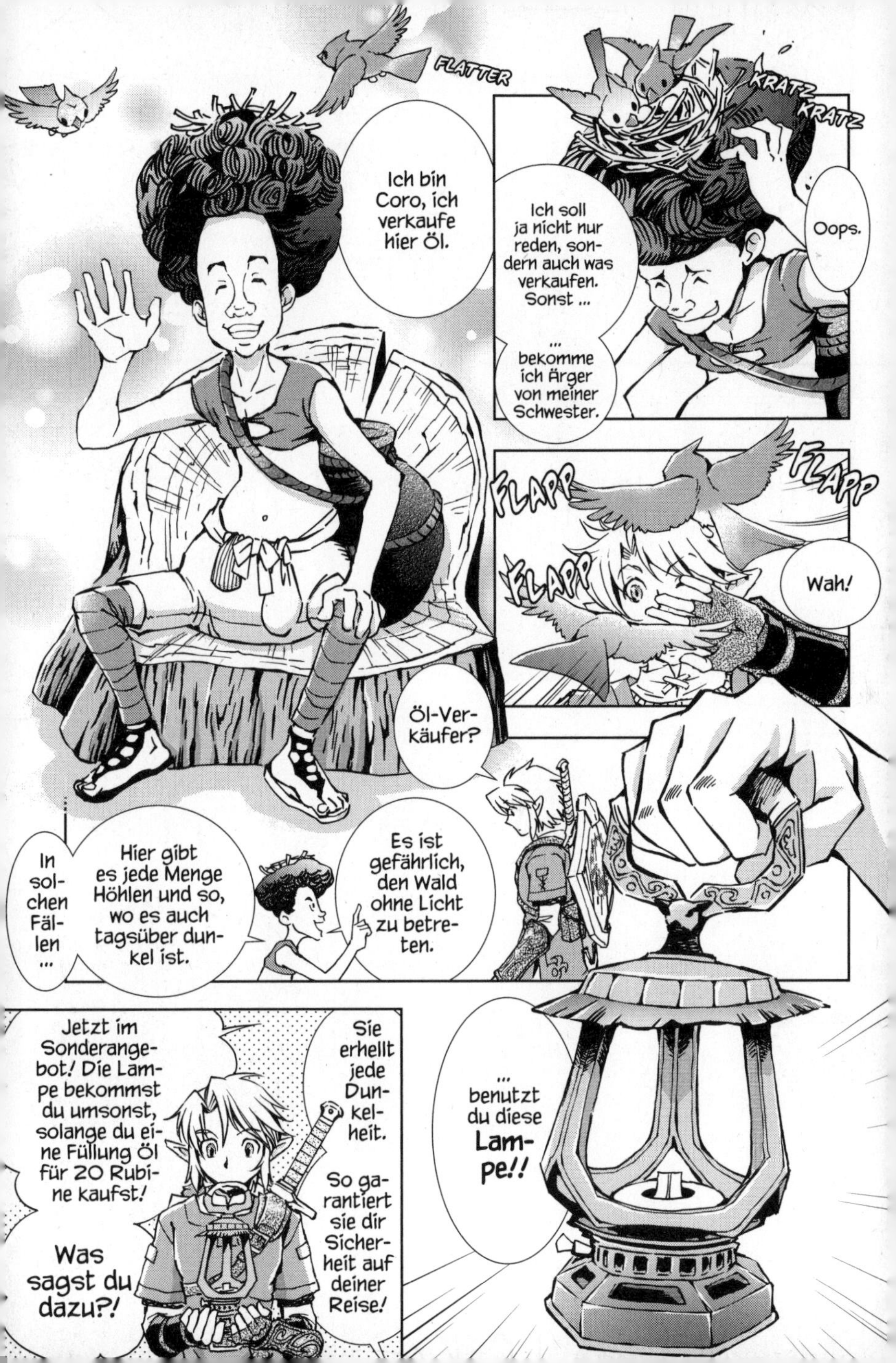
FLATTER
Ich bin Coro, ich verkaufe hier Öl.
KRATZ KRATZ
Ich soll ja nicht nur reden, sondern auch was verkaufen. Sonst ...
... bekomme ich Ärger von meiner Schwester.
Oops.
FLAPP FLAPP FLAPP
Wah!
Öl-Verkäufer?
Es ist gefährlich, den Wald ohne Licht zu betreten.
Hier gibt es jede Menge Höhlen und so, wo es auch tagsüber dunkel ist.
In solchen Fällen ...
... benützt du diese Lampe!!
Sie erhellt jede Dunkelheit.
So garantiert sie dir Sicherheit auf deiner Reise!
Jetzt im Sonderangebot! Die Lampe bekommst du umsonst, solange du eine Füllung Öl für 20 Rubine kaufst!
Was sagst du dazu?!

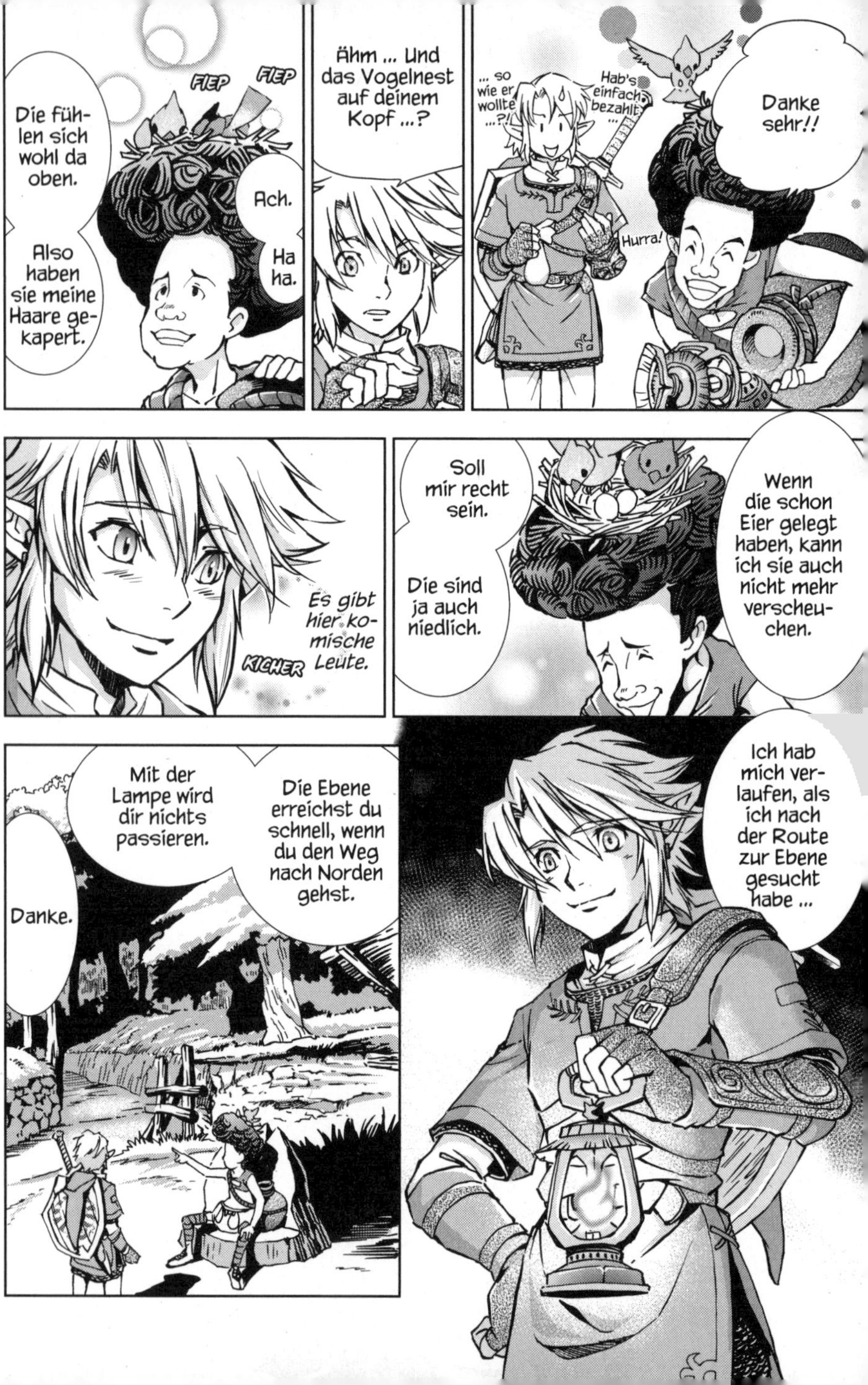

Danke sehr!!
Hab's einfach bezahlt ...
... so wie er wollte ...?!
Hurra!
Ähm ... Und das Vogelnest auf deinem Kopf ...?
FIEP FIEP
Die fühlen sich wohl da oben.
Ach.
Ha ha.
Also haben sie meine Haare gekapert.
Wenn die schon Eier gelegt haben, kann ich sie auch nicht mehr verscheuchen.
Soll mir recht sein.
Die sind ja auch niedlich.
Es gibt hier komische Leute.
KICHER
Ich hab mich verlaufen, als ich nach der Route zur Ebene gesucht habe ...
Die Ebene erreichst du schnell, wenn du den Weg nach Norden gehst.
Mit der Lampe wird dir nichts passieren.
Danke.

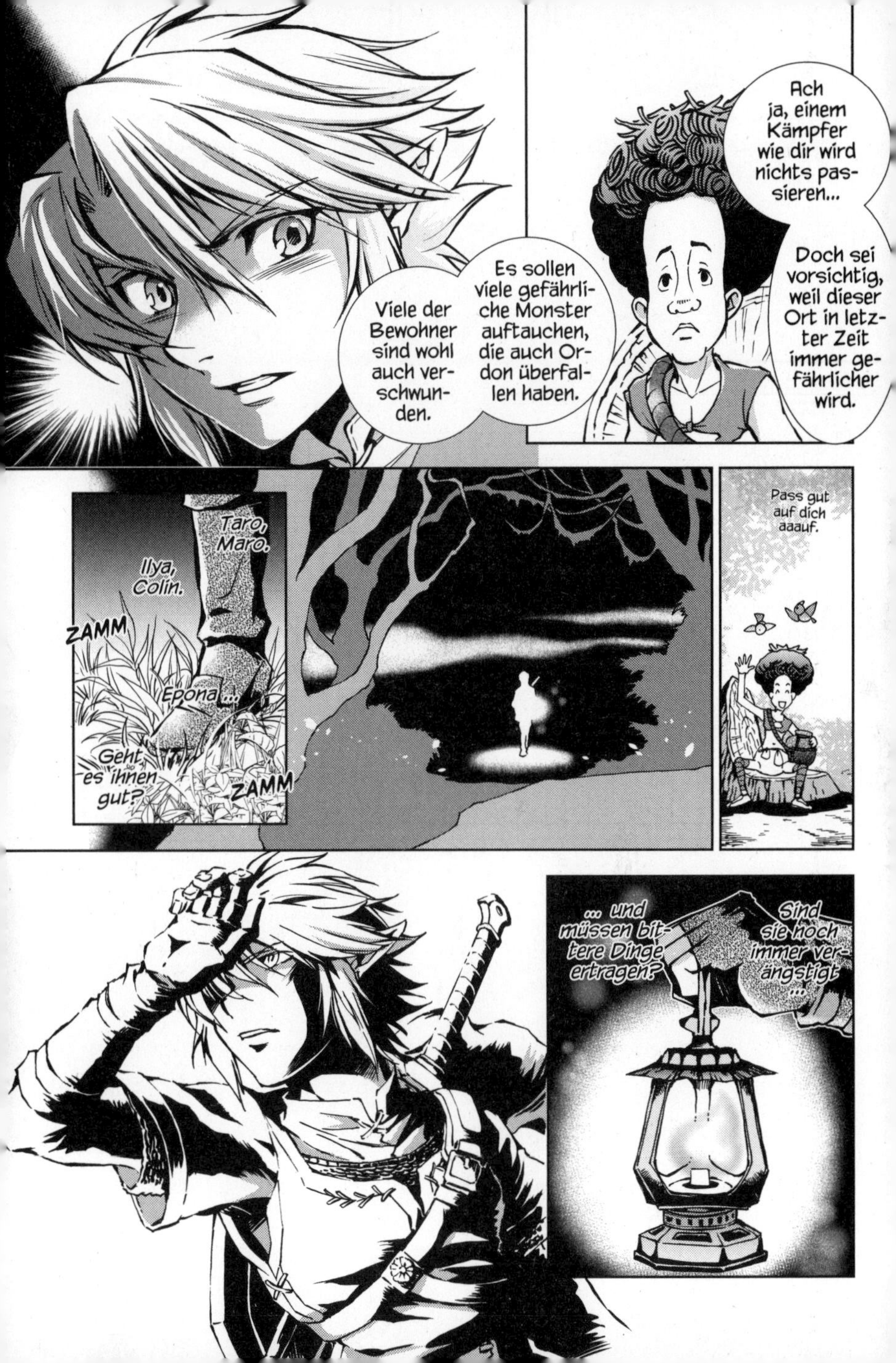
Ach ja, einem Kämpfer wie dir wird nichts passieren...
Doch sei vorsichtig, weil dieser Ort in letzter Zeit immer gefährlicher wird.
Es sollen viele gefährliche Monster auftauchen, die auch Ordon überfallen haben.
Viele der Bewohner sind wohl auch verschwunden.
Pass gut auf dich aaauf.
Taro, Maro.
Ilya, Colin.
ZAMM
Epona ...
Geht es ihnen gut?
ZAMM
Sind sie noch immer verängstigt ...
... und müssen bittere Dinge ertragen?

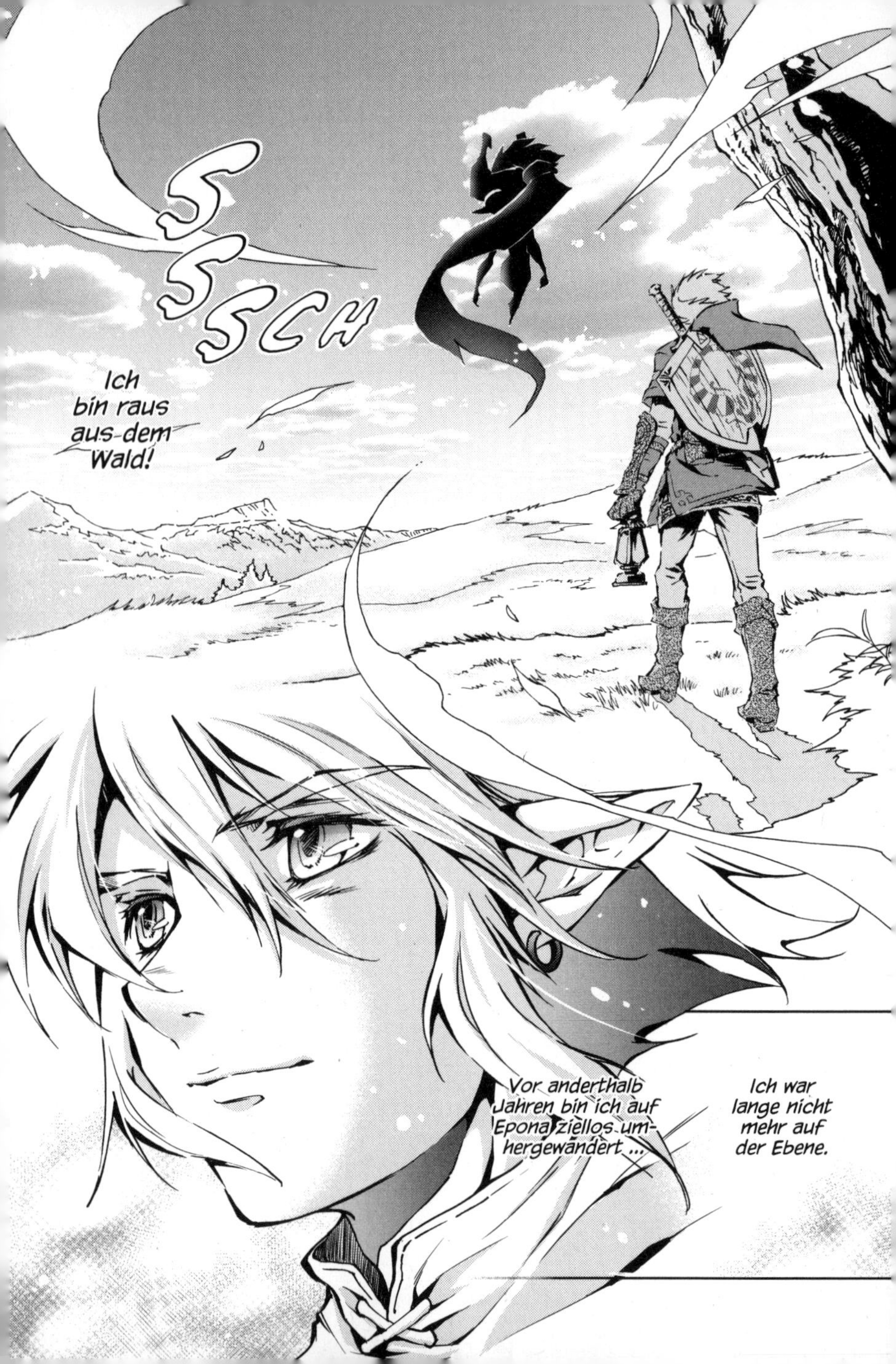
SSSCH
Ich bin raus aus dem Wald!
Ich war lange nicht mehr auf der Ebene.
Vor anderthalb Jahren bin ich auf Epona ziellos umhergewandert …

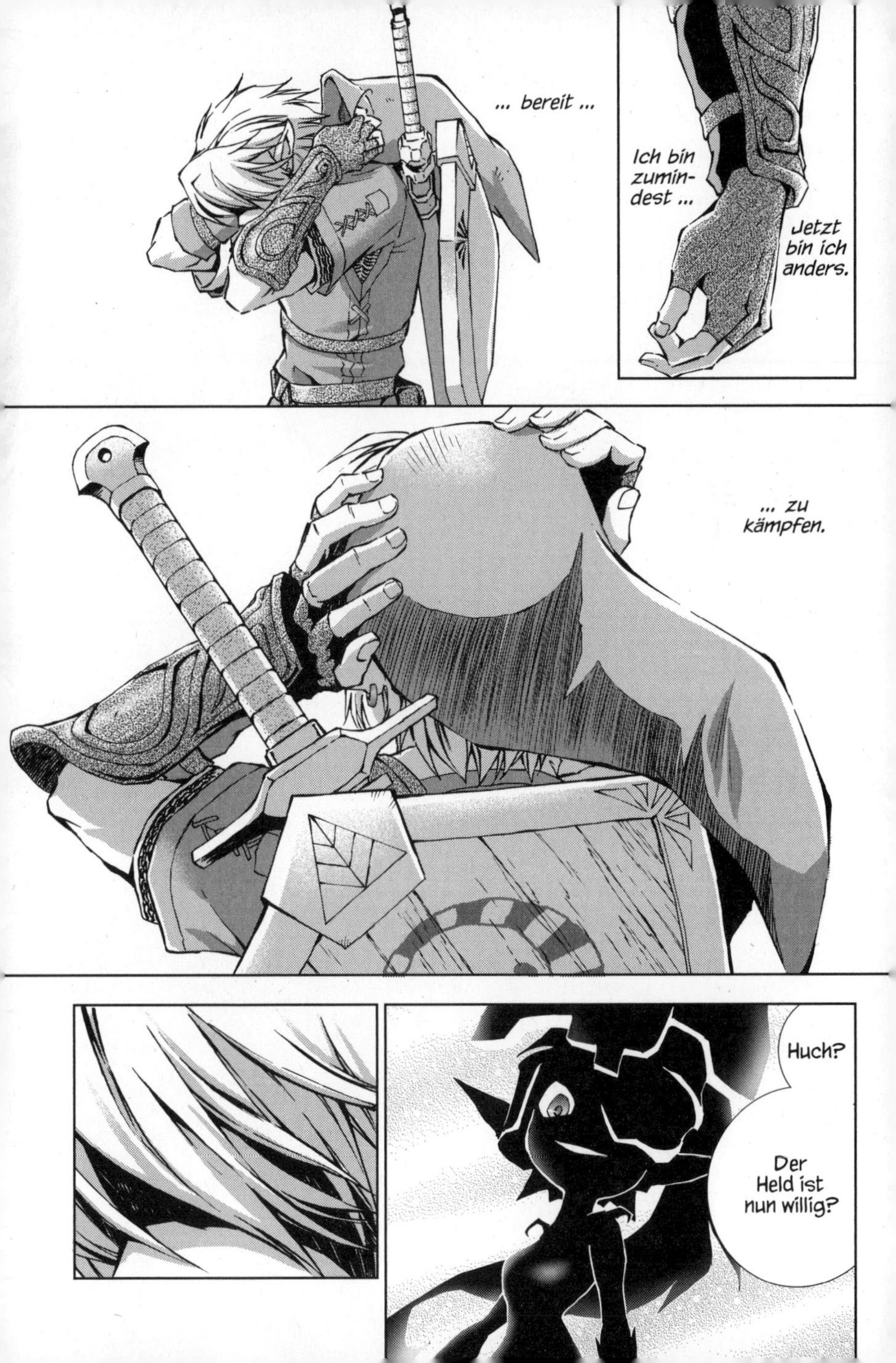
Jetzt
bin ich
anders.
Ich bin
zumin-
dest ...
... bereit ...
... zu
kämpfen.
Huch?
Der
Held ist
nun willig?

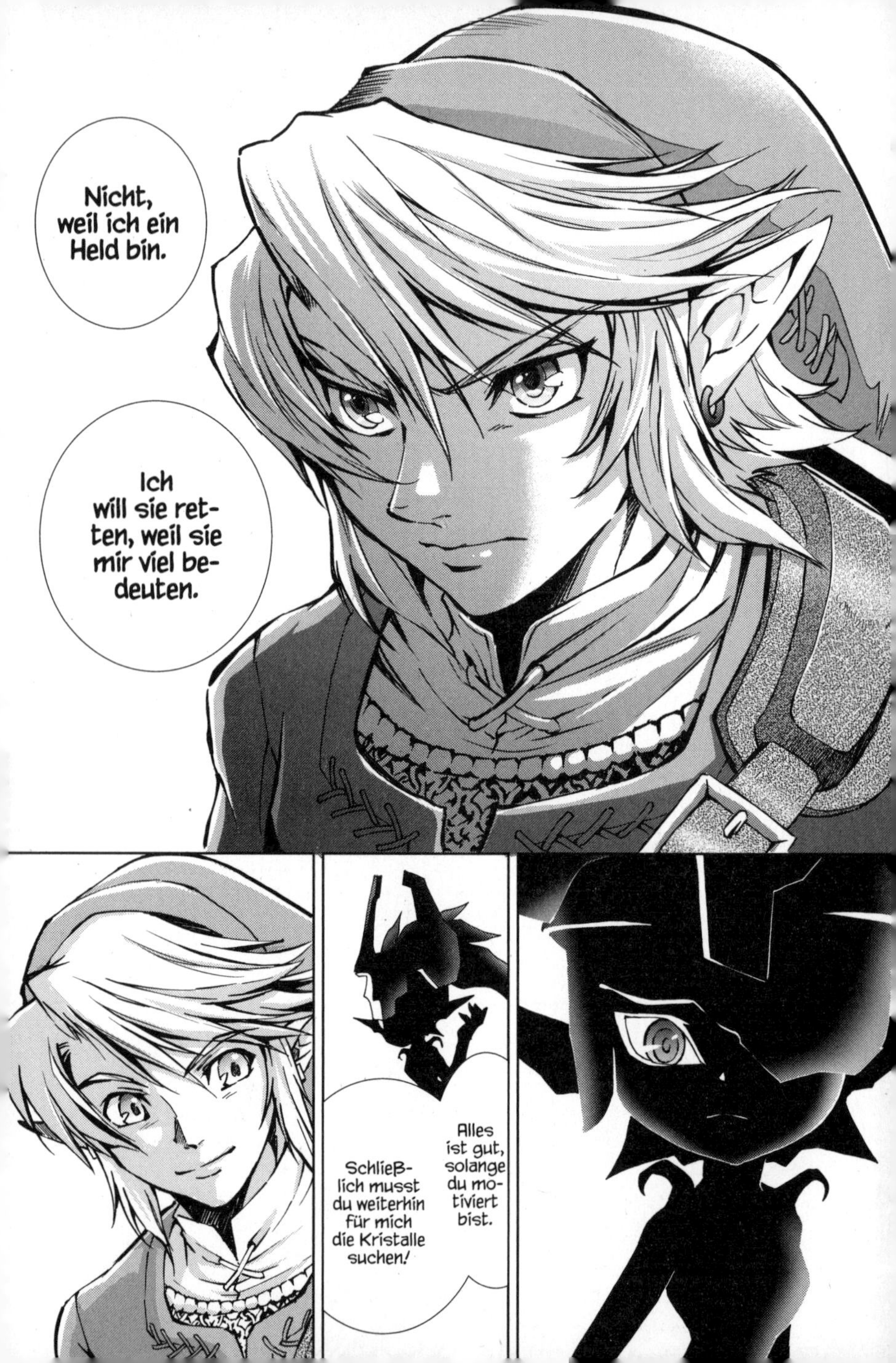
Nicht, weil ich ein Held bin.
Ich will sie ret- ten, weil sie mir viel be- deuten.
Alles ist gut, solange du mo- tiviert bist.
Schließ- lich musst du weiterhin für mich die Kristalle suchen!

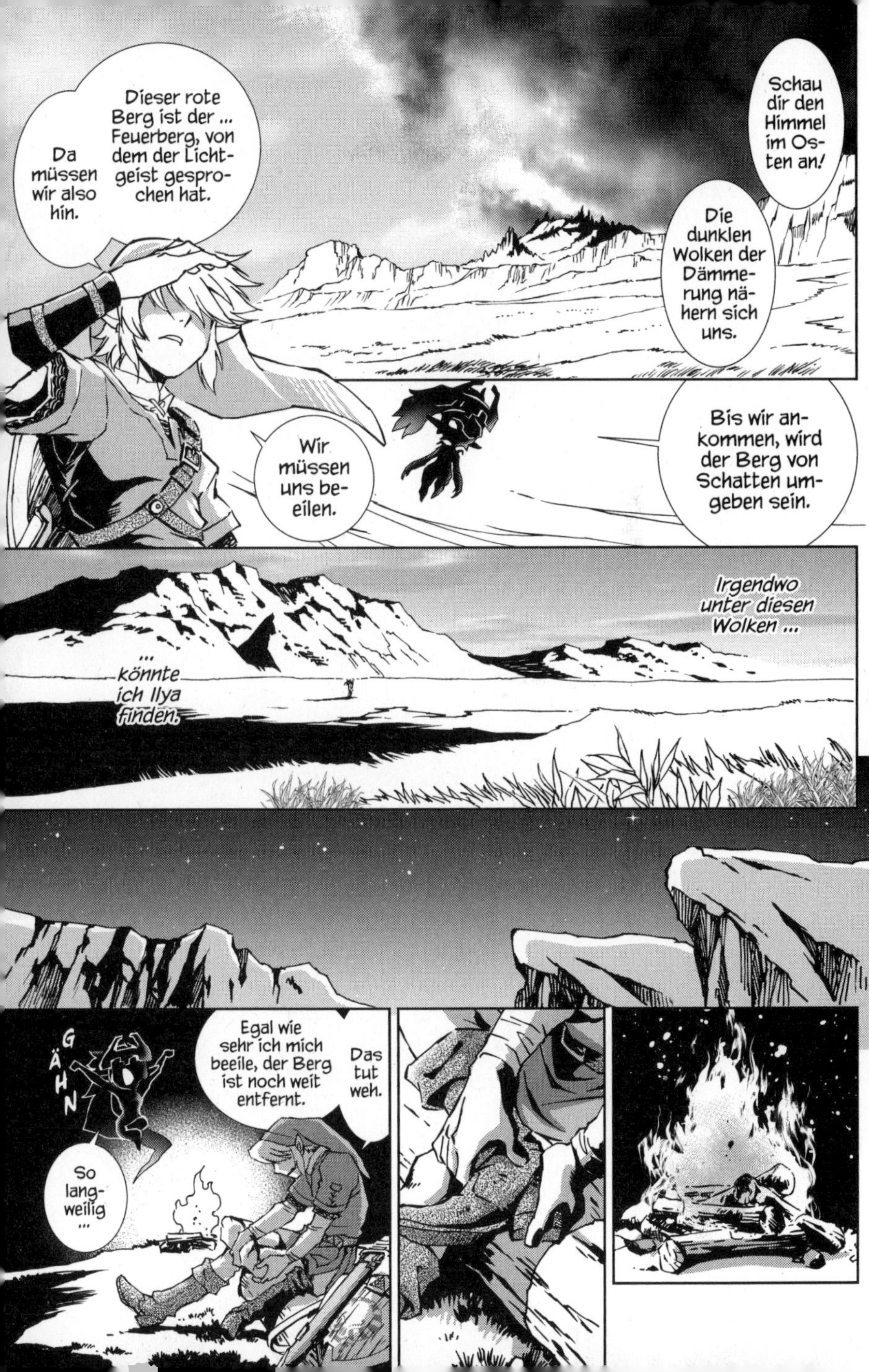

Schau dir den Himmel im Osten an!
Die dunklen Wolken der Dämmerung nähern sich uns.
Dieser rote Berg ist der ... Feuerberg, von dem der Lichtgeist gesprochen hat.
Da müssen wir also hin.
Bis wir ankommen, wird der Berg von Schatten umgeben sein.
Wir müssen uns beeilen.
Irgendwo unter diesen Wolken ...
... könnte ich Ilya finden.
Das tut weh.
Egal wie sehr ich mich beeile, der Berg ist noch weit entfernt.
GÄHN
So langweilig ...

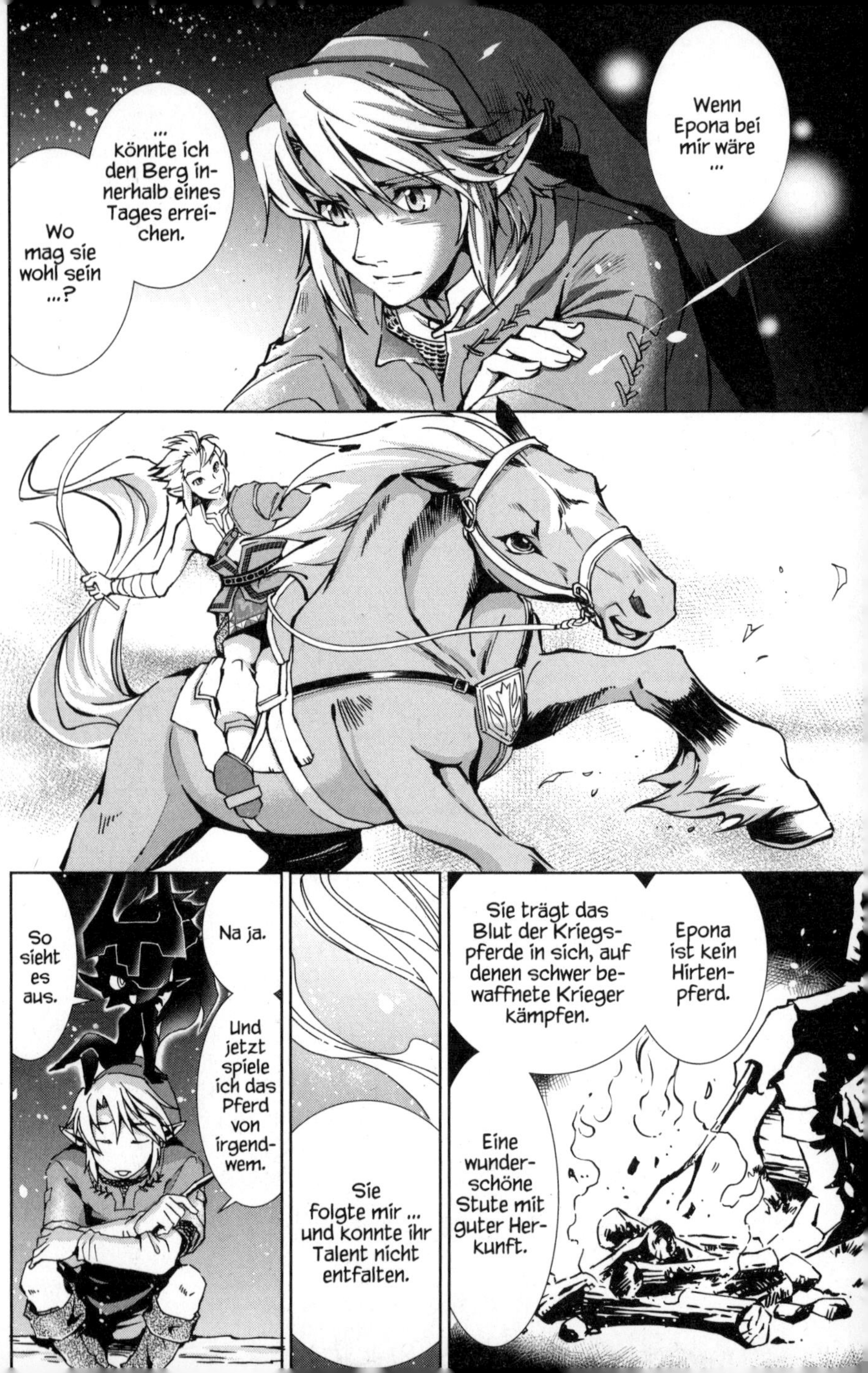
Wenn Epona bei mir wäre ...
... könnte ich den Berg innerhalb eines Tages erreichen.
Wo mag sie wohl sein ...?
Epona ist kein Hirtenpferd.
Sie trägt das Blut der Kriegspferde in sich, auf denen schwer bewaffnete Krieger kämpfen.
Eine wunderschöne Stute mit guter Herkunft.
Sie folgte mir ... und konnte ihr Talent nicht entfalten.
Na ja.
Und jetzt spiele ich das Pferd von irgendwem.
So sieht es aus.

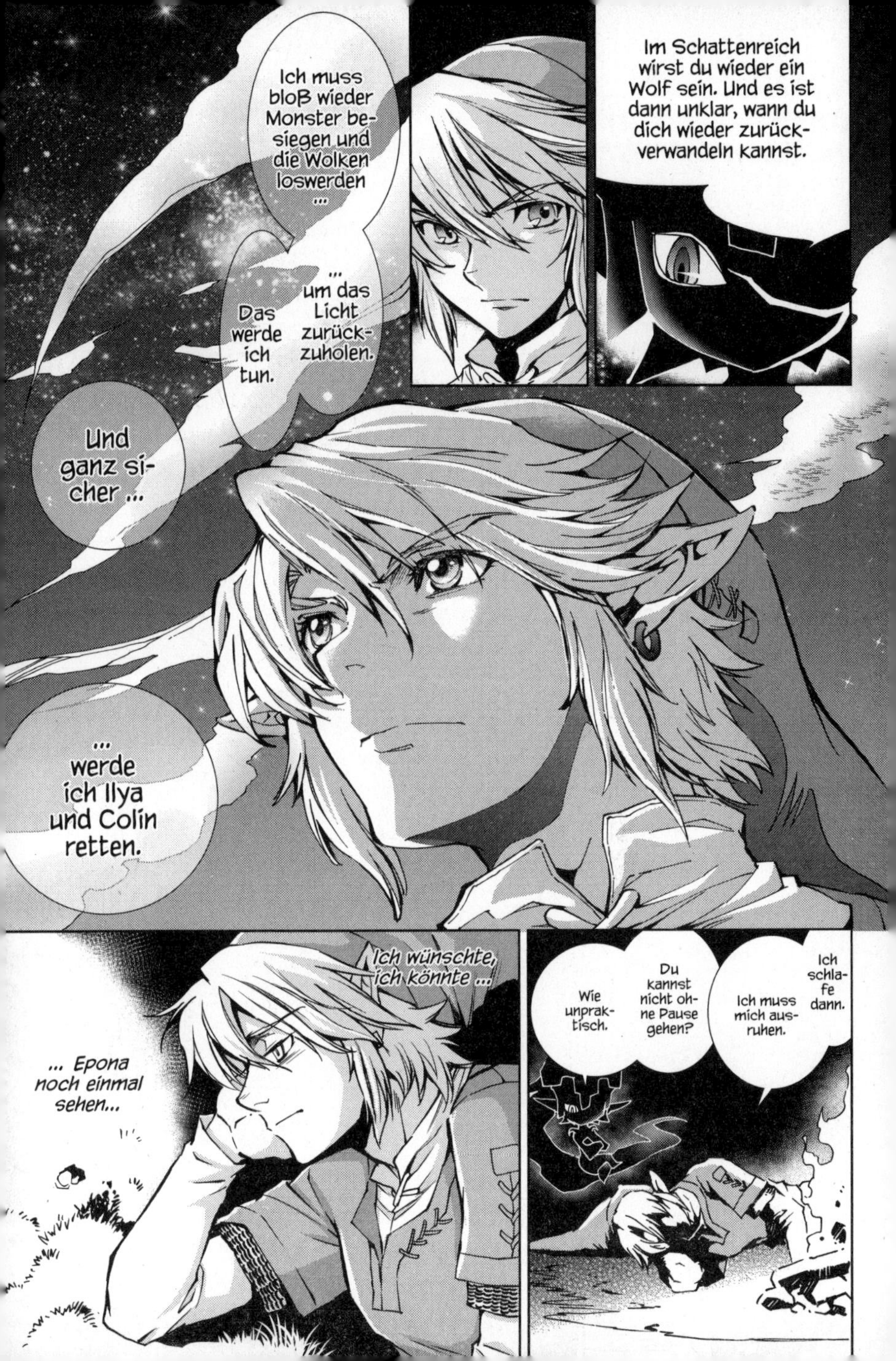
Im Schattenreich wirst du wieder ein Wolf sein. Und es ist dann unklar, wann du dich wieder zurückverwandeln kannst.
Ich muss bloß wieder Monster besiegen und die Wolken loswerden ...
... um das Licht zurückzuholen.
Das werde ich tun.
Und ganz sicher ...
... werde ich Ilya und Colin retten.
Ich schlafe dann.
Ich muss mich ausruhen.
Du kannst nicht ohne Pause gehen?
Wie unpraktisch.
Ich wünschte, ich könnte ...
... Epona noch einmal sehen...

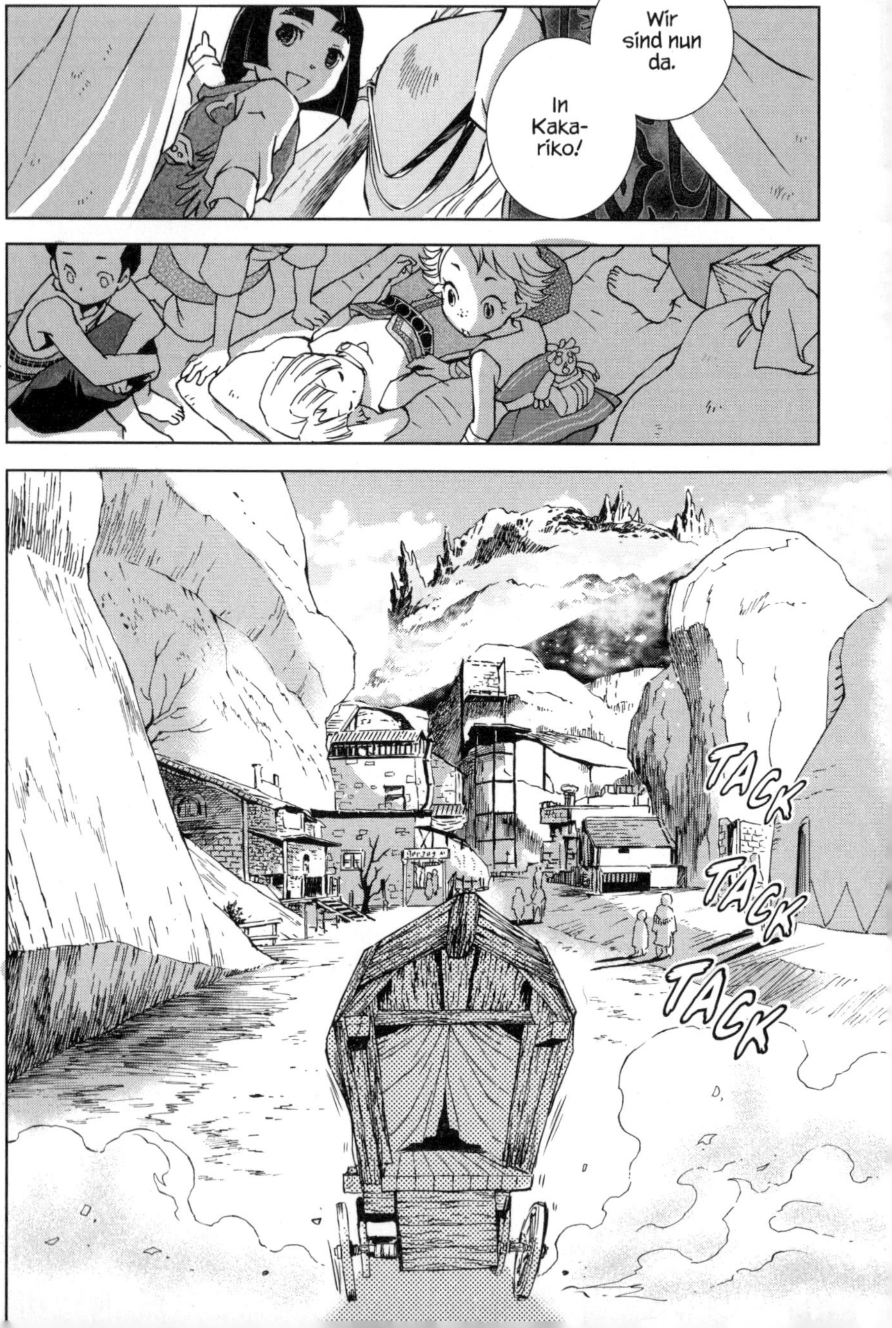
Wir sind nun da.
In Kakariko!
TACK
TACK
TACK

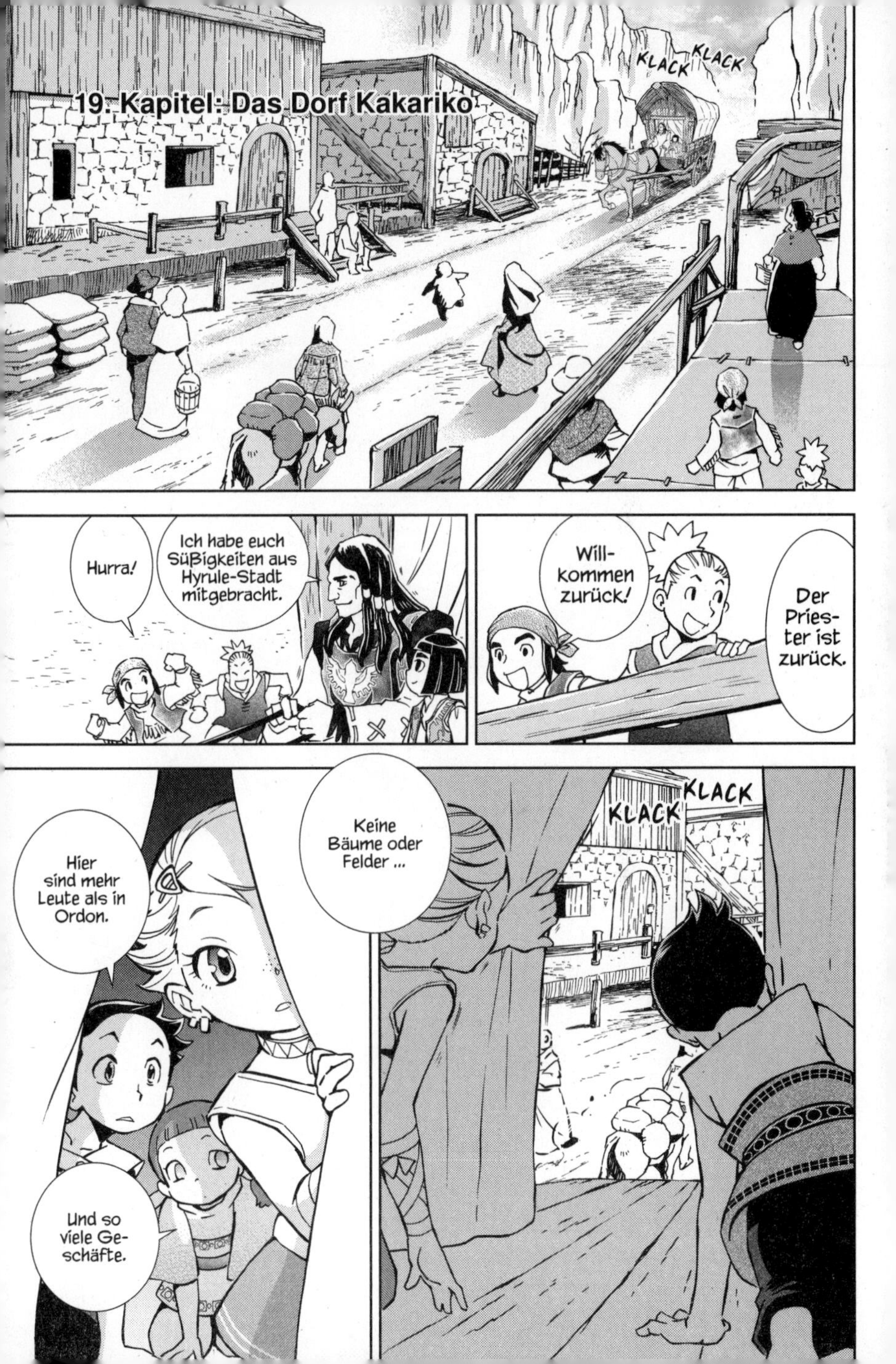
19. Kapitel: Das Dorf Kakariko
KLACK KLACK
Der Priester ist zurück.
Willkommen zurück!
Ich habe euch Süßigkeiten aus Hyrule-Stadt mitgebracht.
Hurra!
KLACK KLACK
Keine Bäume oder Felder ...
Hier sind mehr Leute als in Ordon.
Und so viele Geschäfte.

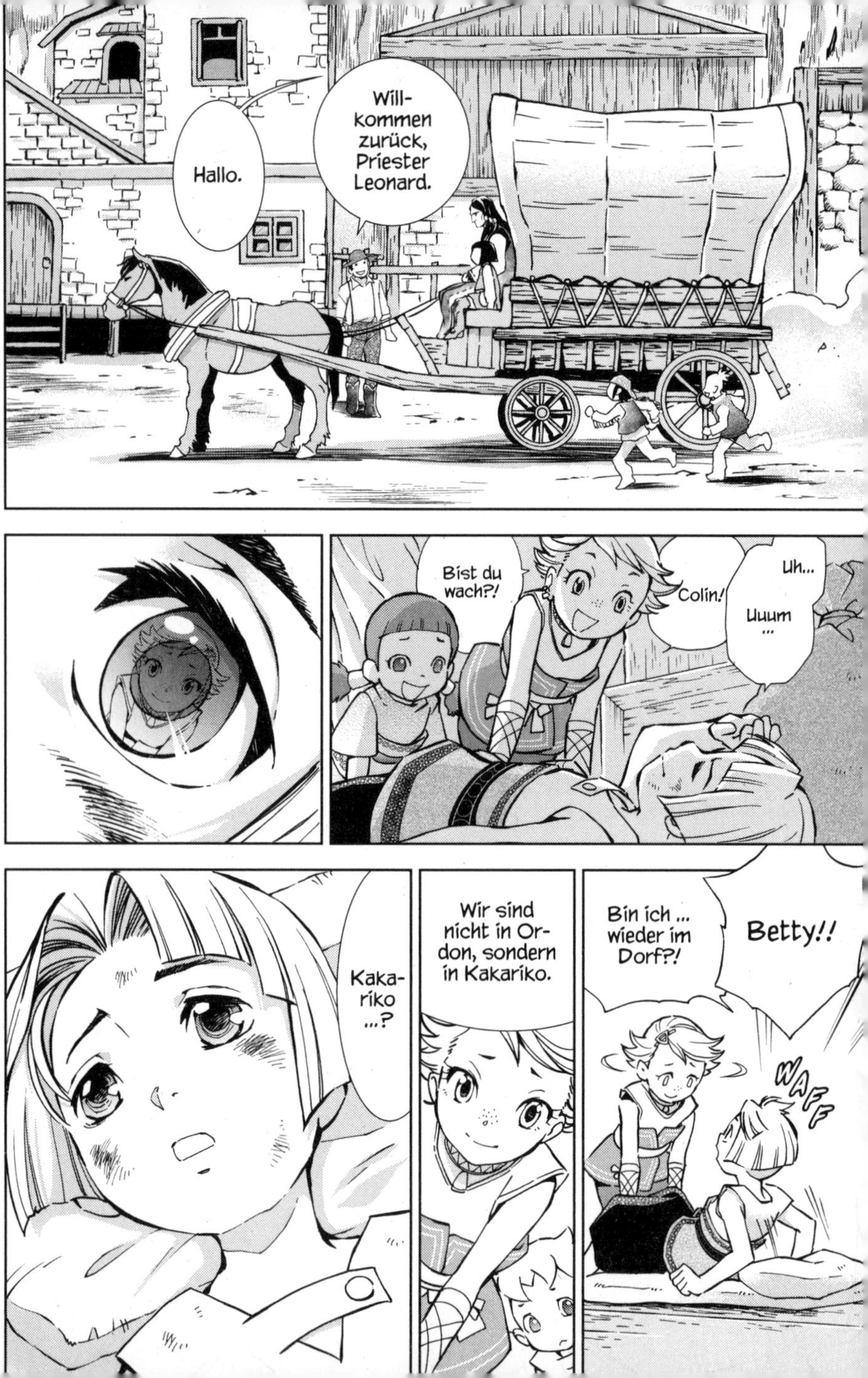
Willkommen zurück, Priester Leonard.
Hallo.
Uh...
Uuum ...
Colin!
Bist du wach?!
Betty!!
Bin ich ... wieder im Dorf?!
WAFF
Wir sind nicht in Ordon, sondern in Kakariko.
Kakariko ...?

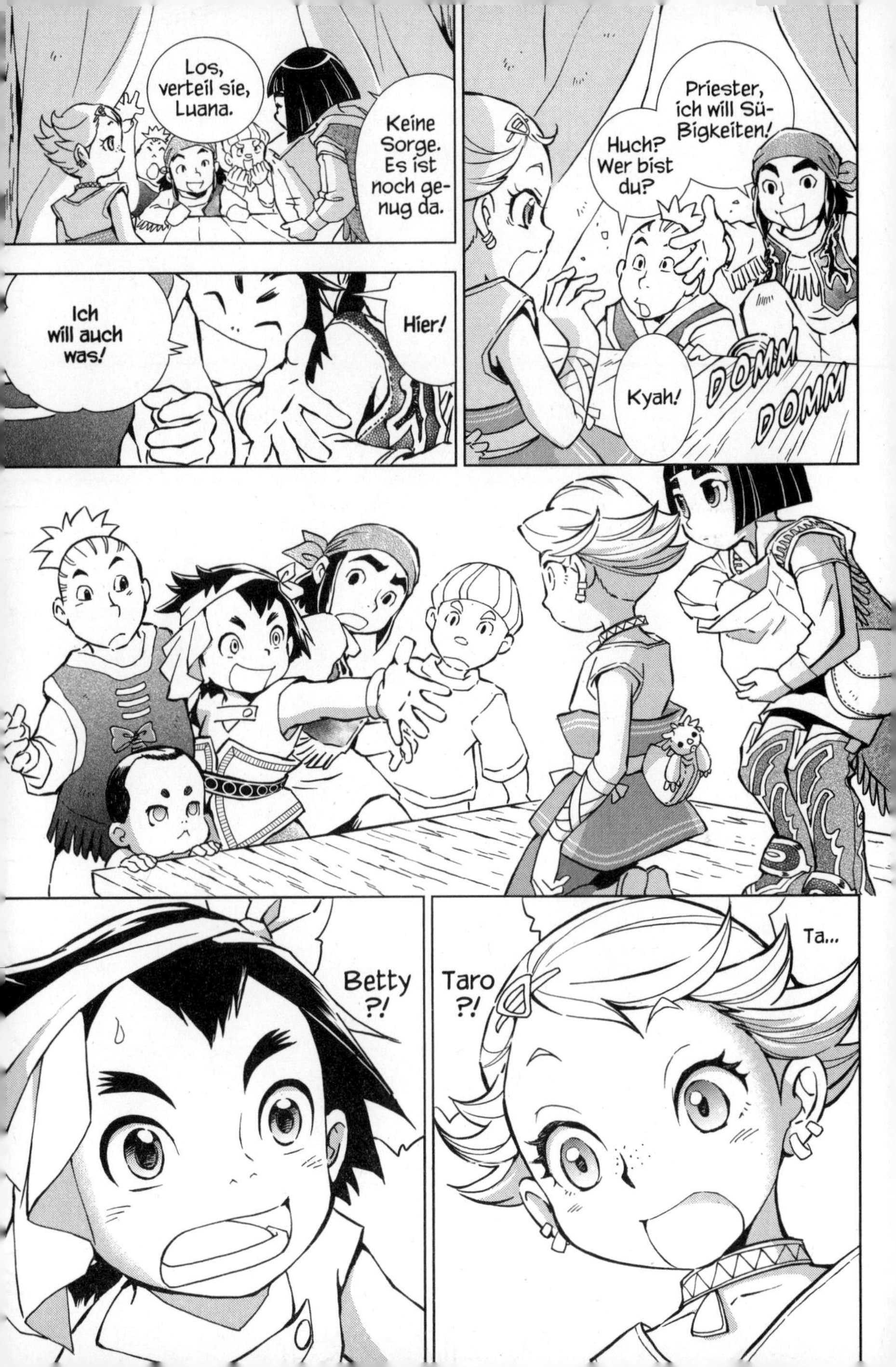

Priester, ich will Süßigkeiten!
Huch? Wer bist du?
Kyah!
DOMM
DOMM
Keine Sorge. Es ist noch genug da.
Los, verteil sie, Luana.
Hier!
Ich will auch was!
Ta...
Taro ?!
Betty ?!

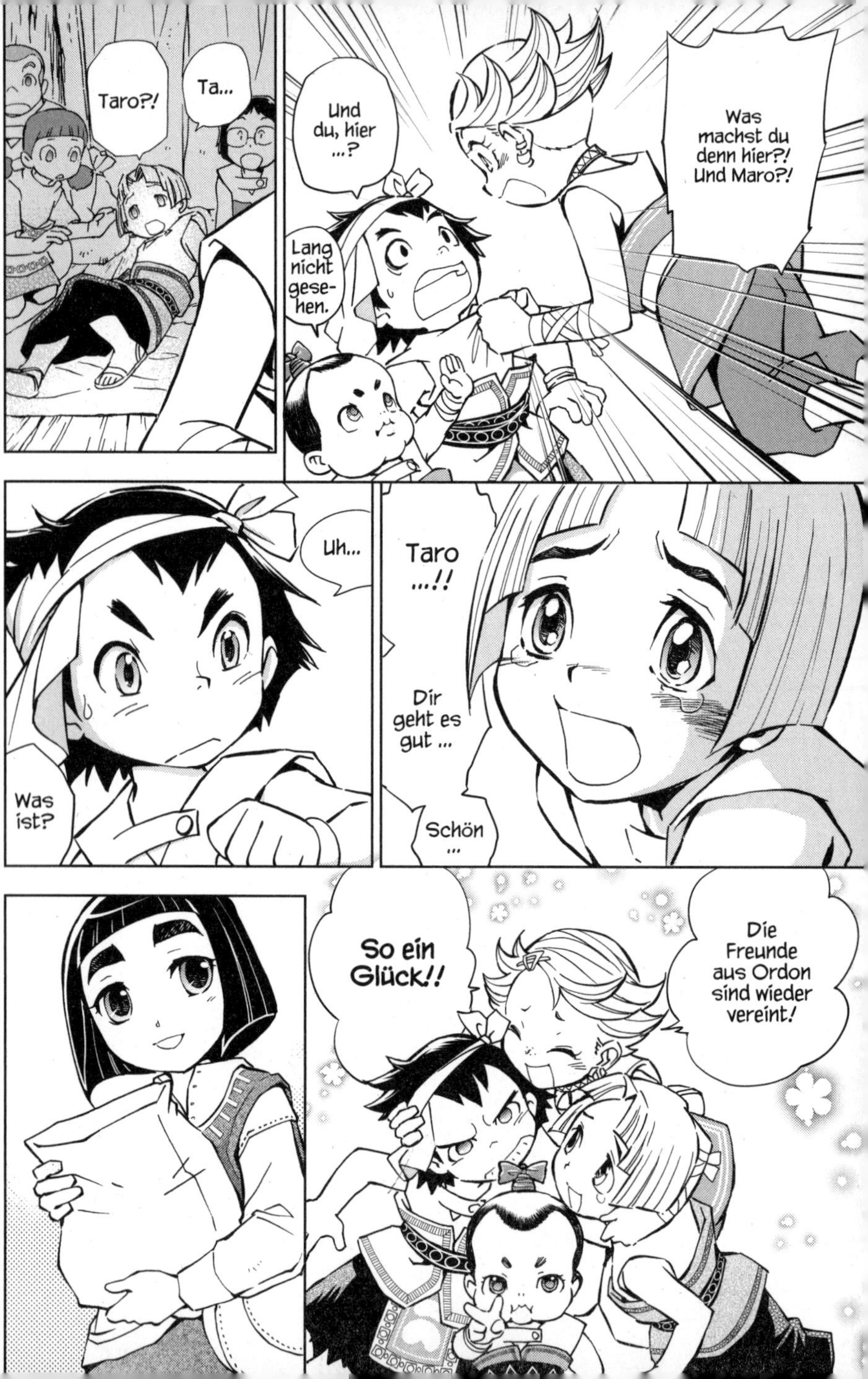
Was machst du denn hier?! Und Maro?!
Und du, hier ...?
Lang nicht gesehen.
Ta...
Taro?!
Taro ...!!
Dir geht es gut ...
Schön ...
Uh...
Was ist?
Die Freunde aus Ordon sind wieder vereint!
So ein Glück!!

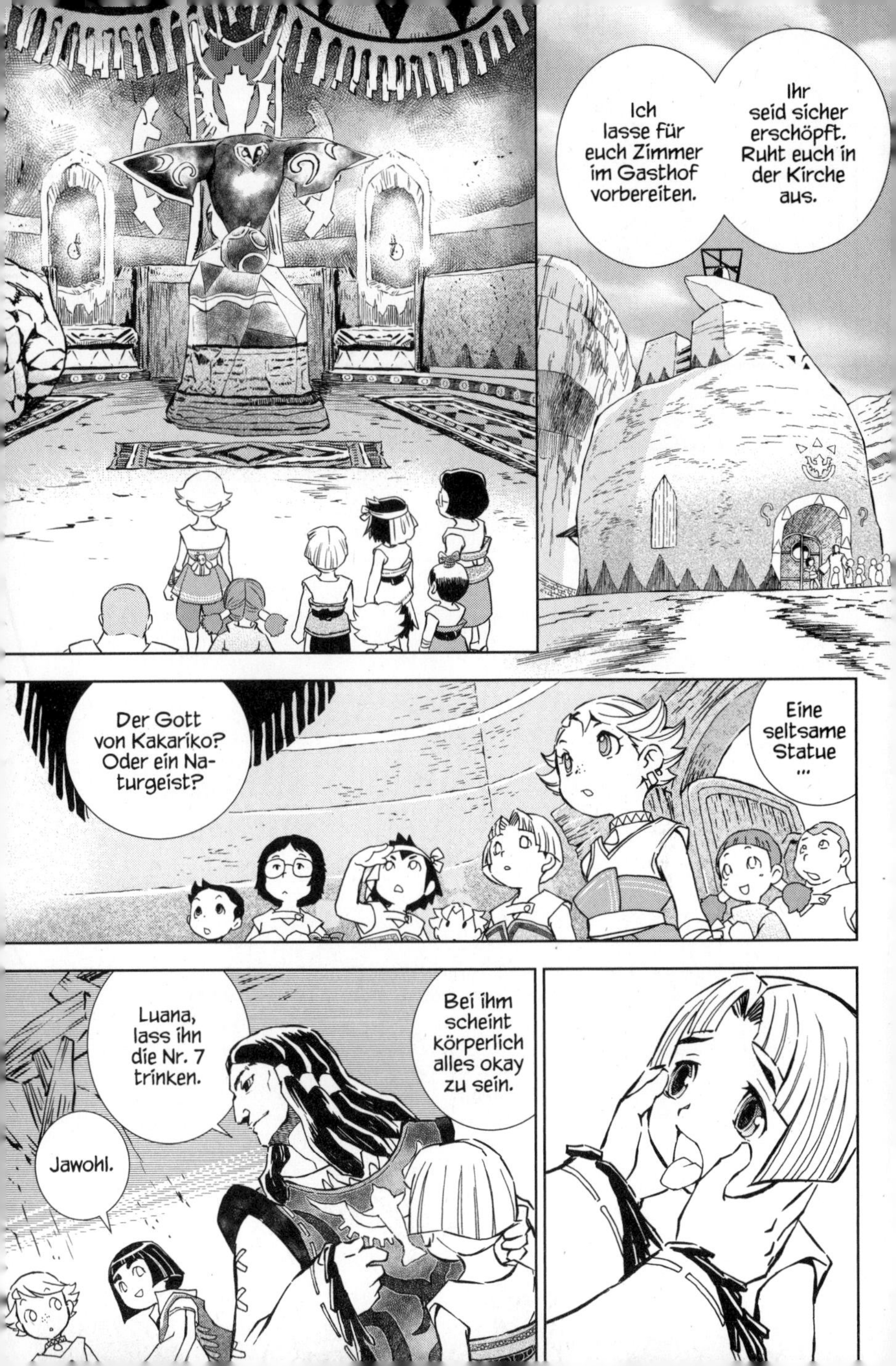
Ihr seid sicher erschöpft. Ruht euch in der Kirche aus.
Ich lasse für euch Zimmer im Gasthof vorbereiten.
Eine seltsame Statue ...
Der Gott von Kakariko? Oder ein Naturgeist?
Bei ihm scheint körperlich alles okay zu sein.
Luana, lass ihn die Nr. 7 trinken.
Jawohl.

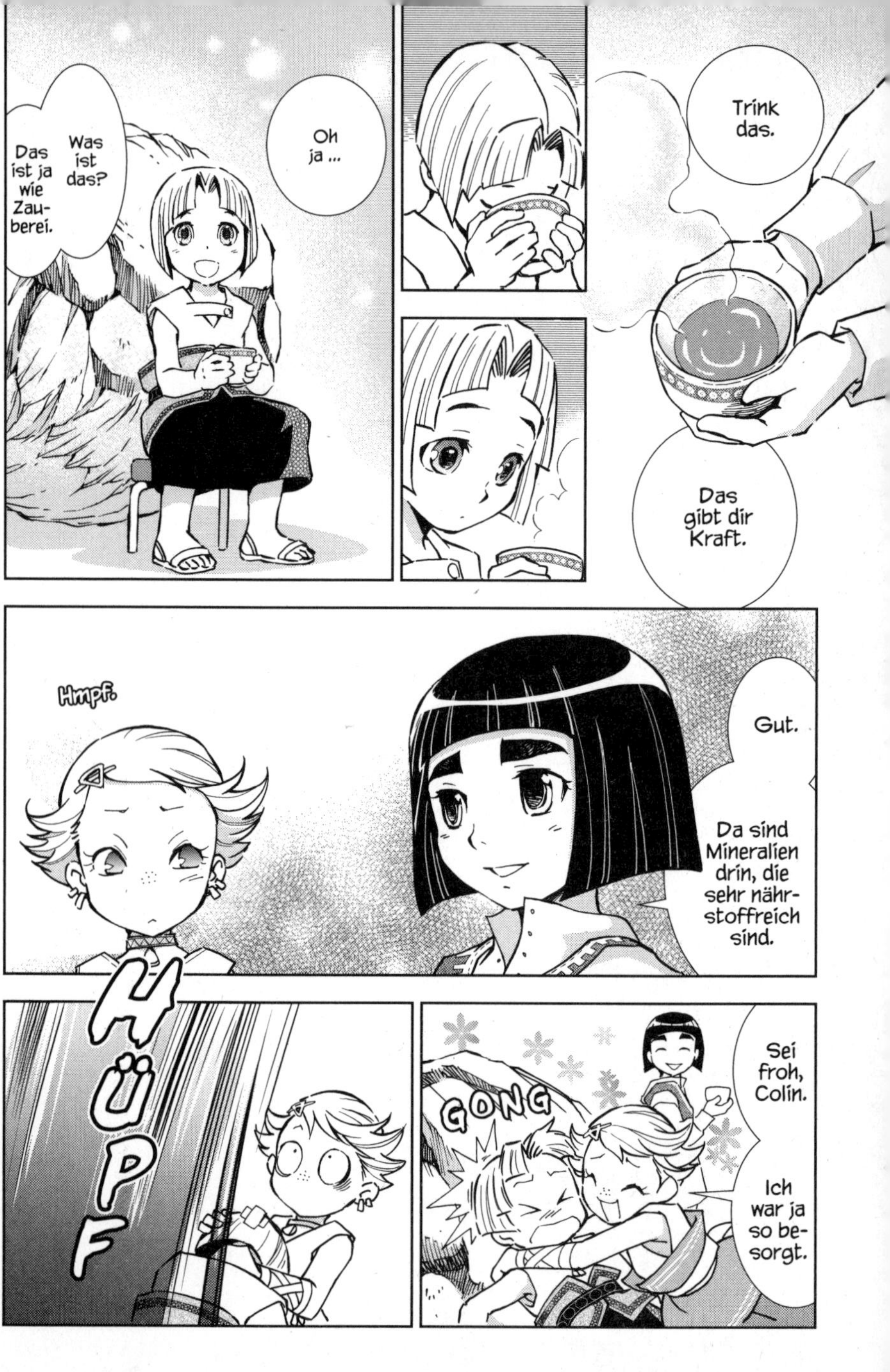
Trink das.
Das gibt dir Kraft.
Oh ja ...
Was ist das?
Das ist ja wie Zau-berei.
Gut.
Da sind Mineralien drin, die sehr nähr-stoffreich sind.
Hmpf.
Sei froh, Colin.
Ich war ja so be-sorgt.
GONG
HÜPF

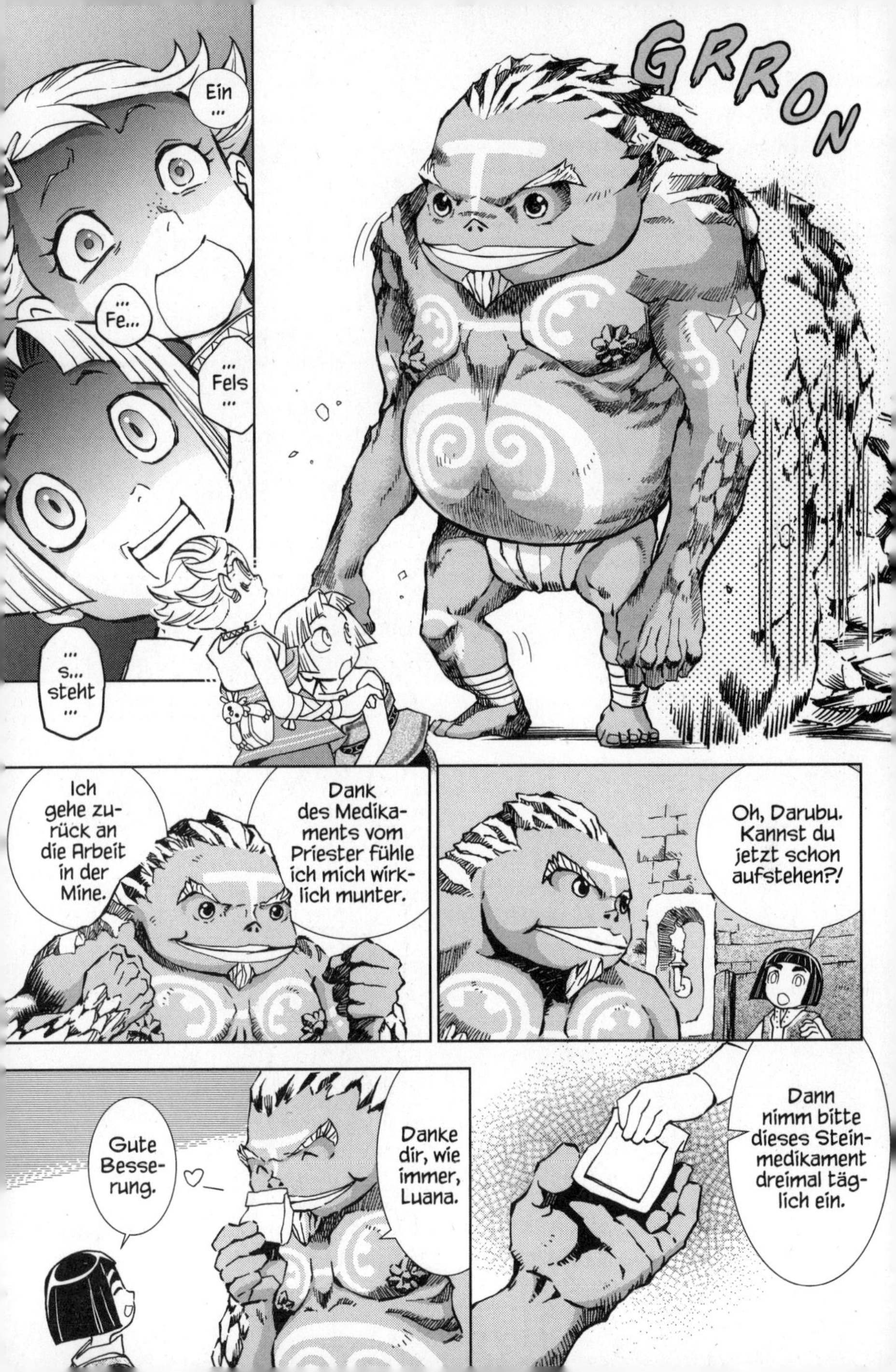
GRRON
Ein ...
... Fe...
... Fels ...
... s... steht ...
Oh, Darubu. Kannst du jetzt schon aufstehen?!
Dank des Medikaments vom Priester fühle ich mich wirklich munter.
Ich gehe zurück an die Arbeit in der Mine.
Dann nimm bitte dieses Steinmedikament dreimal täglich ein.
Danke dir, wie immer, Luana.
Gute Besserung.

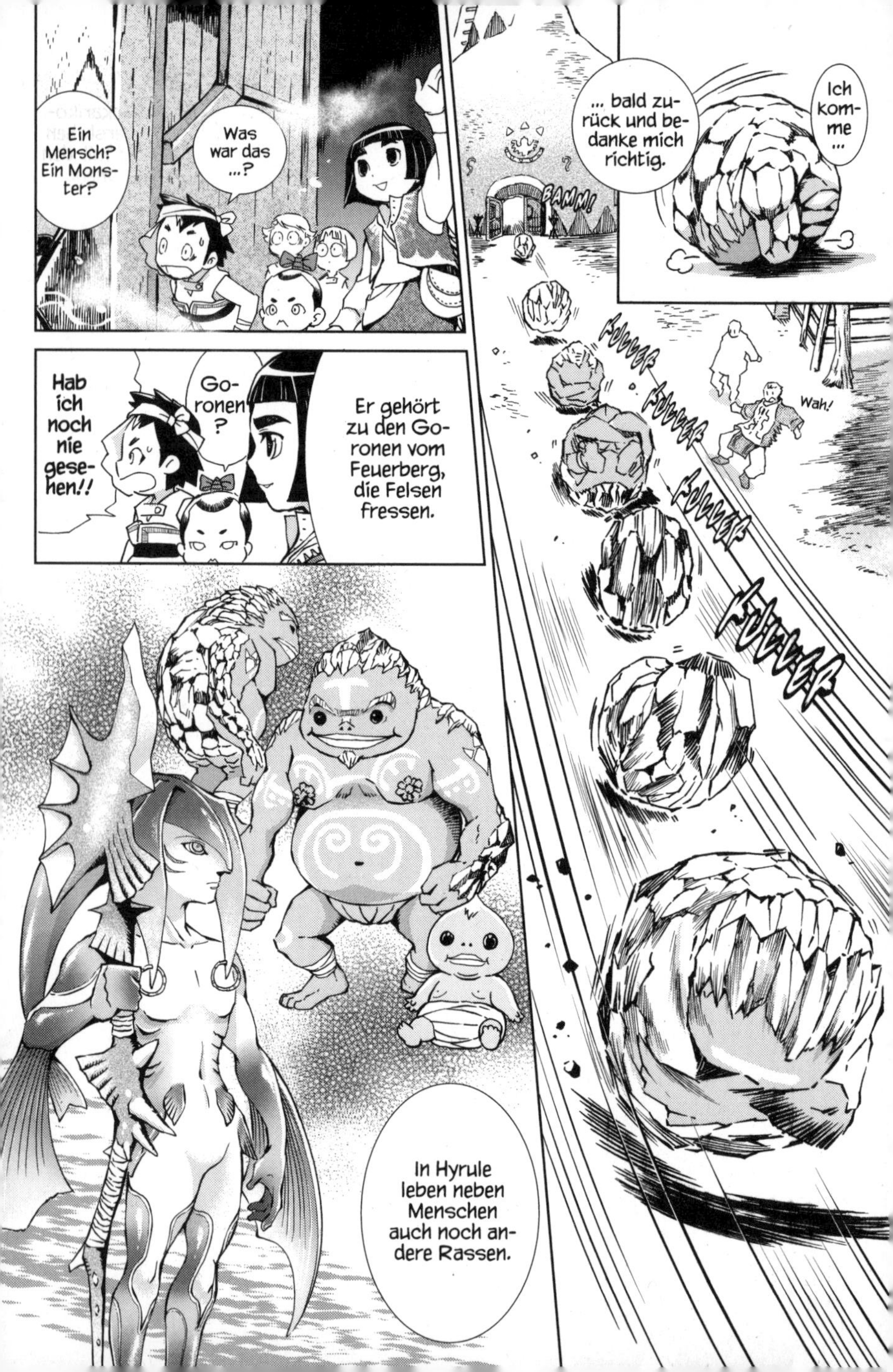
Ich komme ...
... bald zurück und bedanke mich richtig.
BAMM!
Wah!
Was war das ...?
Ein Mensch? Ein Monster?
Er gehört zu den Goronen vom Feuerberg, die Felsen fressen.
Goronen?
Hab ich noch nie gesehen!!
In Hyrule leben neben Menschen auch noch andere Rassen.

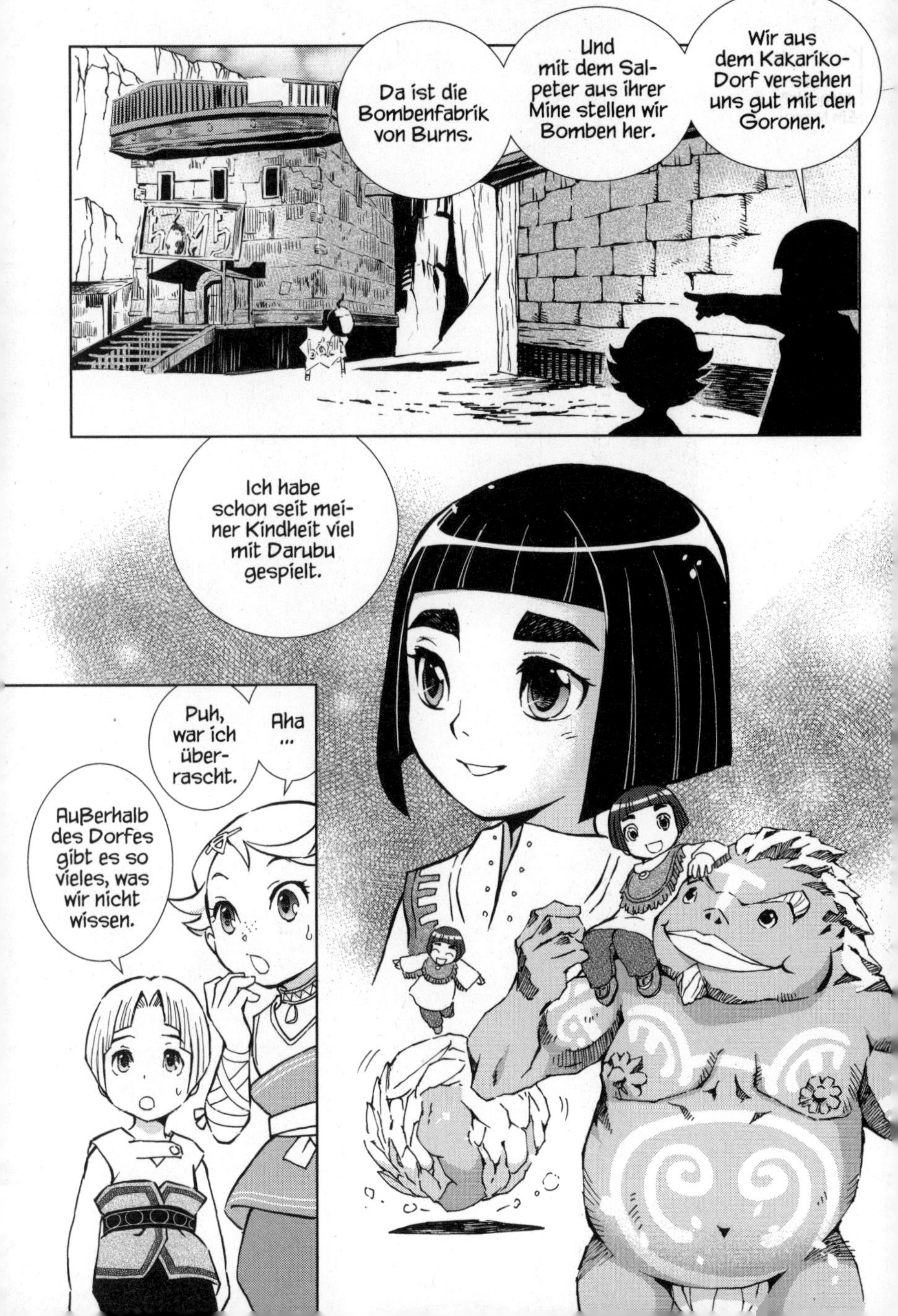

Wir aus dem Kakariko-Dorf verstehen uns gut mit den Goronen.
Und mit dem Salpeter aus ihrer Mine stellen wir Bomben her.
Da ist die Bombenfabrik von Burns.
Ich habe schon seit meiner Kindheit viel mit Darubu gespielt.
Aha ...
Puh, war ich überrascht.
Außerhalb des Dorfes gibt es so vieles, was wir nicht wissen.

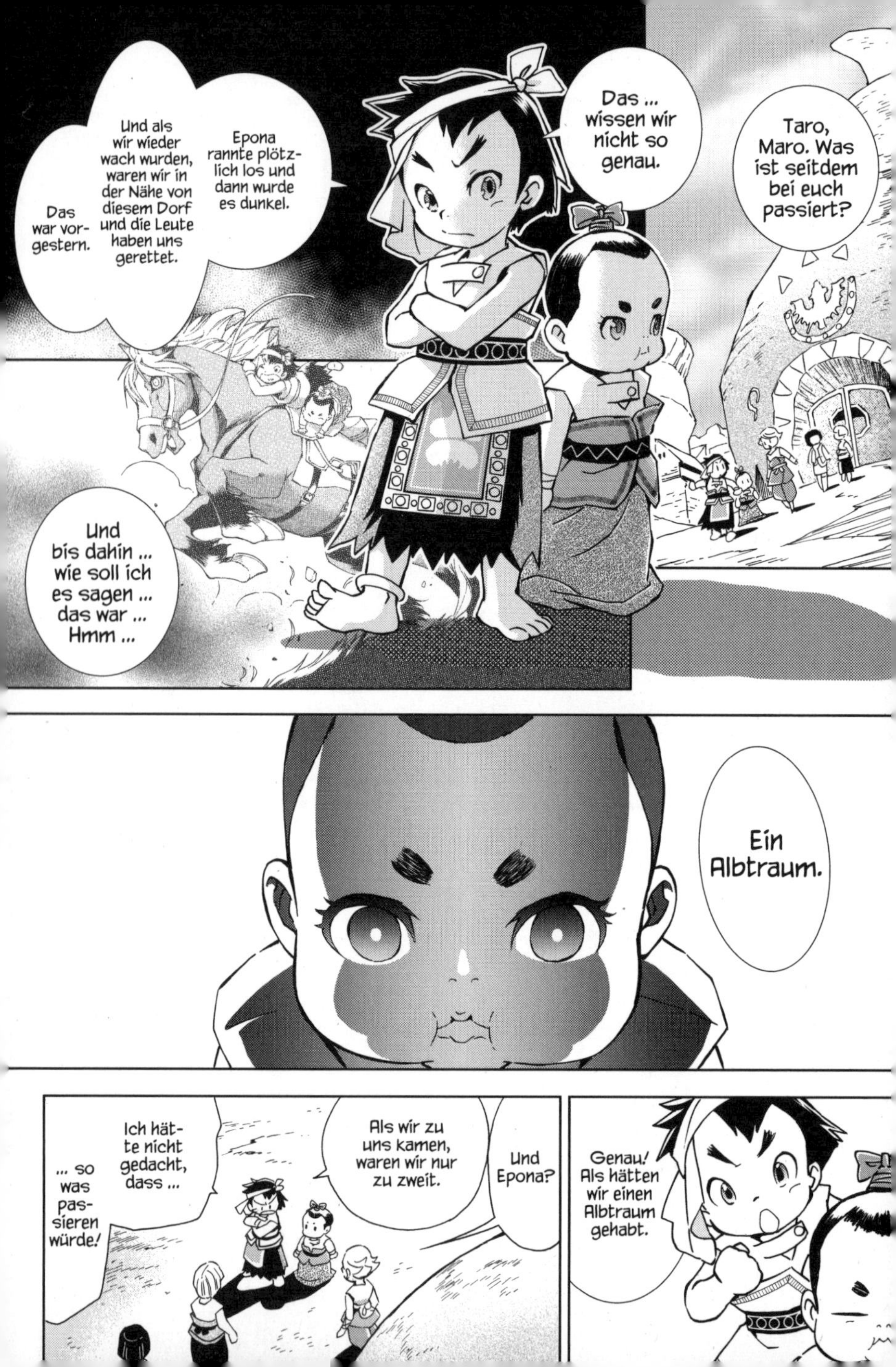

Taro, Maro. Was ist seitdem bei euch passiert?
Das ... wissen wir nicht so genau.
Epona rannte plötzlich los und dann wurde es dunkel.
Und als wir wieder wach wurden, waren wir in der Nähe von diesem Dorf und die Leute haben uns gerettet.
Das war vorgestern.
Und bis dahin ... wie soll ich es sagen ... das war ... Hmm ...
Ein Albtraum.
Genau! Als hätten wir einen Albtraum gehabt.
Und Epona?
Als wir zu uns kamen, waren wir nur zu zweit.
Ich hätte nicht gedacht, dass ...
... so was passieren würde!

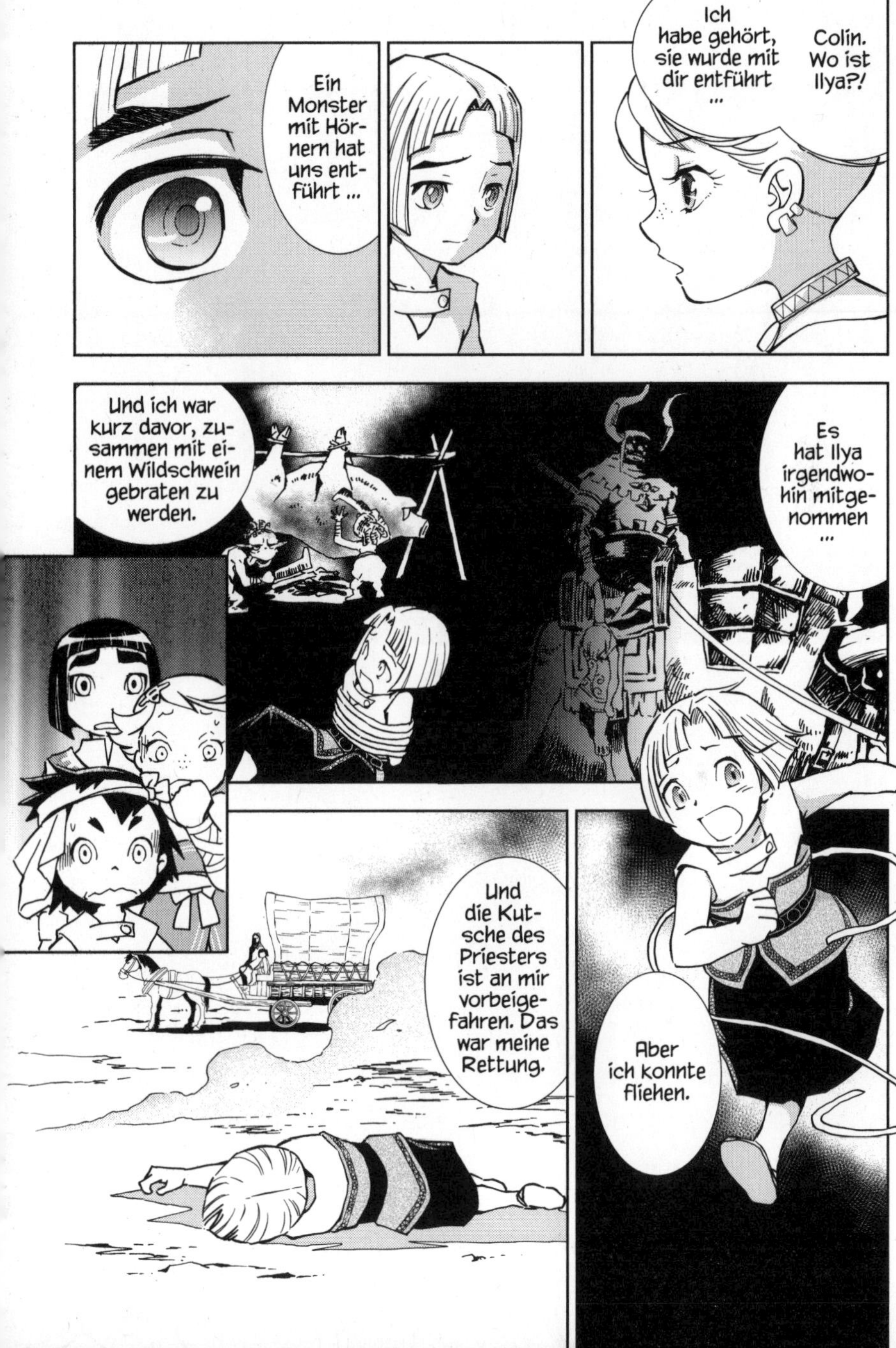
Colin. Wo ist Ilya?!
Ich habe gehört, sie wurde mit dir entführt ...
Ein Monster mit Hörnern hat uns entführt ...
Es hat Ilya irgendwohin mitgenommen ...
Und ich war kurz davor, zusammen mit einem Wildschwein gebraten zu werden.
Aber ich konnte fliehen.
Und die Kutsche des Priesters ist an mir vorbeigefahren. Das war meine Rettung.

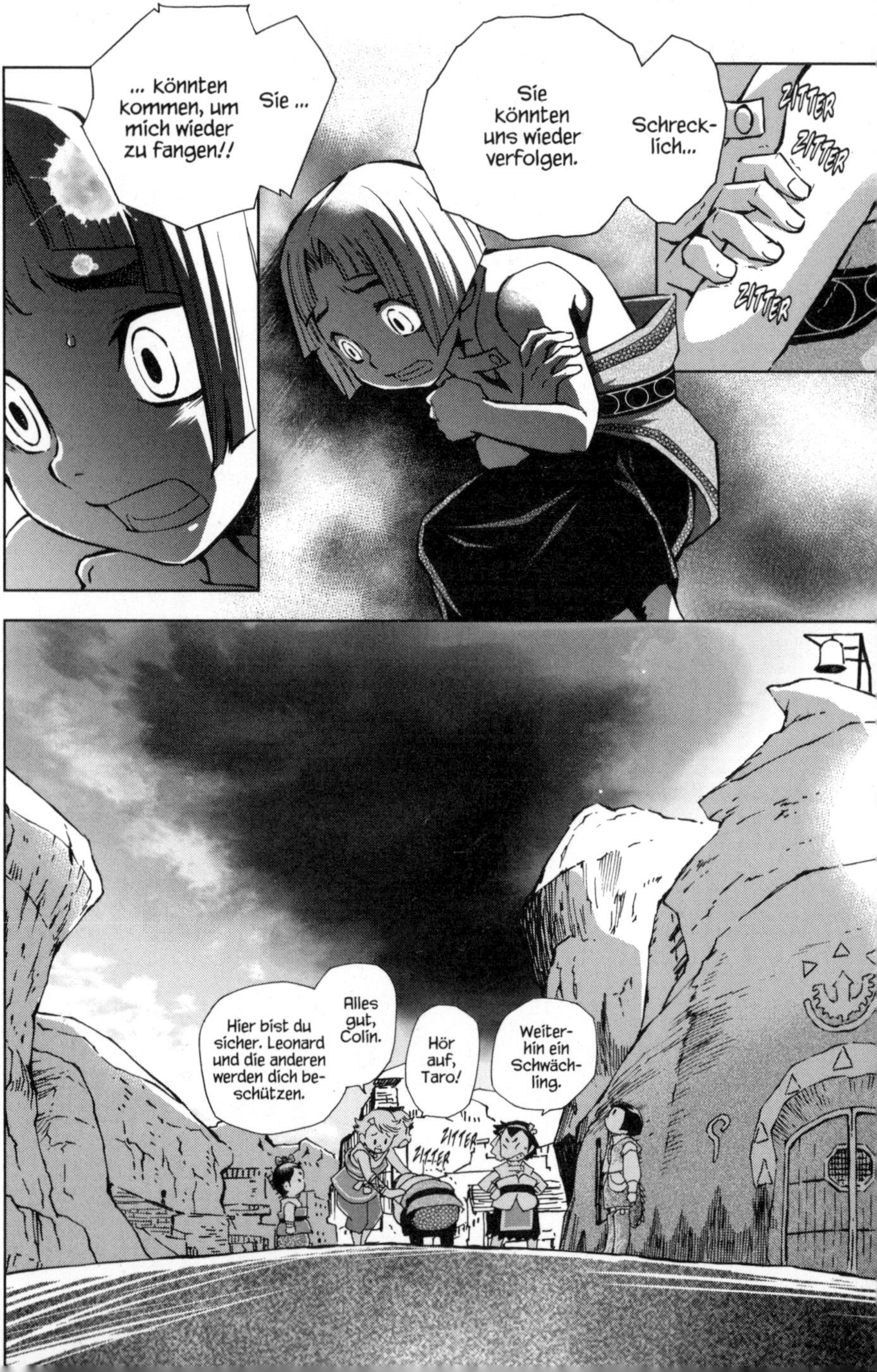
ZITTER ZITTER
Schreck-lich...
Sie könnten uns wieder verfolgen.
ZITTER
Sie ...
... könnten kommen, um mich wieder zu fangen!!
Weiter-hin ein Schwäch-ling.
Hör auf, Taro!
Alles gut, Colin.
Hier bist du sicher. Leonard und die anderen werden dich beschützen.
ZITTER
ZITTER

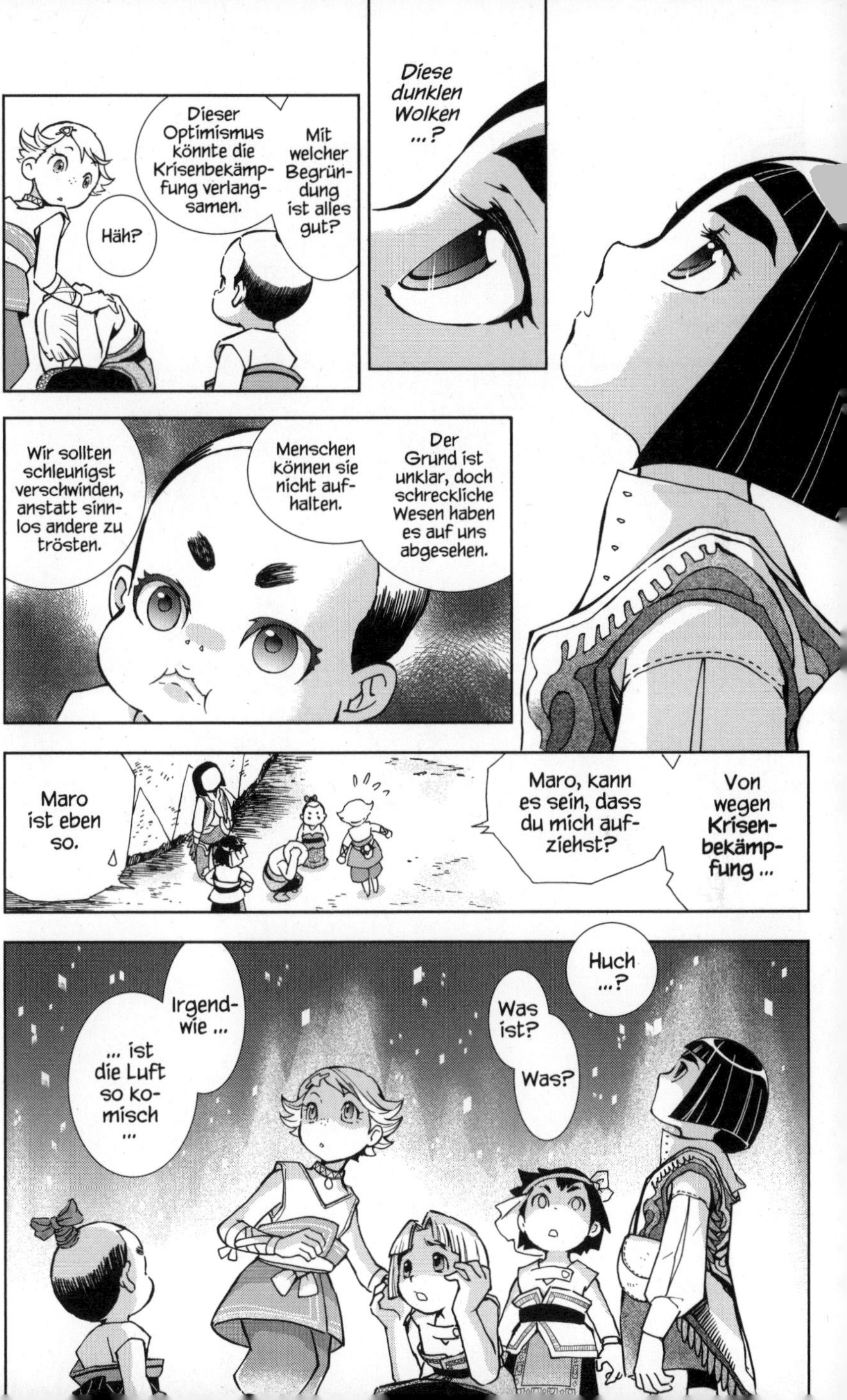
Diese dunklen Wolken ...?
Mit welcher Begründung ist alles gut?
Dieser Optimismus könnte die Krisenbekämpfung verlangsamen.
Häh?
Der Grund ist unklar, doch schreckliche Wesen haben es auf uns abgesehen.
Menschen können sie nicht aufhalten.
Wir sollten schleunigst verschwinden, anstatt sinnlos andere zu trösten.
Von wegen Krisenbekämpfung ...
Maro, kann es sein, dass du mich aufziehst?
Maro ist eben so.
Huch ...?
Was ist?
Was?
Irgendwie ...
... ist die Luft so komisch ...

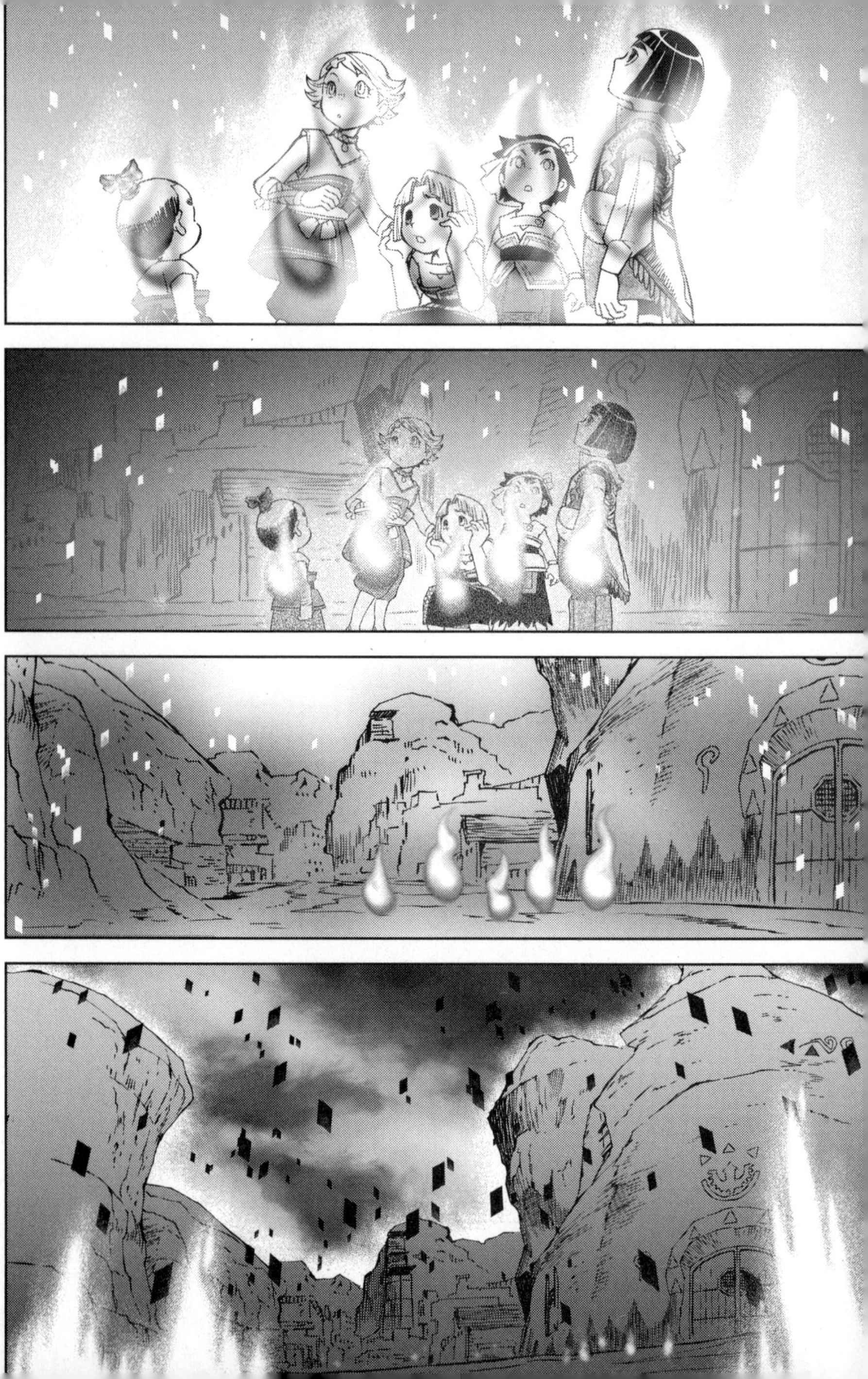

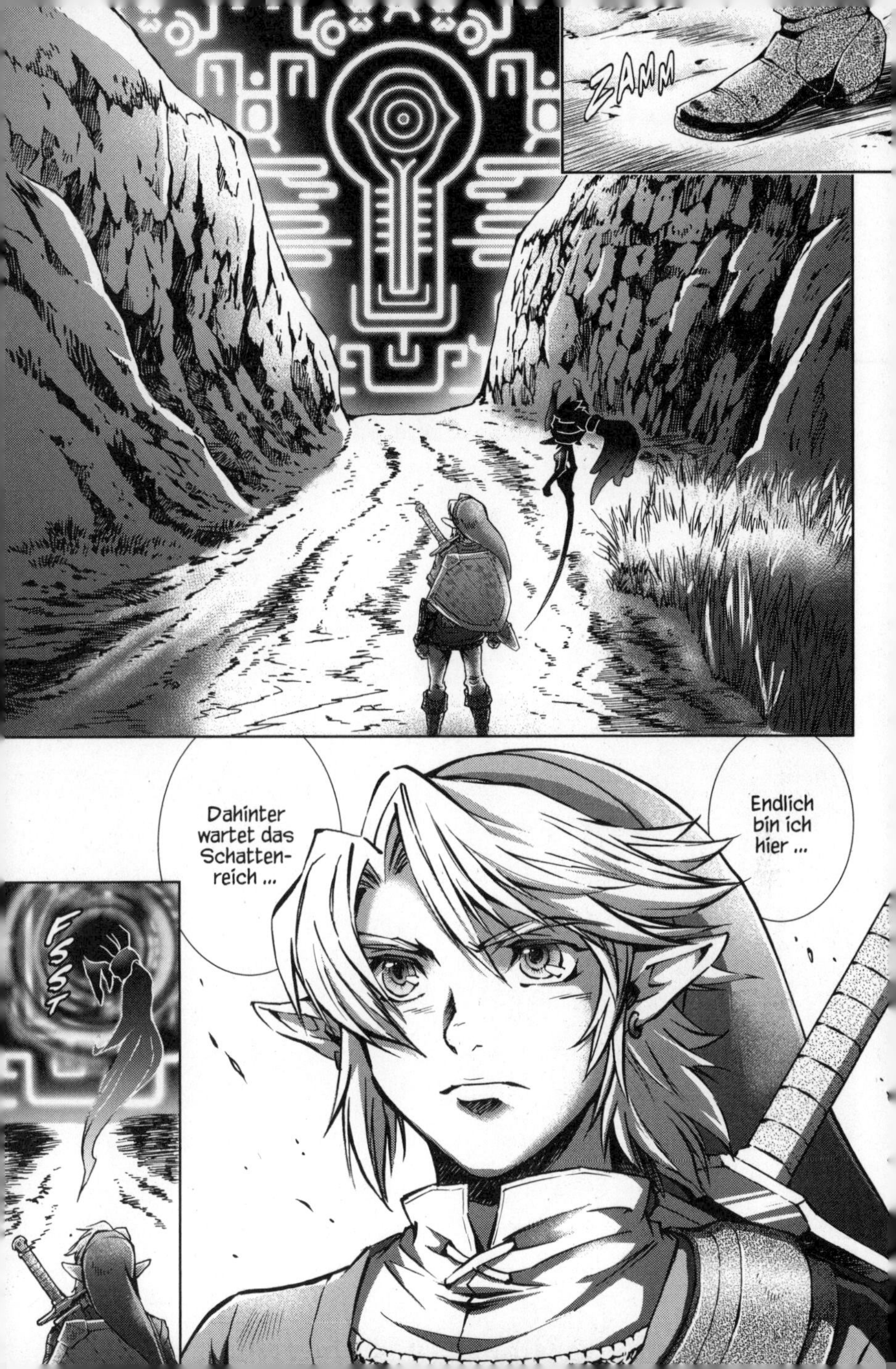
ZAMM
Endlich bin ich hier ...
Dahinter wartet das Schatten-reich ...
FSSST

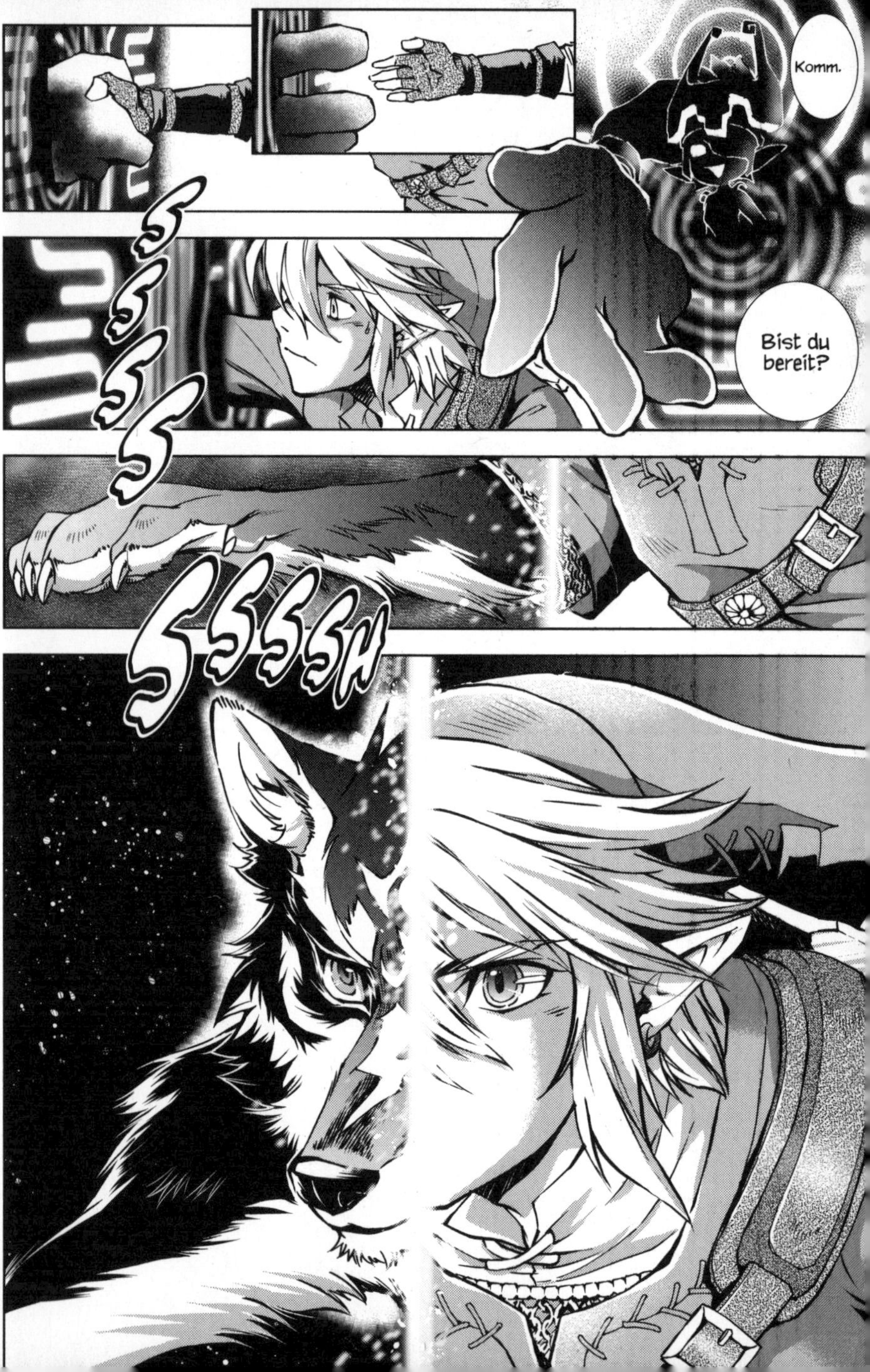
Komm.
Bist du bereit?
SSSSS
SSSSH

20. Kapitel: Zurück ins Schattenreich

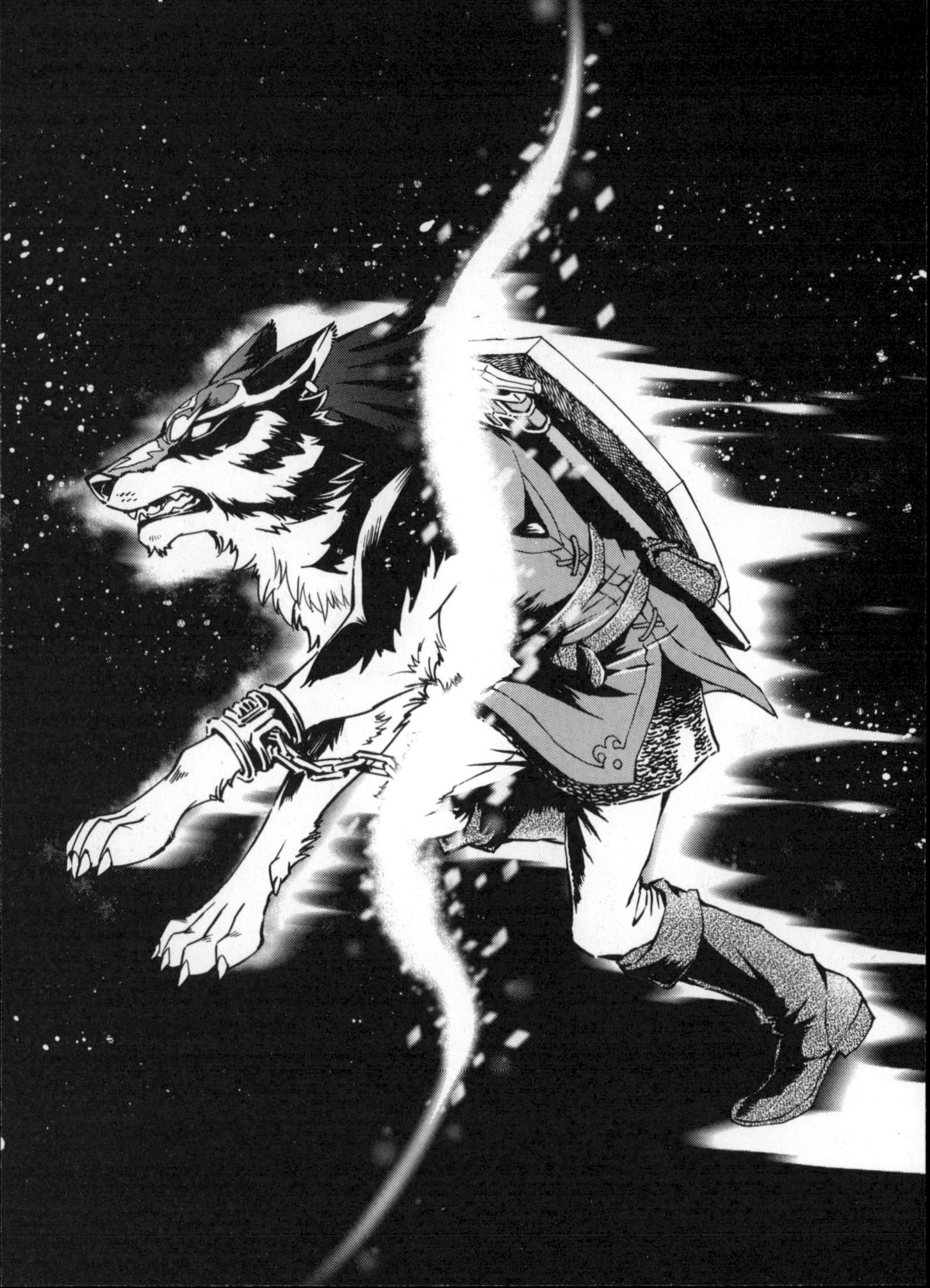

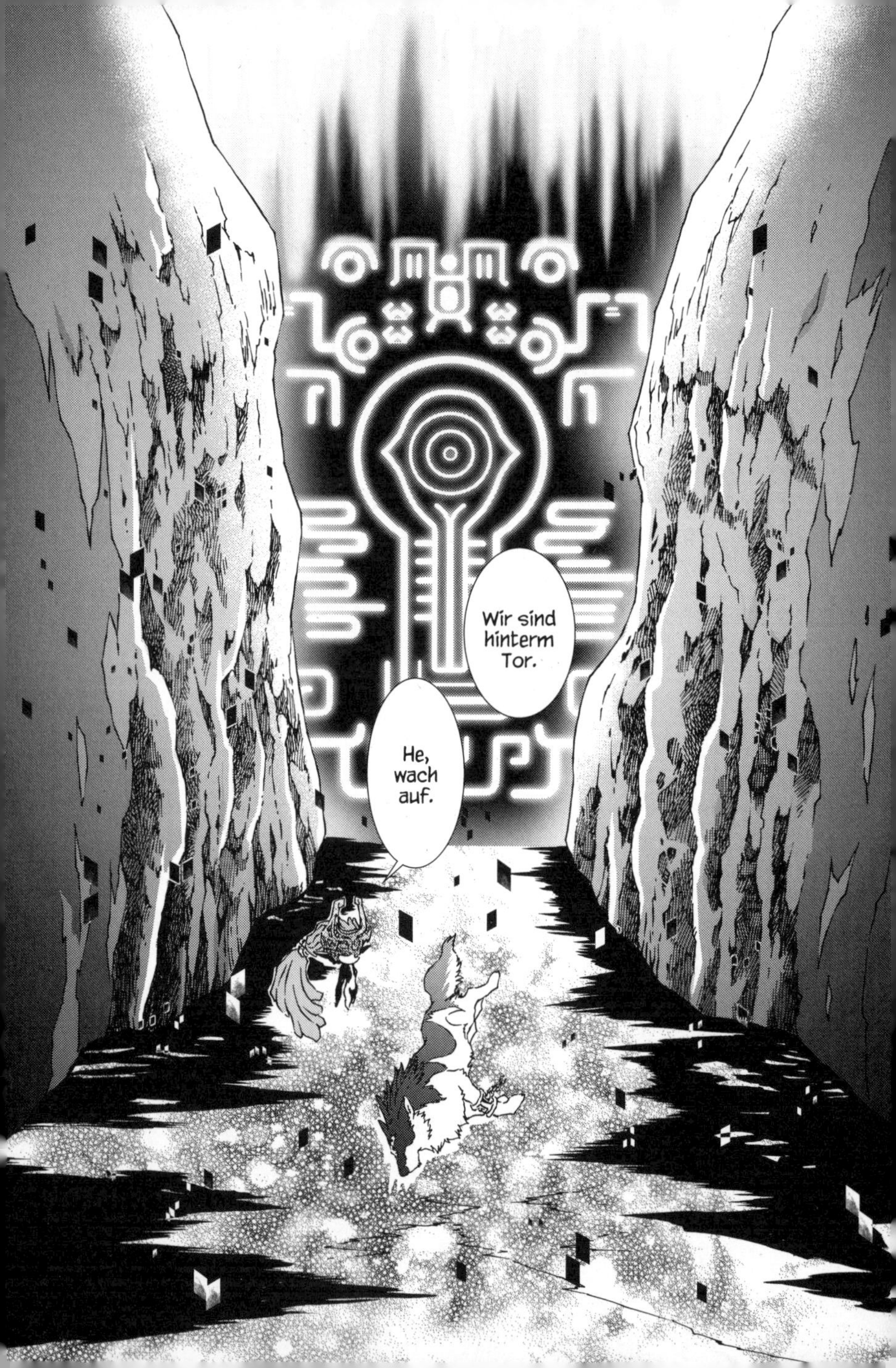
Wir sind hinterm Tor.
He, wach auf.

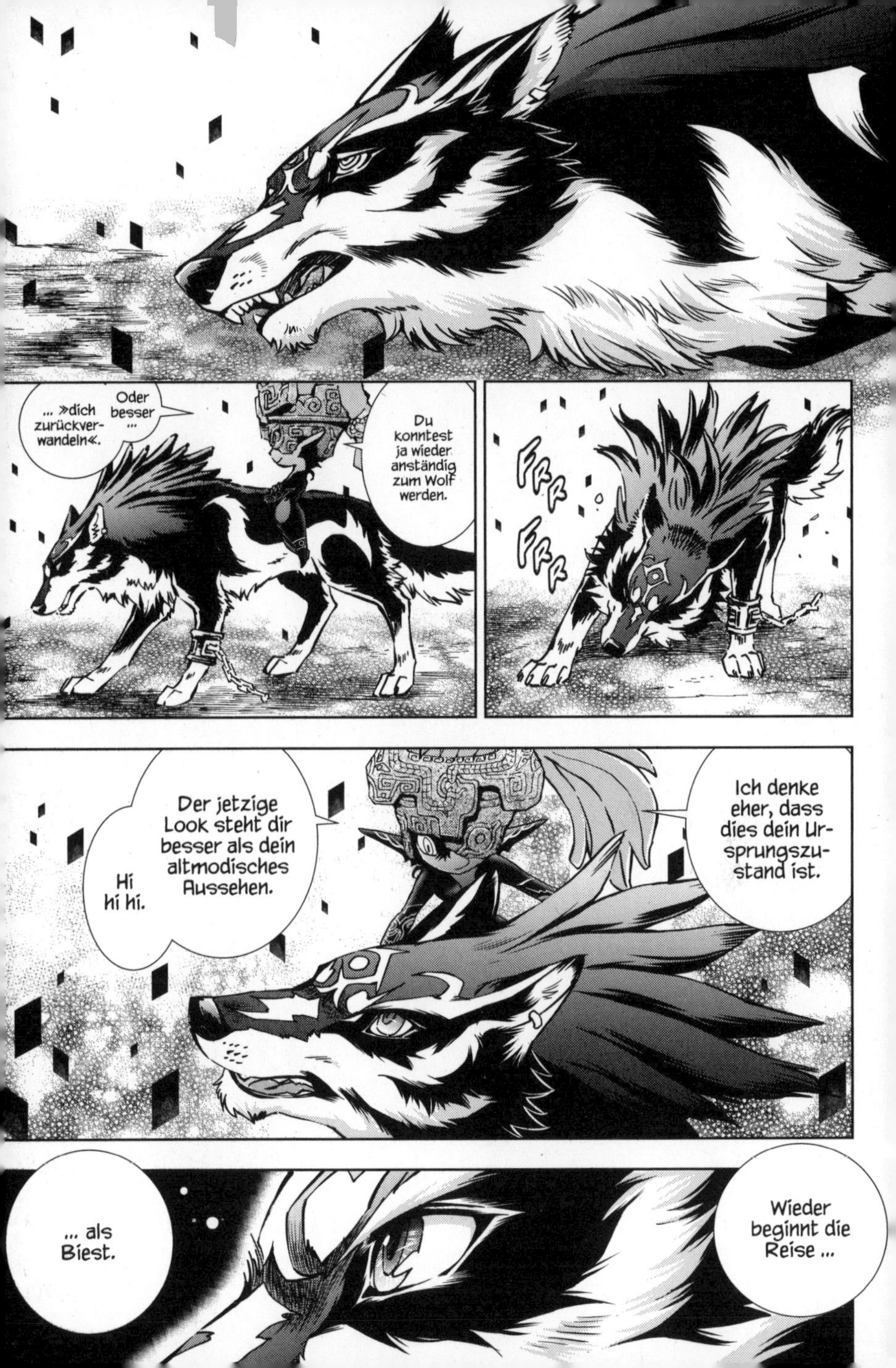
FRR
FRR
Du konntest ja wieder anständig zum Wolf werden.
Oder besser ...
... »dich zurückverwandeln«.
Ich denke eher, dass dies dein Ursprungszustand ist.
Der jetzige Look steht dir besser als dein altmodisches Aussehen.
Hi hi hi.
Wieder beginnt die Reise ...
... als Biest.

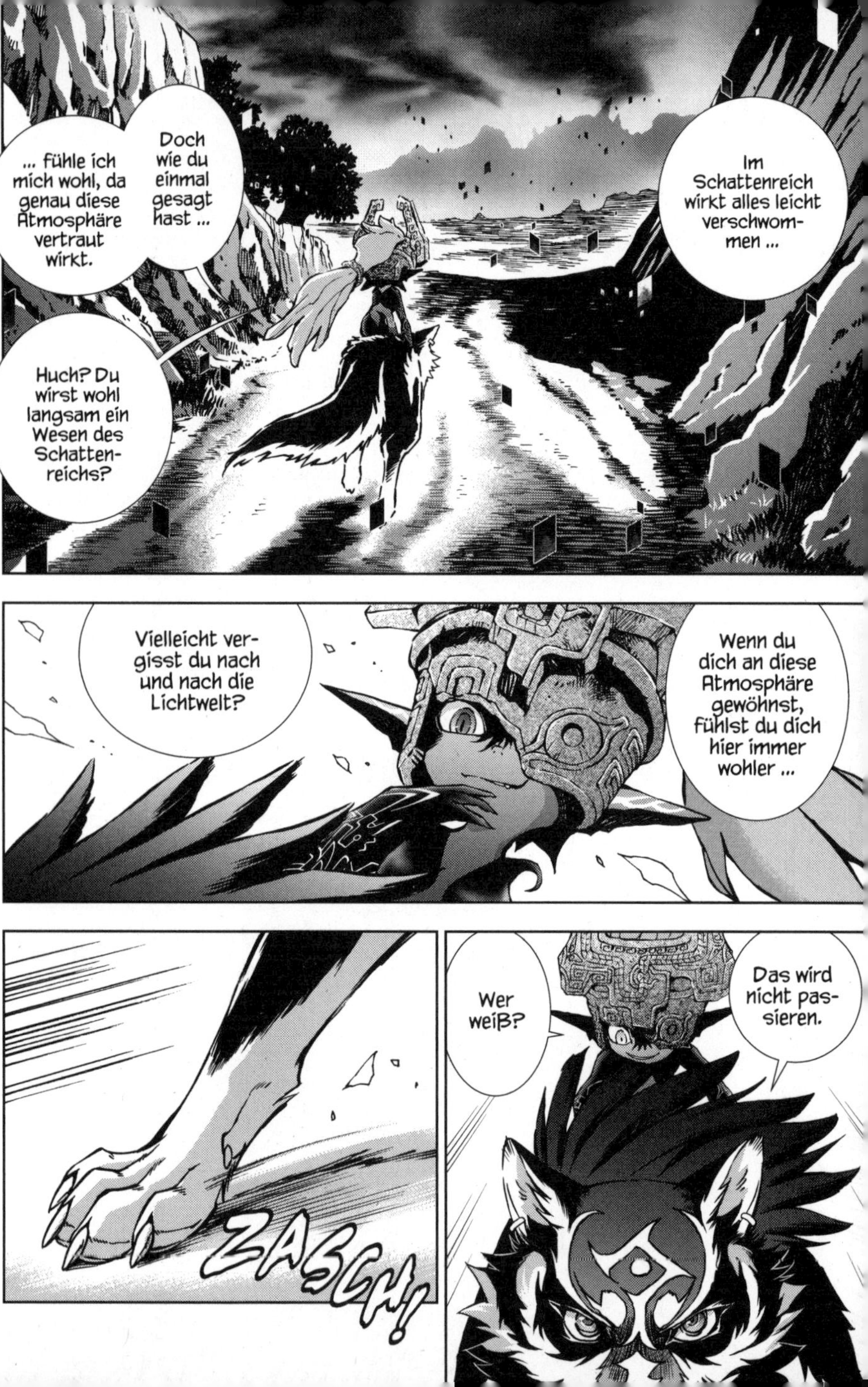
Im Schattenreich wirkt alles leicht verschwommen ...
Doch wie du einmal gesagt hast ...
... fühle ich mich wohl, da genau diese Atmosphäre vertraut wirkt.
Huch? Du wirst wohl langsam ein Wesen des Schattenreichs?
Wenn du dich an diese Atmosphäre gewöhnst, fühlst du dich hier immer wohler ...
Vielleicht vergisst du nach und nach die Lichtwelt?
Das wird nicht passieren.
Wer weiß?
ZASCH!

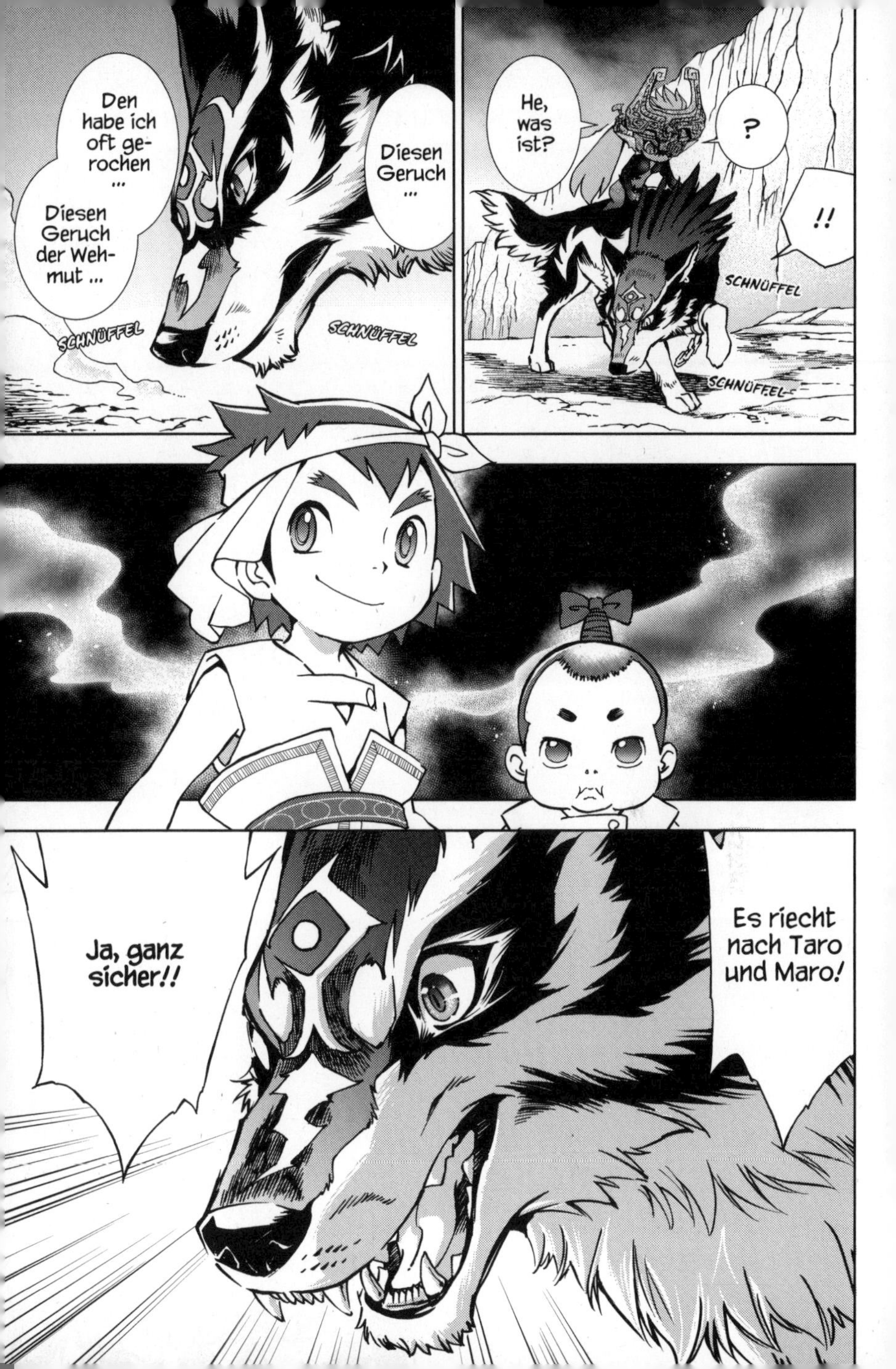
Diesen Geruch …
Den habe ich oft gerochen …
Diesen Geruch der Wehmut …
SCHNÜFFEL
SCHNÜFFEL
He, was ist?
?
!!
SCHNÜFFEL
SCHNÜFFEL
Es riecht nach Taro und Maro!
Ja, ganz sicher!!

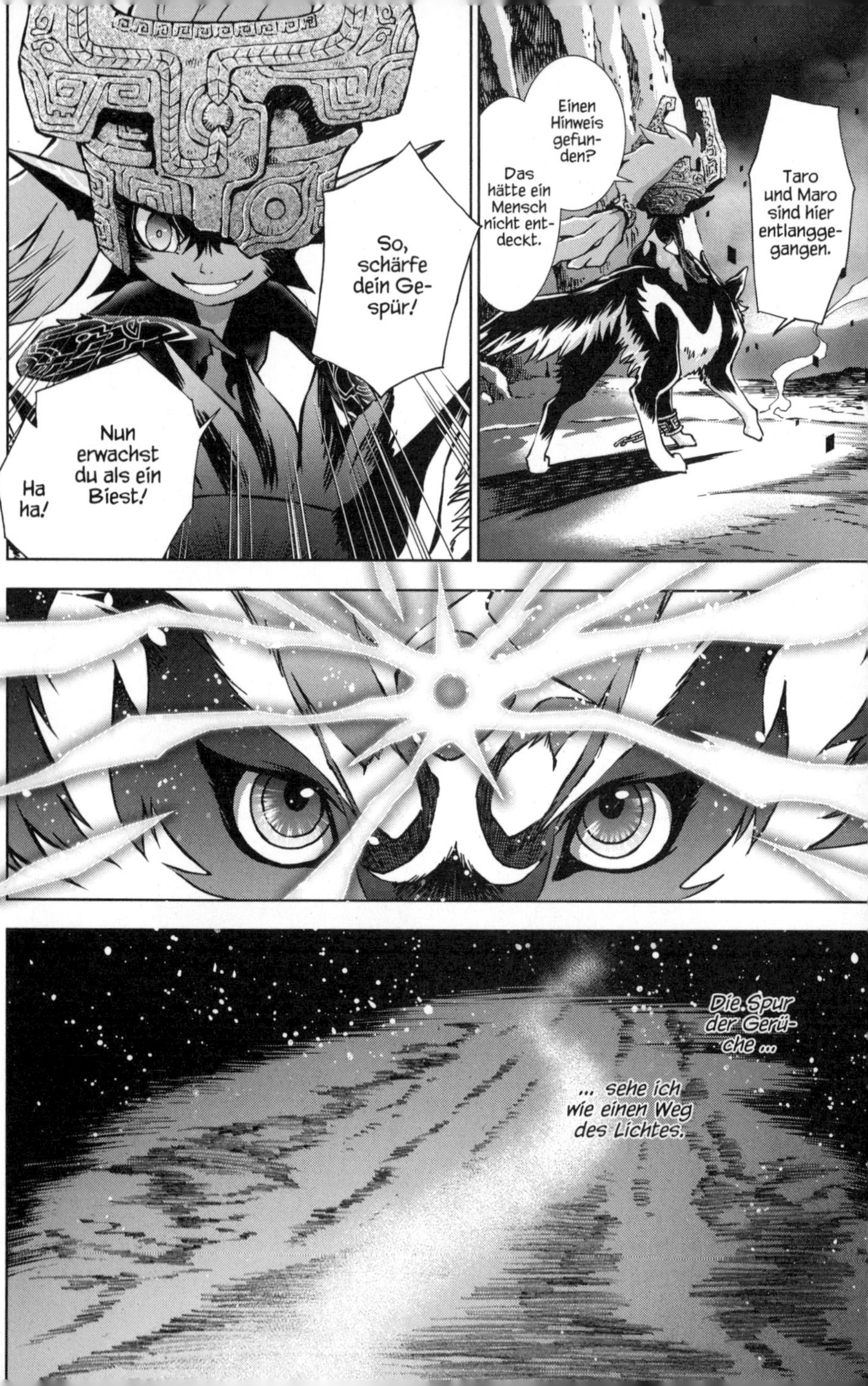
Taro und Maro sind hier entlanggegangen.
Einen Hinweis gefunden?
Das hätte ein Mensch nicht entdeckt.
So, schärfe dein Gespür!
Nun erwachst du als ein Biest!
Ha ha!
Die Spur der Gerüche ...
... sehe ich wie einen Weg des Lichtes.

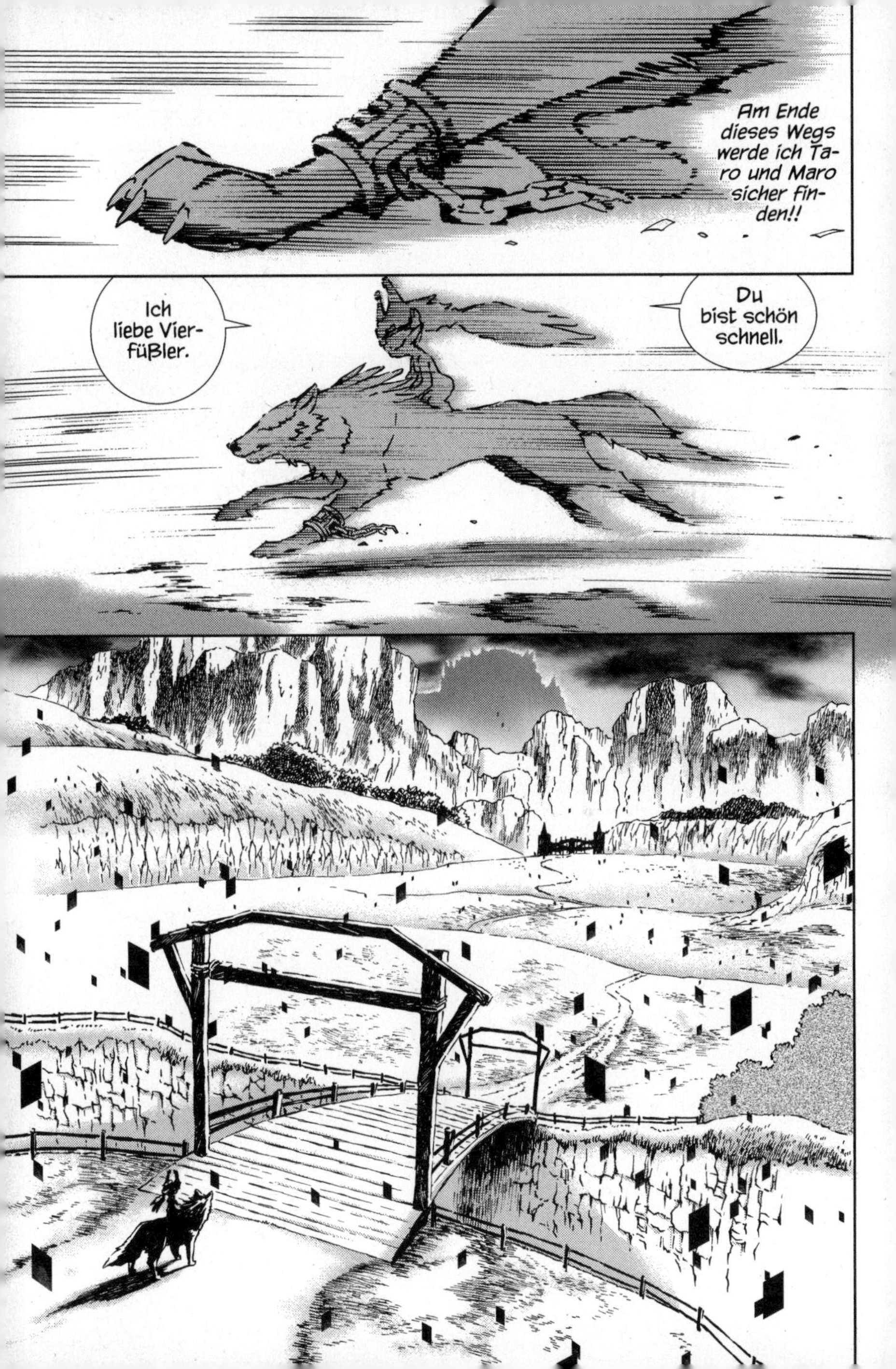
Am Ende dieses Wegs werde ich Taro und Maro sicher finden!!
Du bist schön schnell.
Ich liebe Vierfüßler.

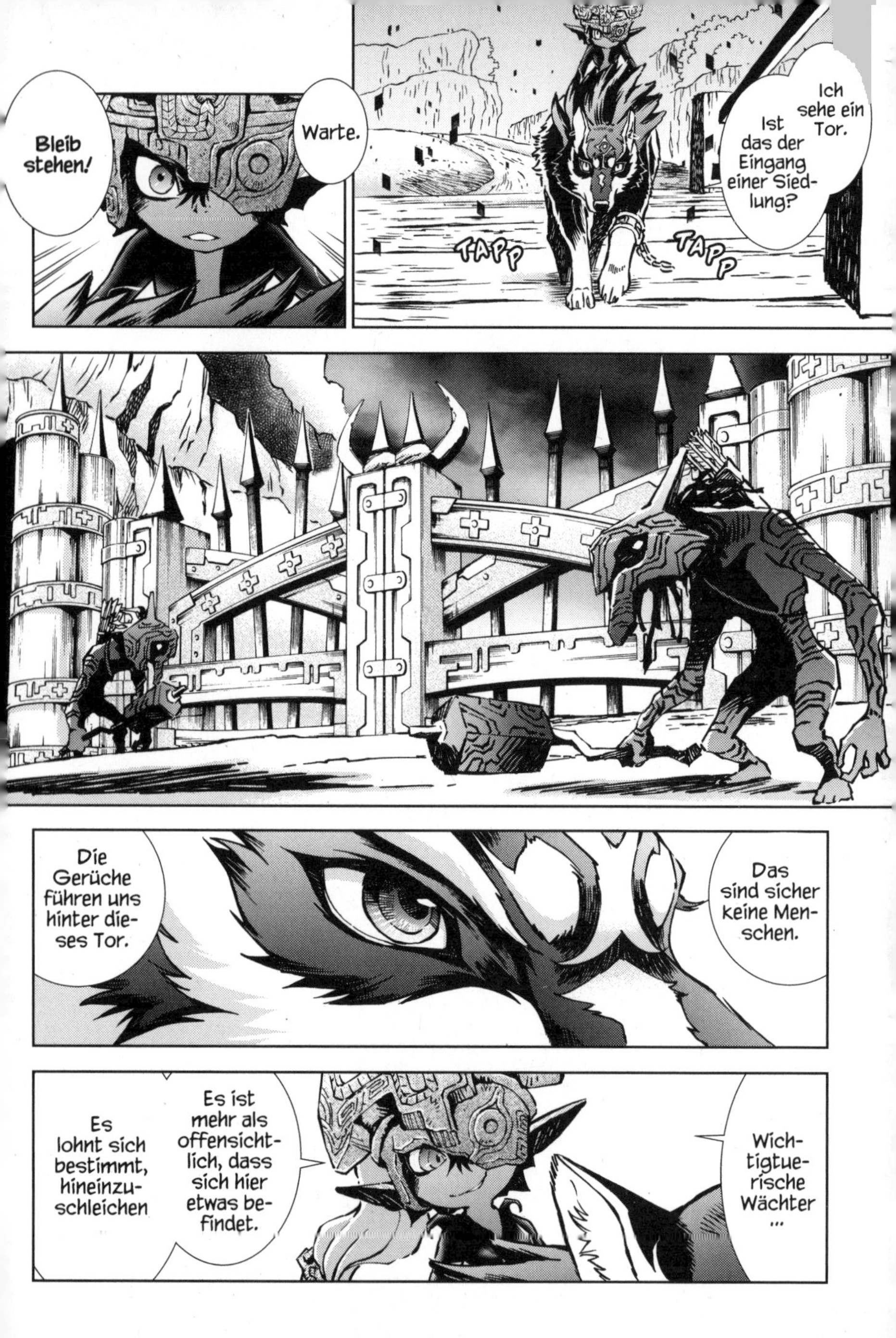
Ich sehe ein Tor.
Ist das der Eingang einer Siedlung?
TAPP
TAPP
Warte.
Bleib stehen!
Das sind sicher keine Menschen.
Die Gerüche führen uns hinter dieses Tor.
Wichtigtuerische Wächter ...
Es ist mehr als offensichtlich, dass sich hier etwas befindet.
Es lohnt sich bestimmt, hineinzuschleichen

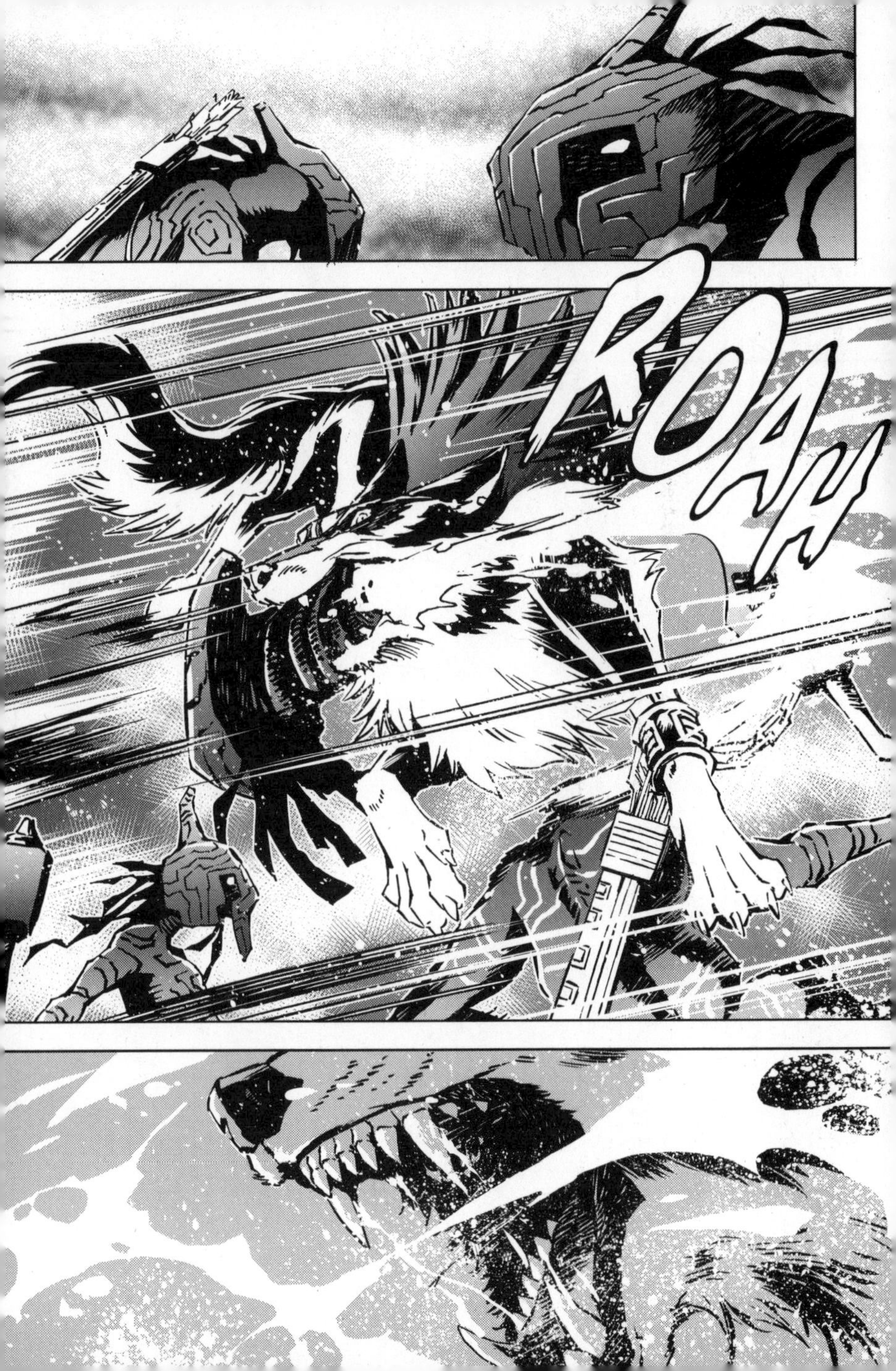
ROAH

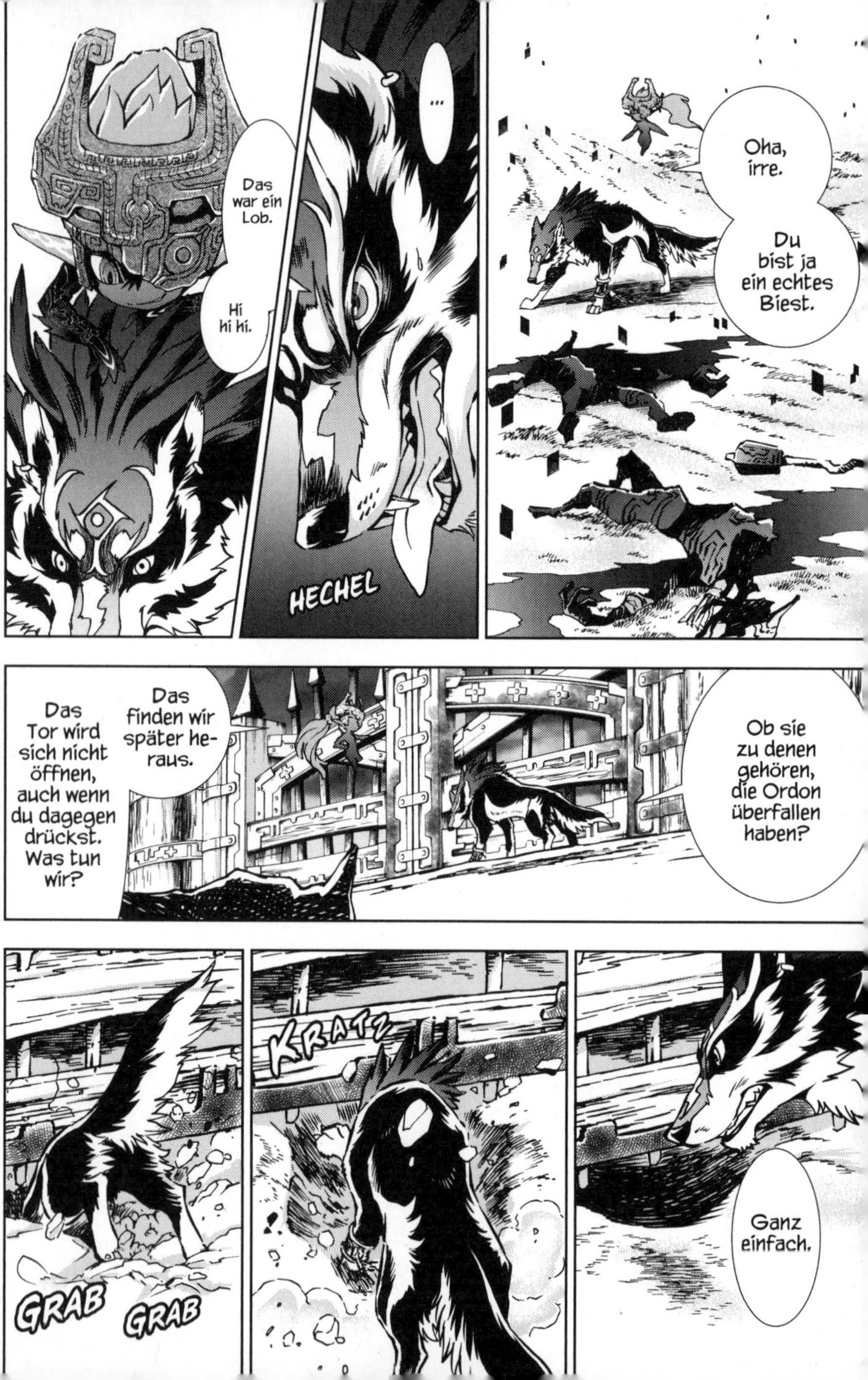
Das war ein Lob.
Hi hi hi.
...
HECHEL
Oha, irre.
Du bist ja ein echtes Biest.
Das Tor wird sich nicht öffnen, auch wenn du dagegen drückst. Was tun wir?
Das finden wir später heraus.
Ob sie zu denen gehören, die Ordon überfallen haben?
GRAB
GRAB
KRATZ
Ganz einfach.

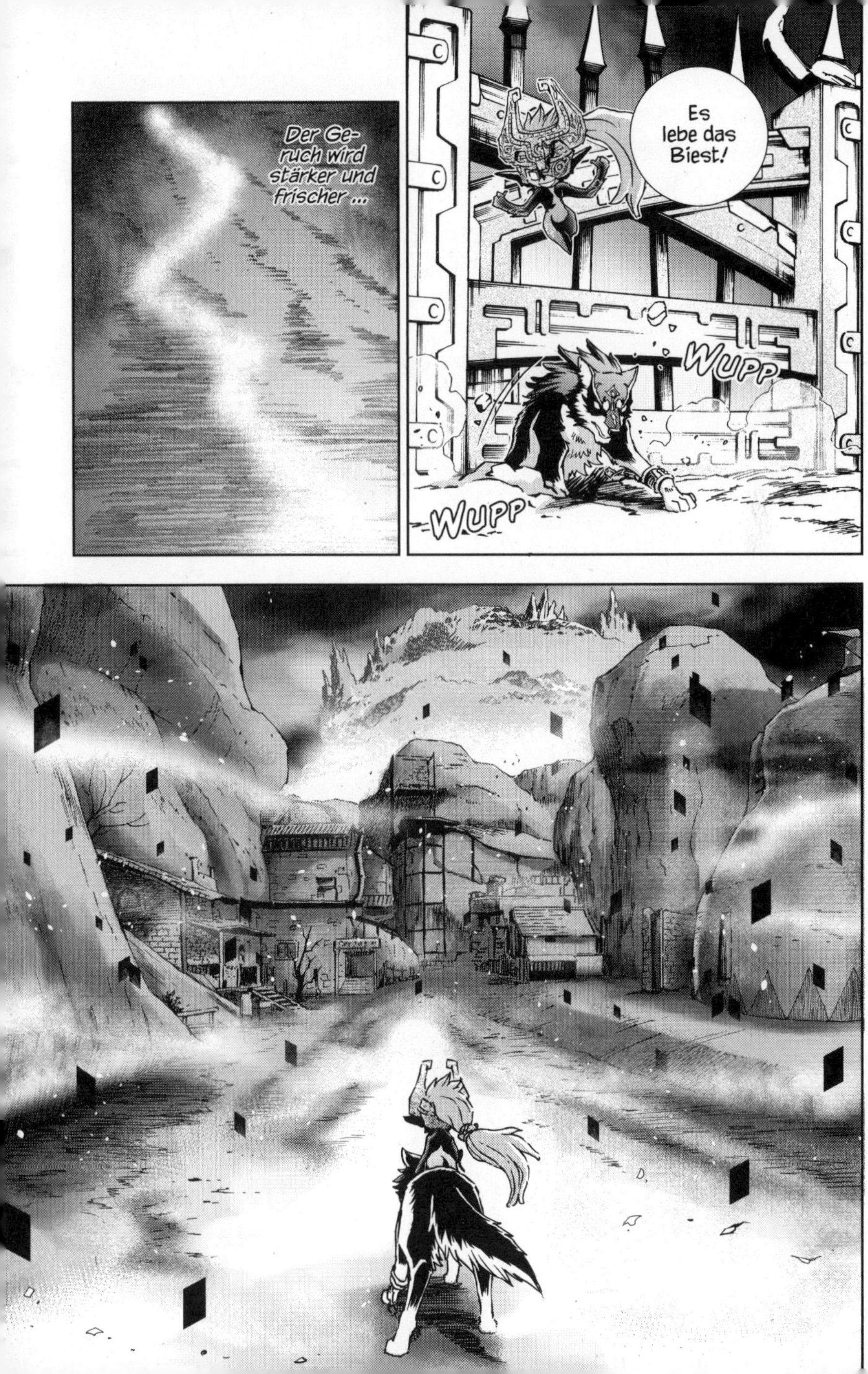
Es lebe das Biest!
WUPP
WUPP
Der Geruch wird stärker und frischer ...

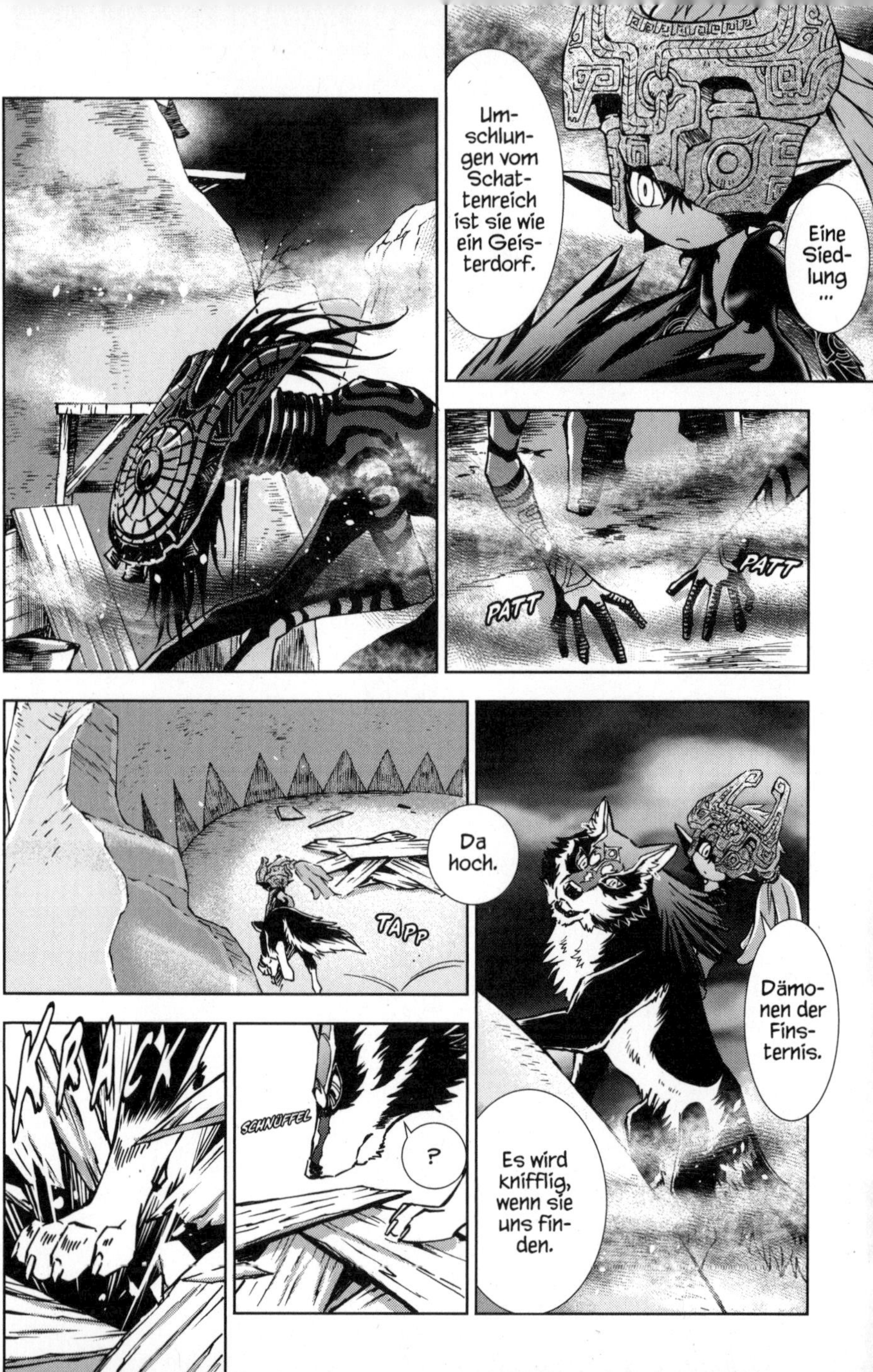

Eine Siedlung ...
Umschlungen vom Schattenreich ist sie wie ein Geisterdorf.
PATT
PATT
Dämonen der Finsternis.
Es wird knifflig, wenn sie uns finden.
Da hoch.
TAPP
?
SCHNÜFFEL
KRACK!

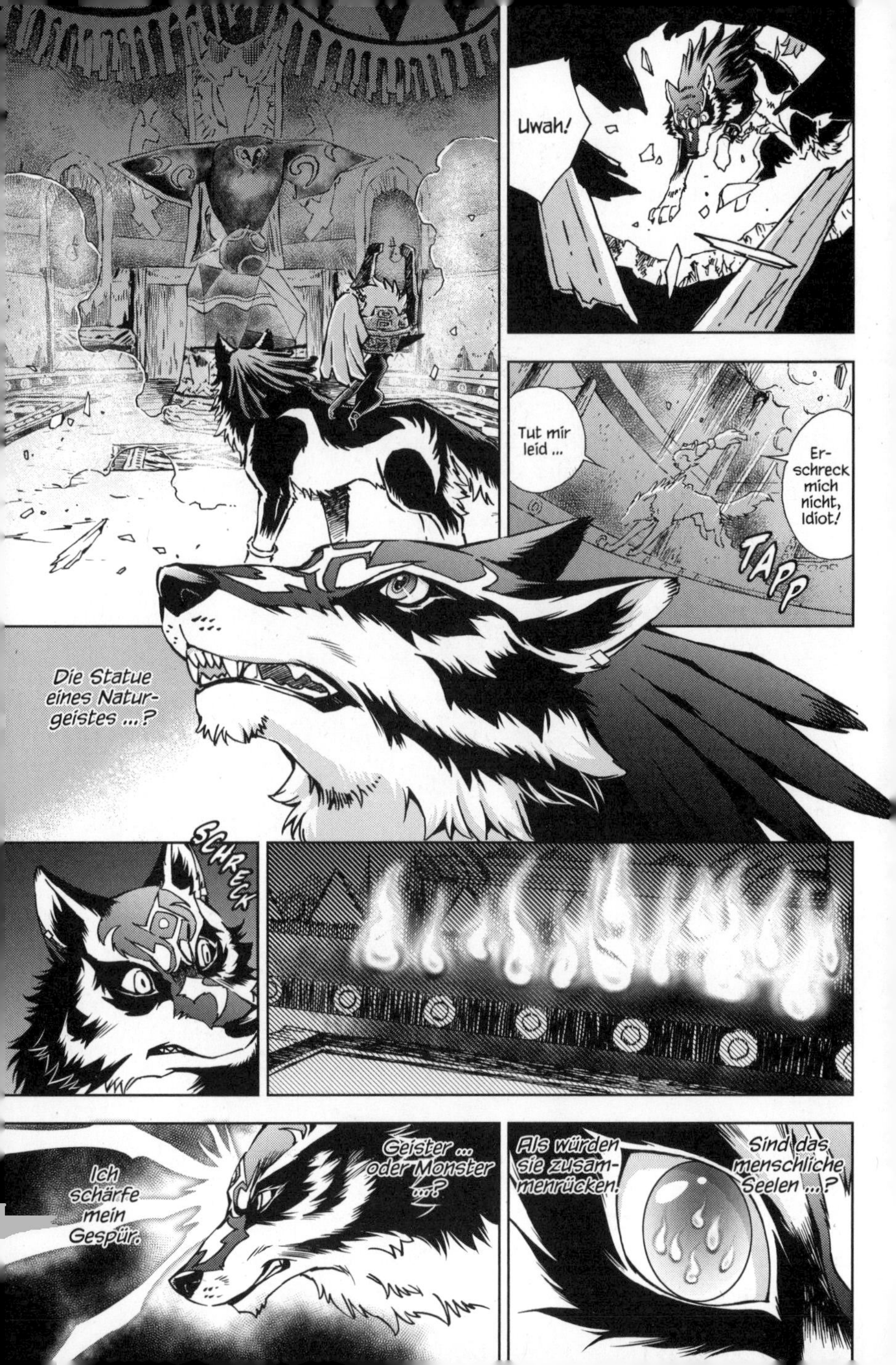

Uwah!
Tut mir leid ...
Erschreck mich nicht, Idiot!
TAPP
Die Statue eines Naturgeistes ...?
SCHRECK
Ich schärfe mein Gespür.
Geister ... oder Monster ...?
Sind das menschliche Seelen ...?
Als würden sie zusammenrücken!

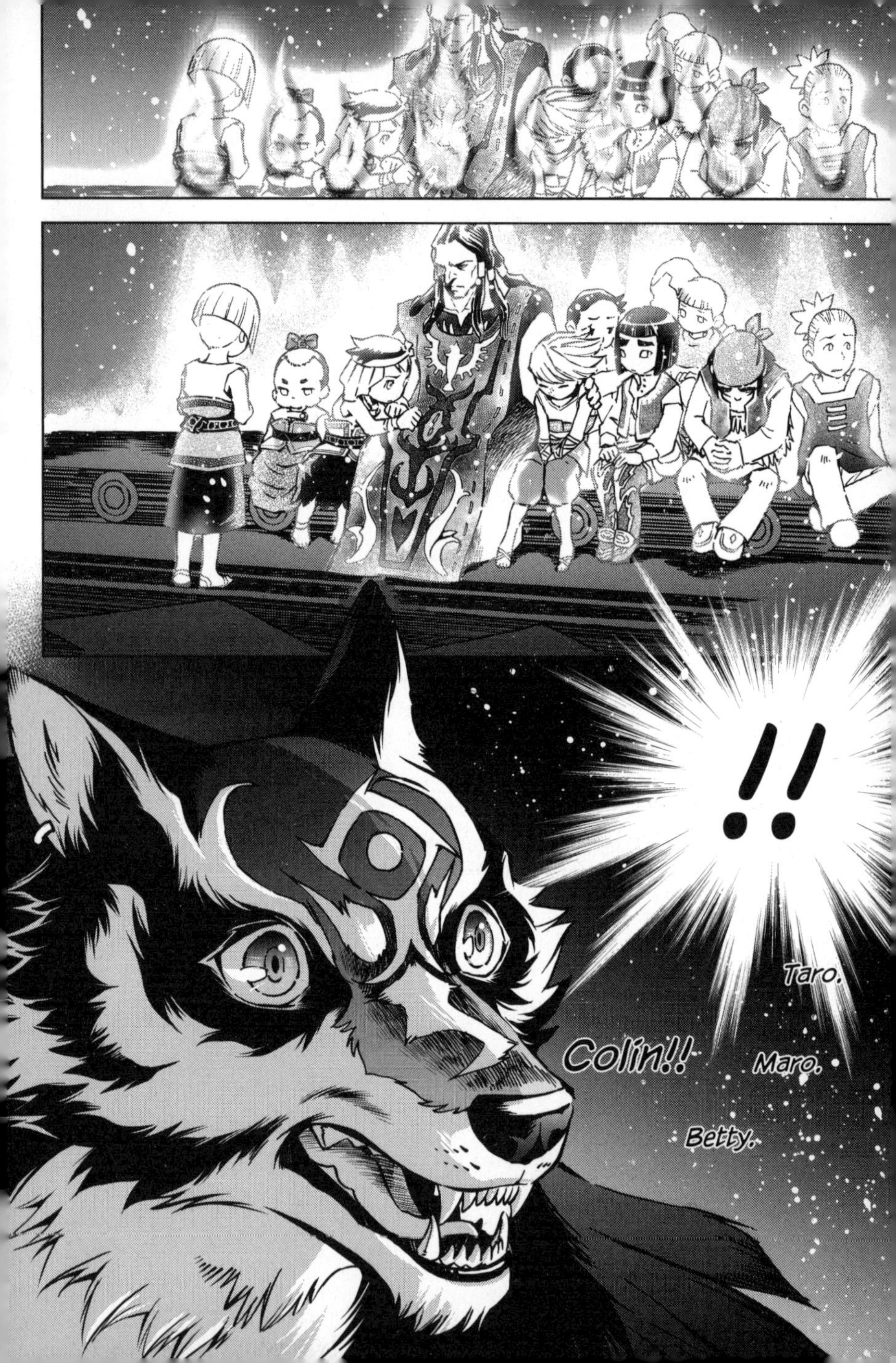
!!
Taro.
Colin!!
Maro.
Betty.

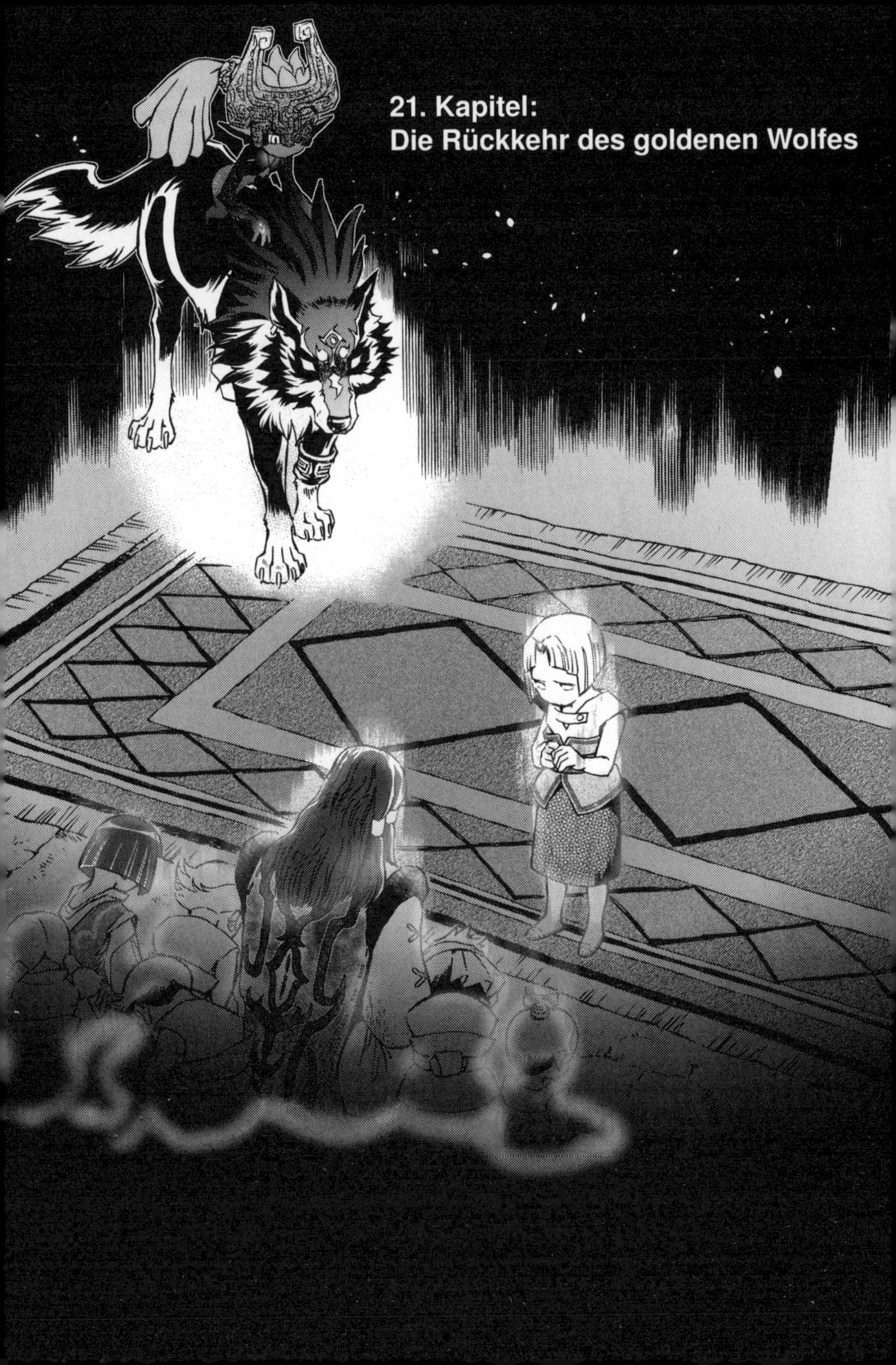
21. Kapitel:
Die Rückkehr des goldenen Wolfes

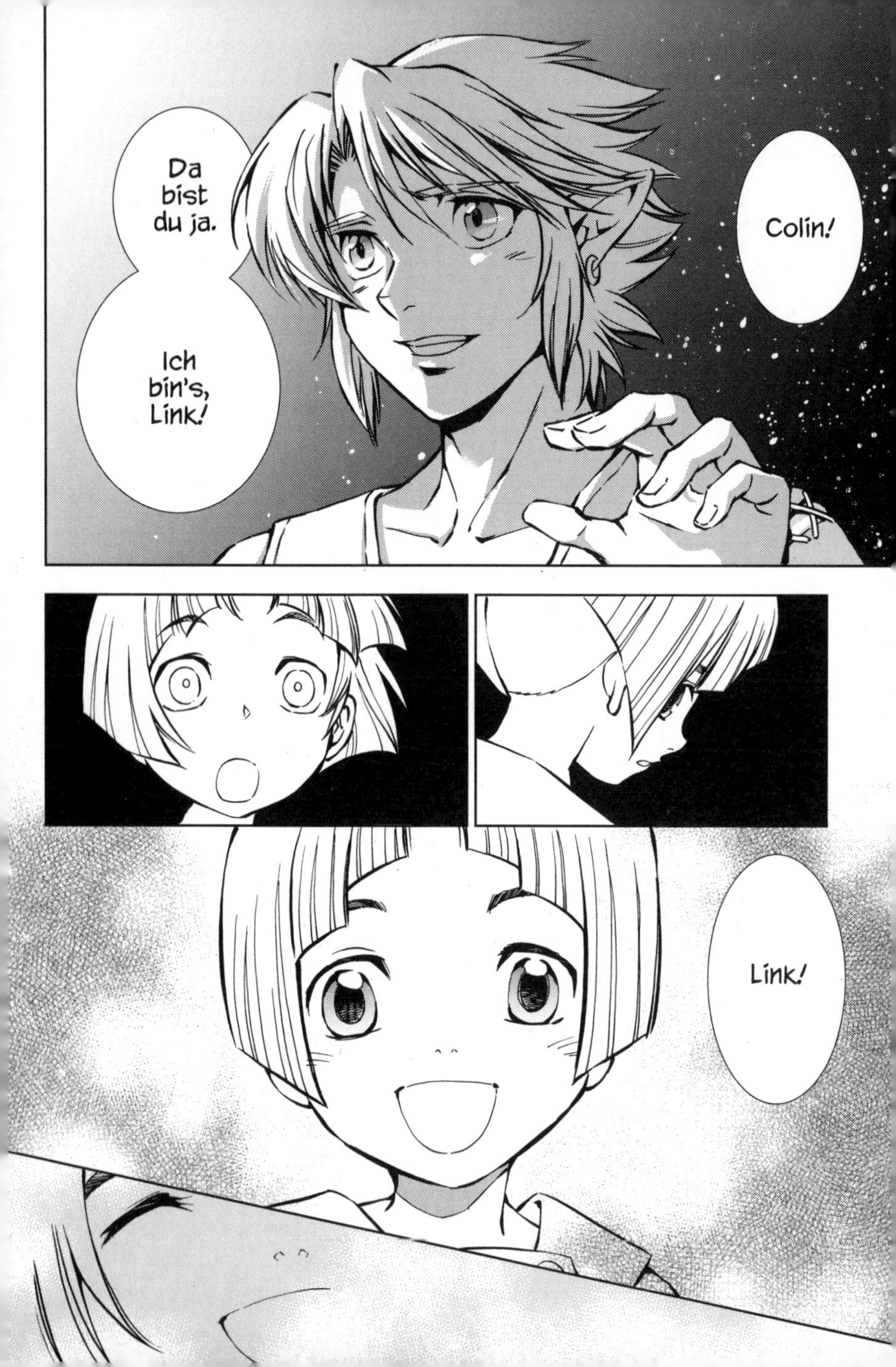

Colin!
Da bist du ja.
Ich bin's, Link!
Link!

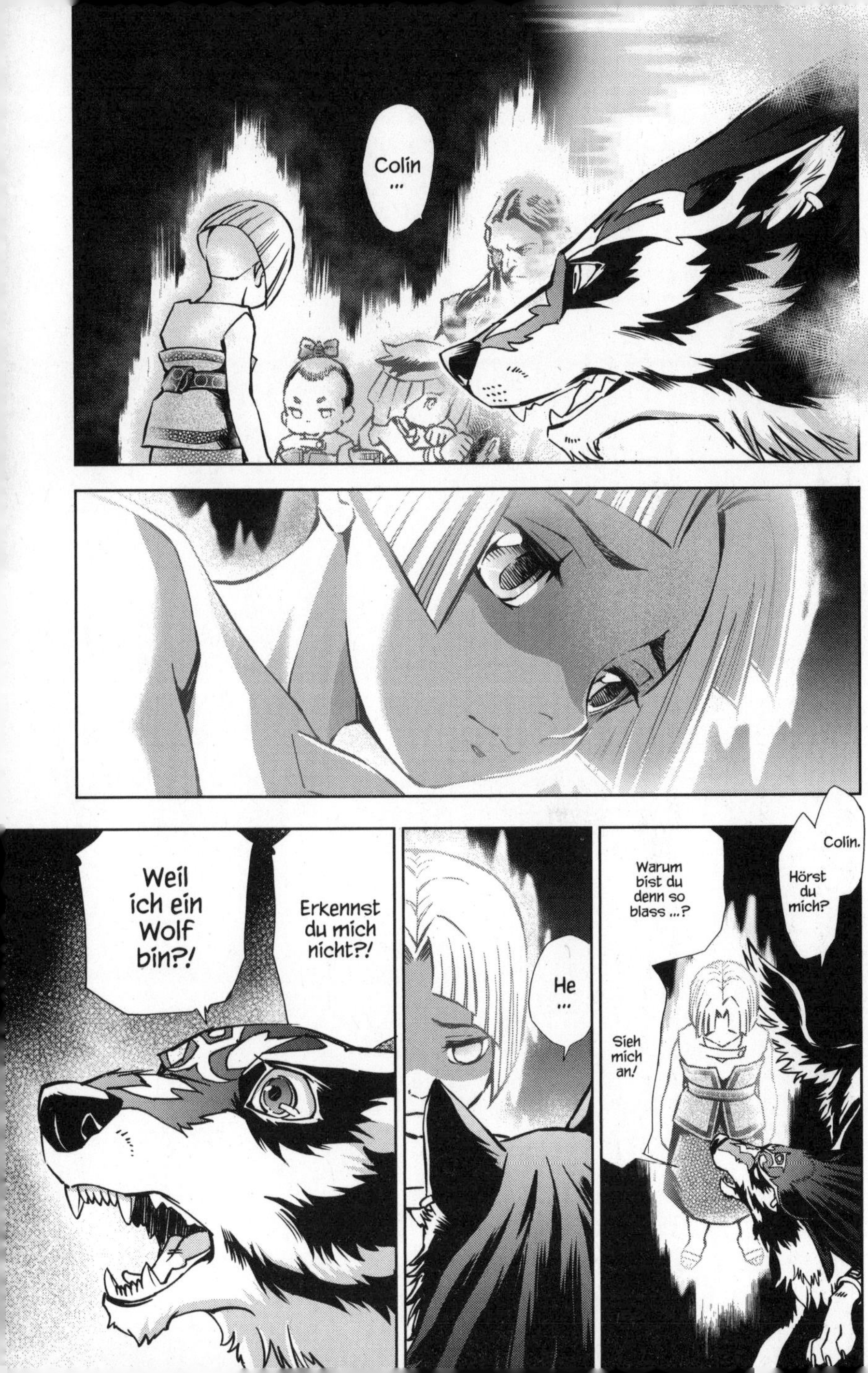
Colin ...
Colin.
Hörst du mich?
Warum bist du denn so blass ...?
Sieh mich an!
He ...
Erkennst du mich nicht?!
Weil ich ein Wolf bin?!

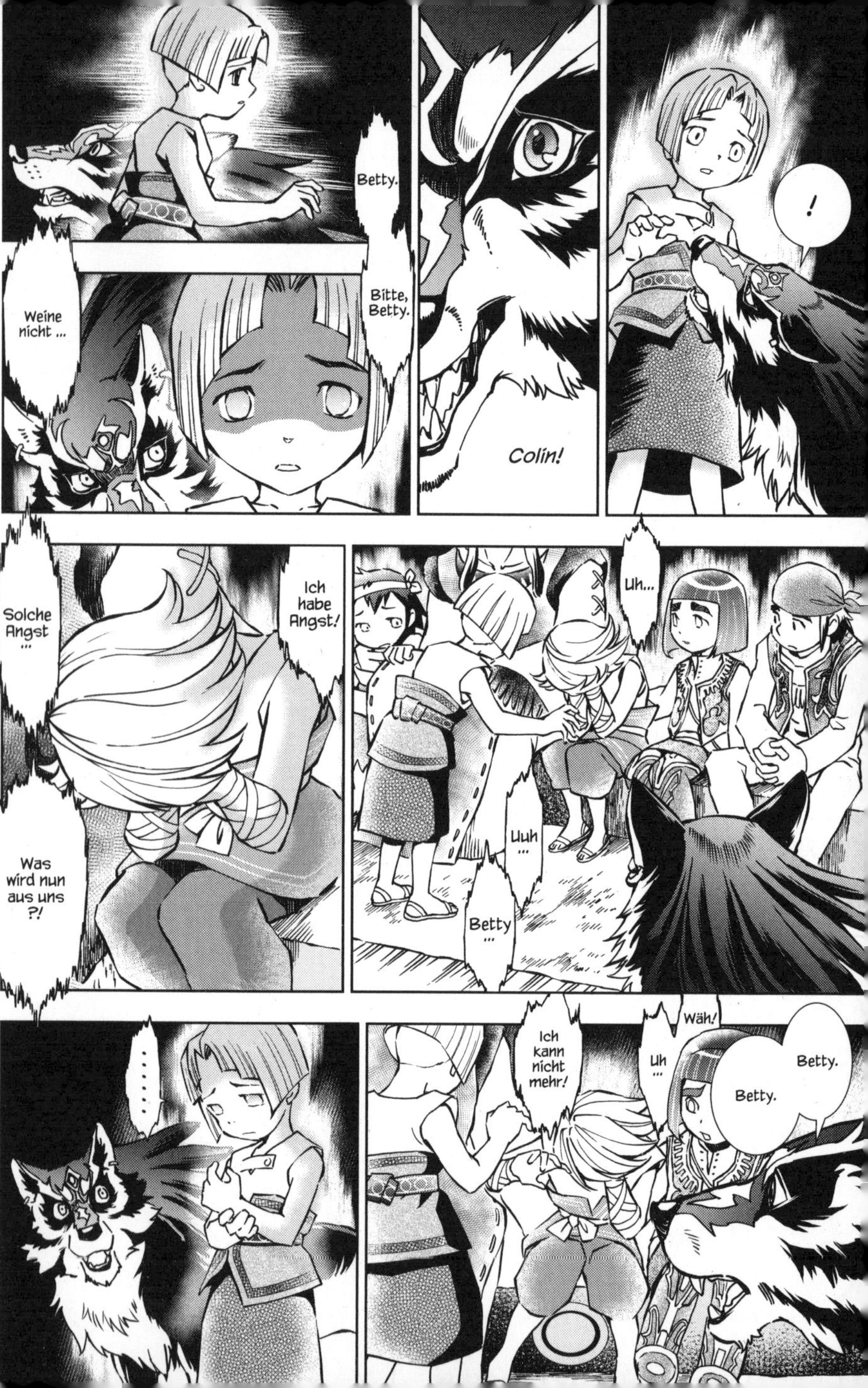
!
Colin!
Betty.
Bitte, Betty.
Weine nicht ...
Uh...
Uuh ...
Betty ...
Ich habe Angst!
Solche Angst ...
Was wird nun aus uns ?!
Betty.
Betty.
Wäh!
Uh ...
Ich kann nicht mehr!
......

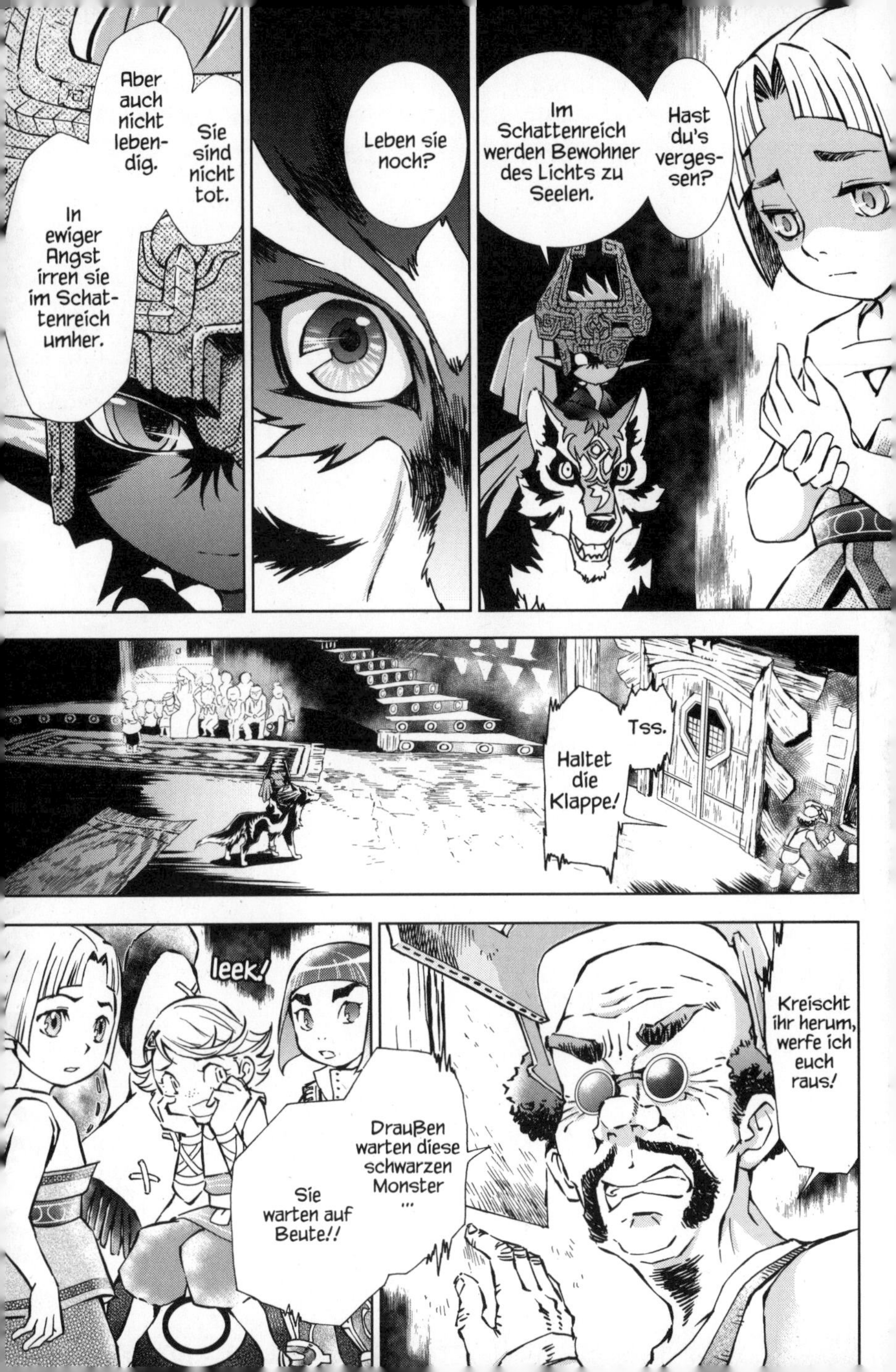

Hast du's verges-sen?
Im Schattenreich werden Bewohner des Lichts zu Seelen.
Leben sie noch?
Sie sind nicht tot.
Aber auch nicht leben-dig.
In ewiger Angst irren sie im Schat-tenreich umher.
Tss.
Haltet die Klappe!
Kreischt ihr herum, werfe ich euch raus!
Ieek!
Draußen warten diese schwarzen Monster ...
Sie warten auf Beute!!

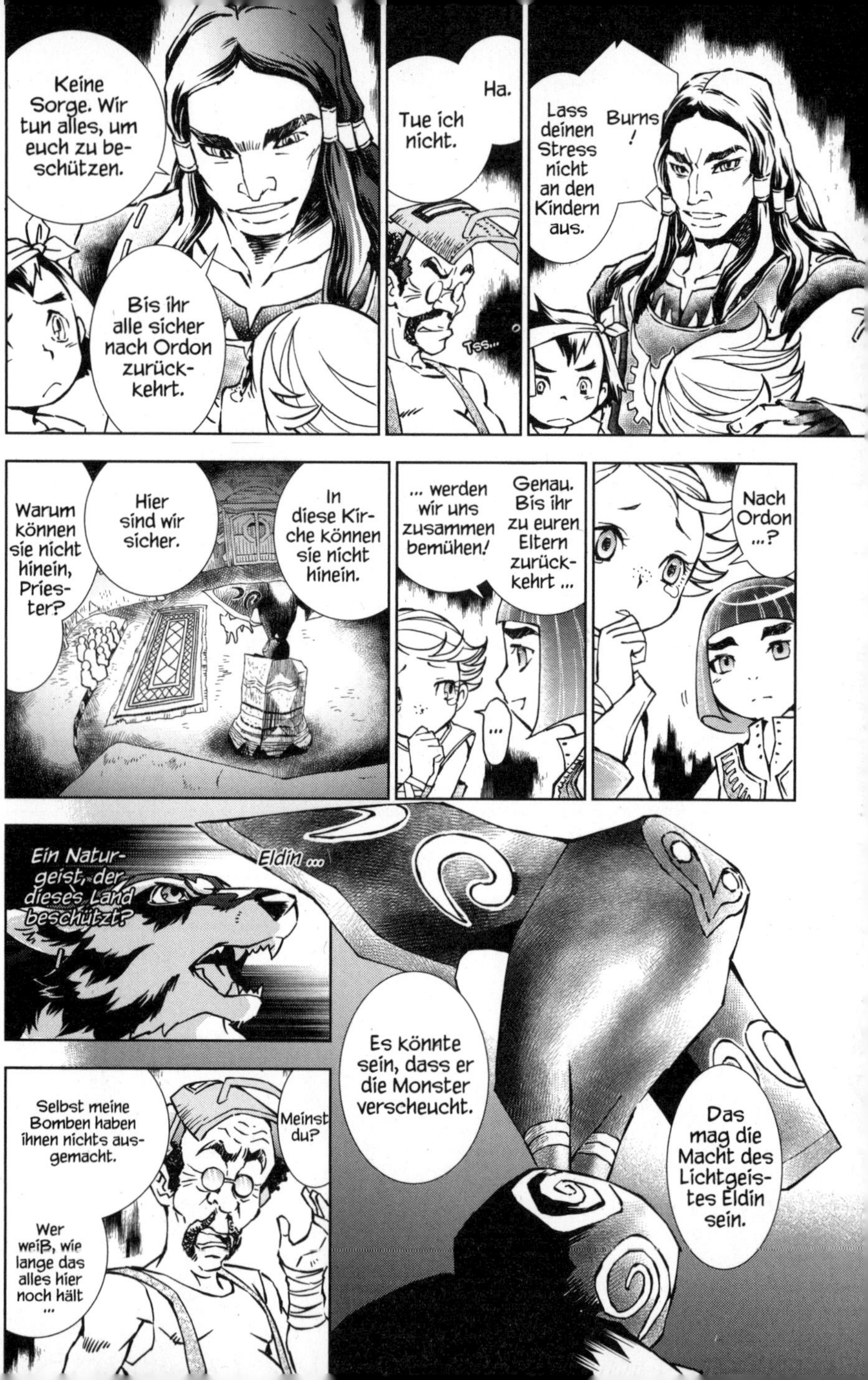
Keine Sorge. Wir tun alles, um euch zu beschützen.
Bis ihr alle sicher nach Ordon zurückkehrt.
Ha.
Tue ich nicht.
Tss...
Burns!
Lass deinen Stress nicht an den Kindern aus.
Warum können sie nicht hinein, Priester?
Hier sind wir sicher.
In diese Kirche können sie nicht hinein.
Genau. Bis ihr zu euren Eltern zurückkehrt ...
... werden wir uns zusammen bemühen!
...
Nach Ordon ...?
Ein Naturgeist, der dieses Land beschützt?
Eldin ...
Das mag die Macht des Lichtgeistes Eldin sein.
Es könnte sein, dass er die Monster verscheucht.
Meinst du?
Selbst meine Bomben haben ihnen nichts ausgemacht.
Wer weiß, wie lange das alles hier noch hält ...

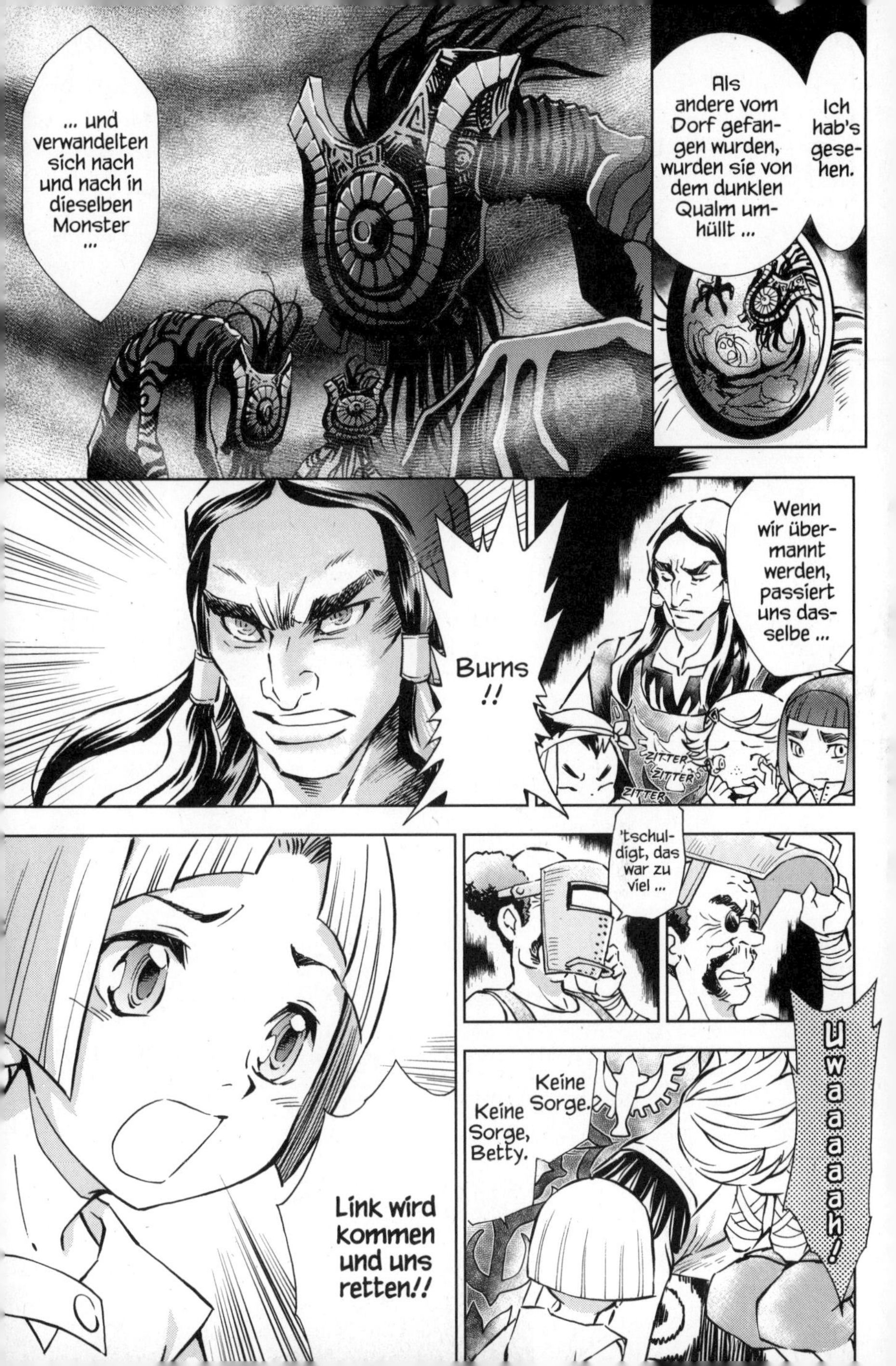
Ich hab's gesehen.
Als andere vom Dorf gefangen wurden, wurden sie von dem dunklen Qualm umhüllt ...
... und verwandelten sich nach und nach in dieselben Monster ...
Wenn wir übermannt werden, passiert uns dasselbe ...
Burns!!
ZITTER ZITTER ZITTER
'tschuldigt, das war zu viel ...
Uwaaaaaah!
Keine Sorge.
Keine Sorge, Betty.
Link wird kommen und uns retten!!

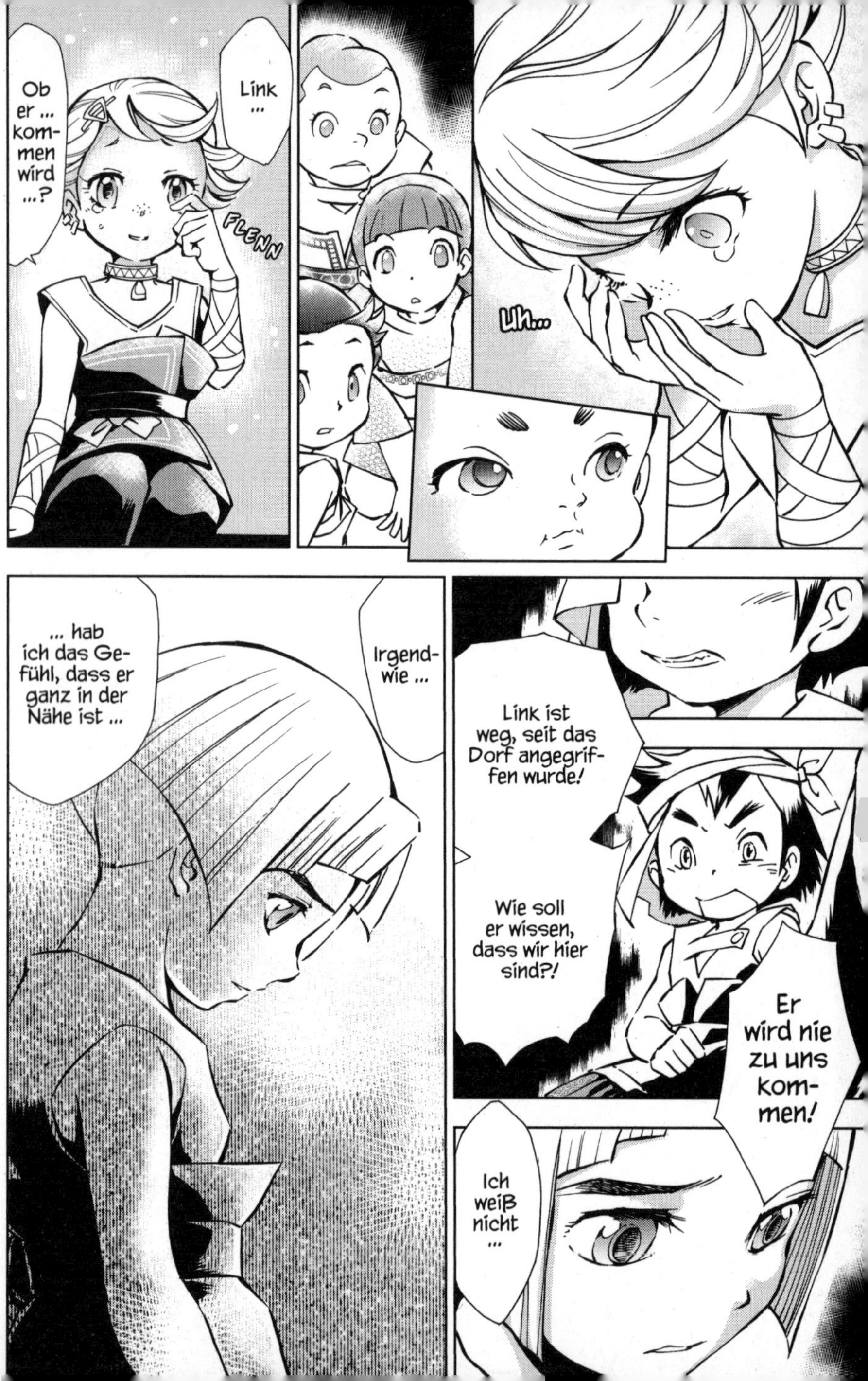
Uh...
Link ...
Ob er ... kommen wird ...?
FLENN
Link ist weg, seit das Dorf angegriffen wurde!
Wie soll er wissen, dass wir hier sind?!
Er wird nie zu uns kommen!
Ich weiß nicht ...
Irgendwie ...
... hab ich das Gefühl, dass er ganz in der Nähe ist ...

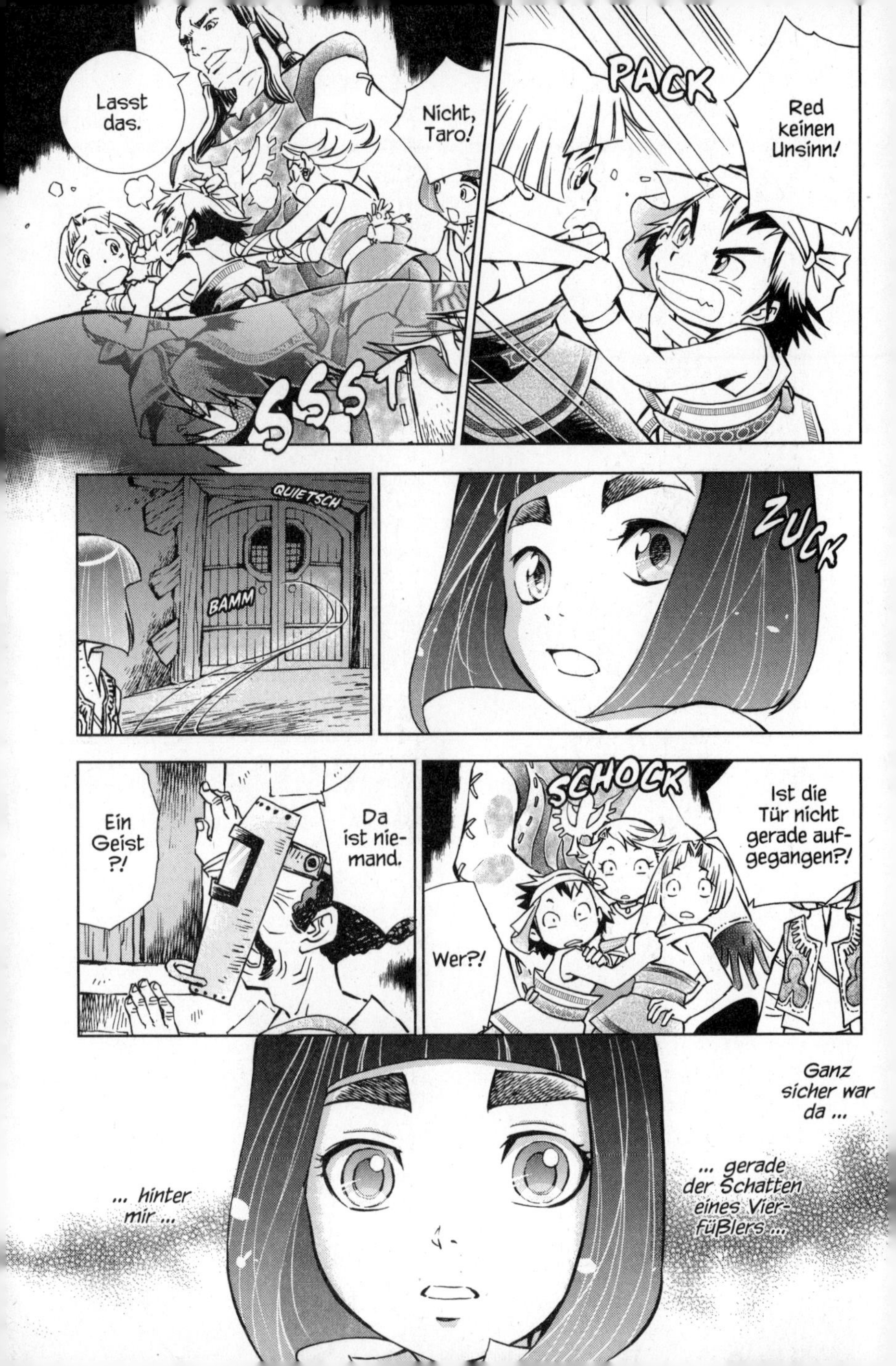

PACK
Red keinen Unsinn!
Nicht, Taro!
Lasst das.
SSST
QUIETSCH
BAMM
ZUCK
SCHOCK
Ist die Tür nicht gerade auf-gegangen?!
Wer?!
Da ist nie-mand.
Ein Geist ?!
Ganz sicher war da ...
... gerade der Schatten eines Vier-füßlers ...
... hinter mir ...

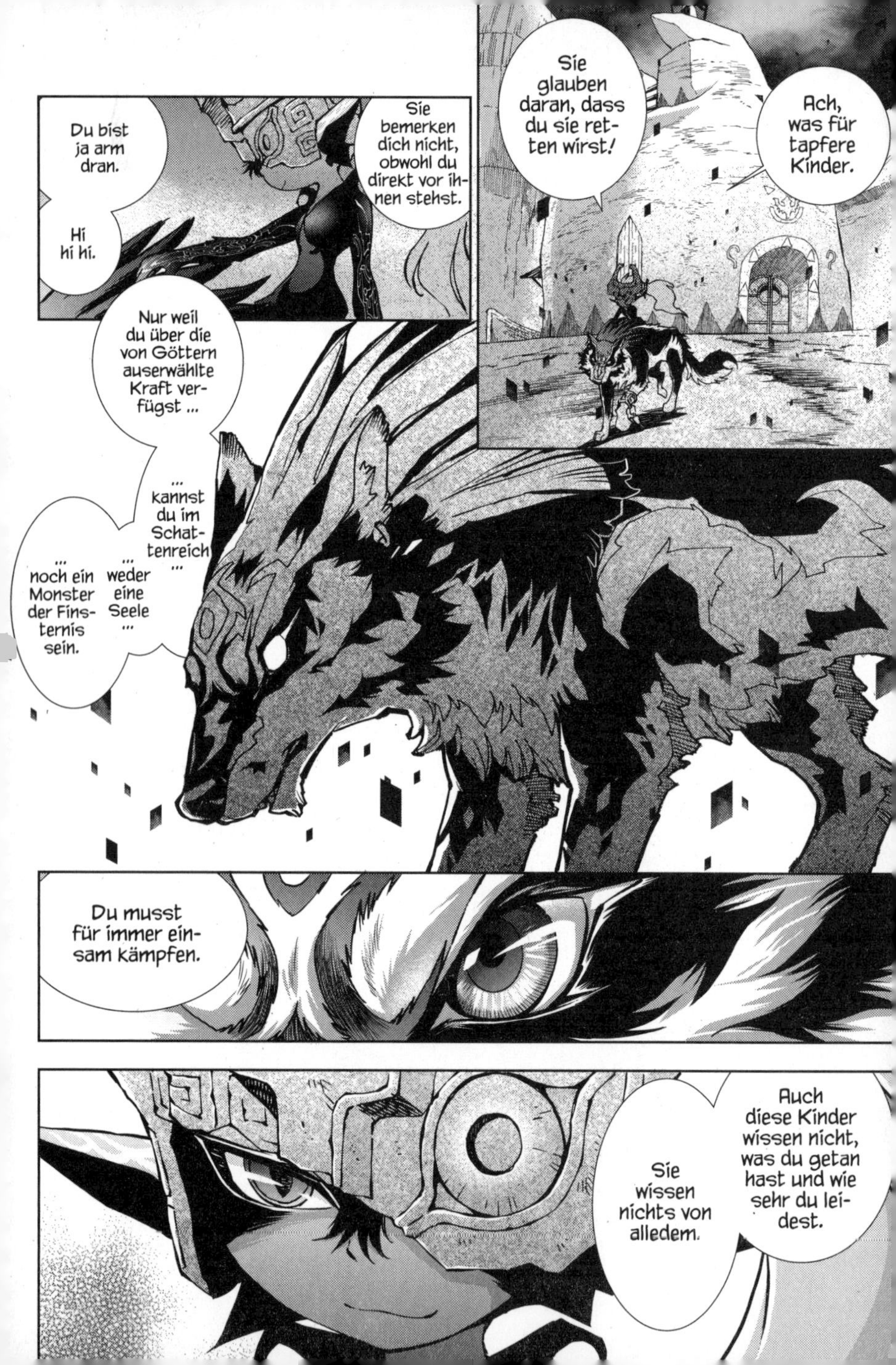
Ach, was für tapfere Kinder.
Sie glauben daran, dass du sie retten wirst!
Sie bemerken dich nicht, obwohl du direkt vor ihnen stehst.
Du bist ja arm dran.
Hi hi hi.
Nur weil du über die von Göttern auserwählte Kraft verfügst ...
... kannst du im Schattenreich ...
... weder eine Seele ...
... noch ein Monster der Finsternis sein.
Du musst für immer einsam kämpfen.
Auch diese Kinder wissen nicht, was du getan hast und wie sehr du leidest.
Sie wissen nichts von alledem.

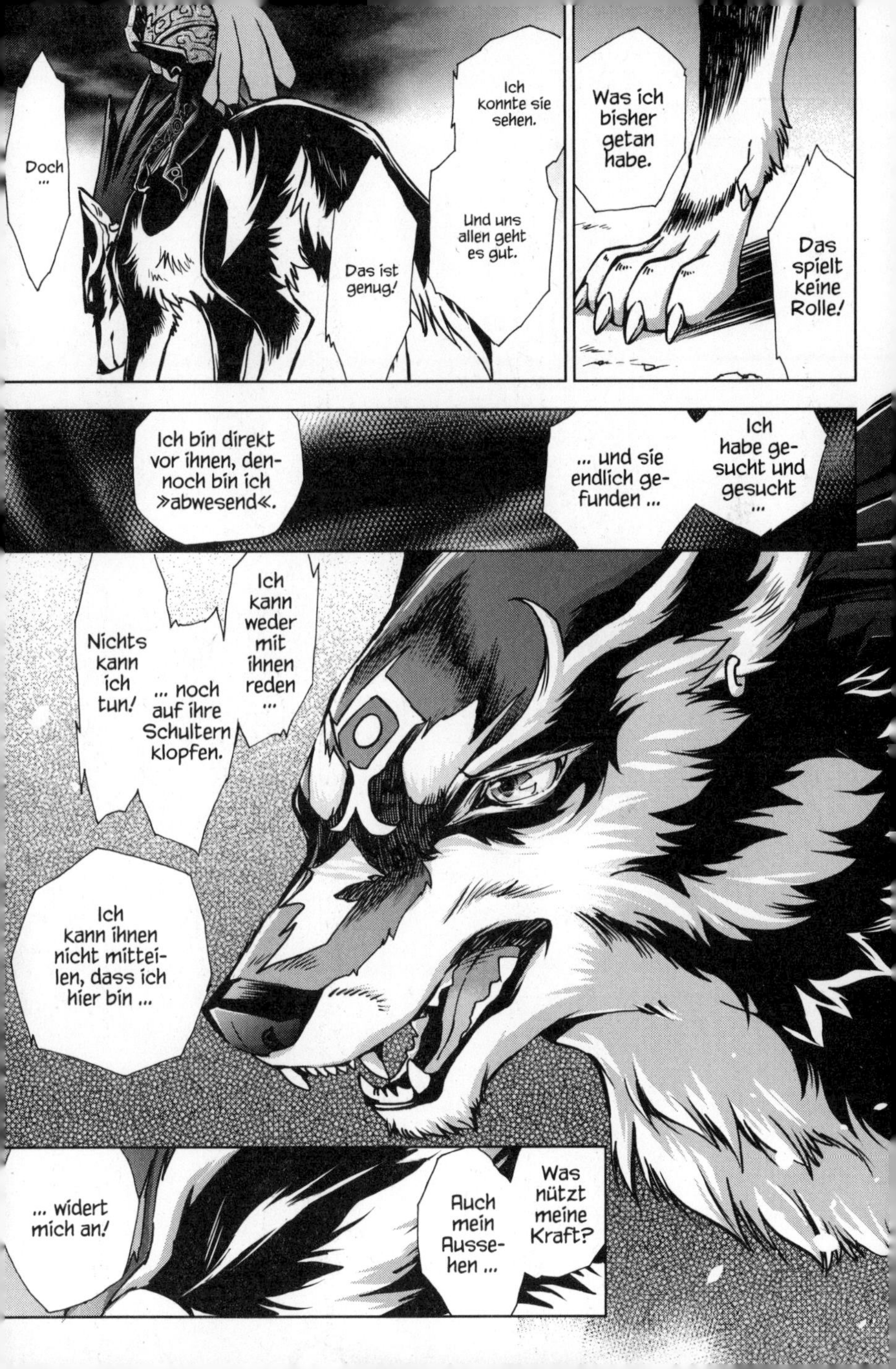

Was ich bisher getan habe.
Das spielt keine Rolle!
Ich konnte sie sehen.
Und uns allen geht es gut.
Das ist genug!
Doch ...
Ich habe gesucht und gesucht ...
... und sie endlich gefunden ...
Ich bin direkt vor ihnen, dennoch bin ich »abwesend«.
Ich kann weder mit ihnen reden ...
... noch auf ihre Schultern klopfen.
Nichts kann ich tun!
Ich kann ihnen nicht mitteilen, dass ich hier bin ...
Was nützt meine Kraft?
Auch mein Aussehen ...
... widert mich an!

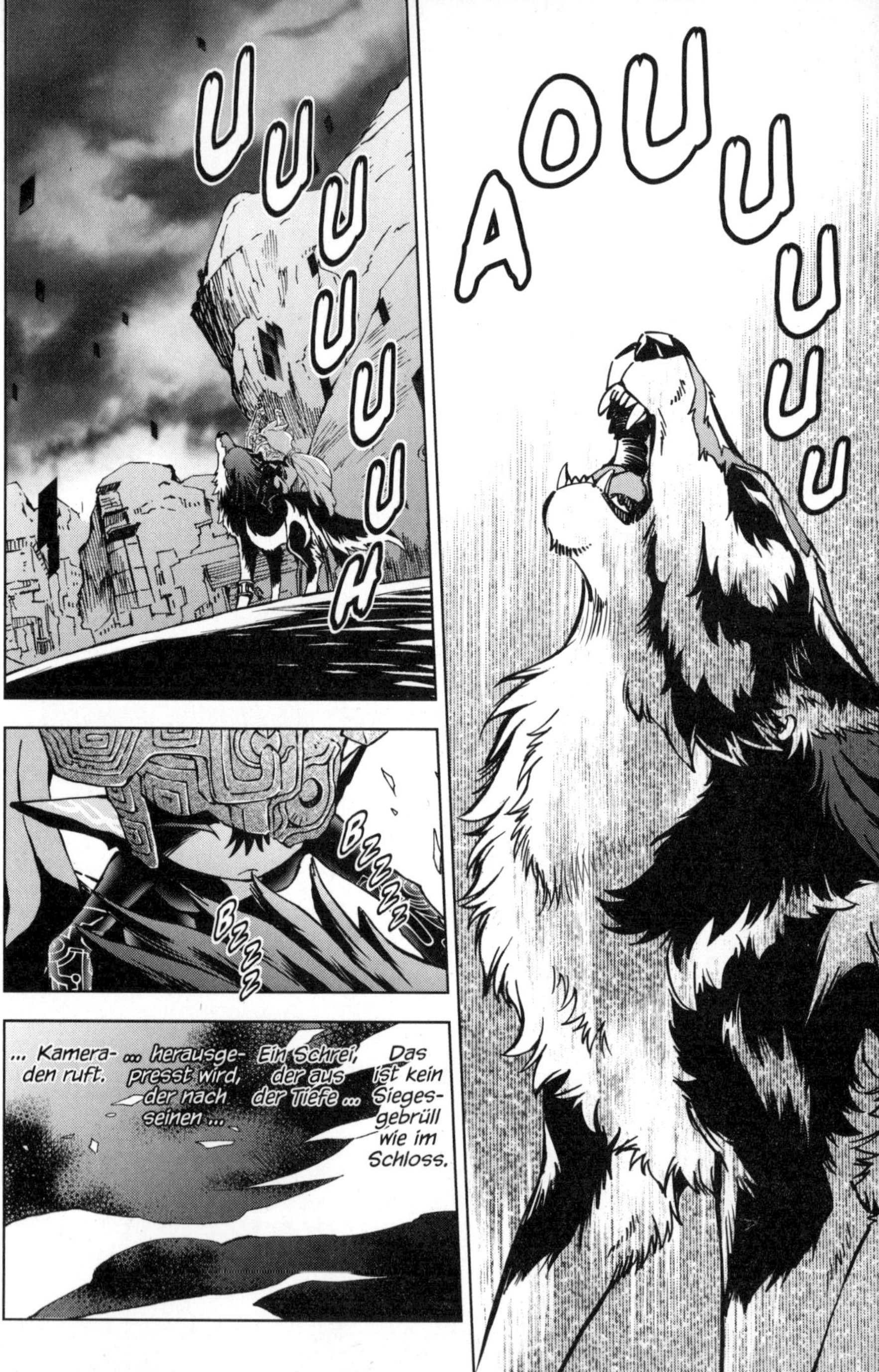
AOUUUUUU
UUUUUUUH
BZZZZZ
BZZZZ
Das ist kein Siegesgebrüll wie im Schloss.
Ein Schrei, der aus der Tiefe ...
... herausgepresst wird, der nach seinen ...
... Kameraden ruft.

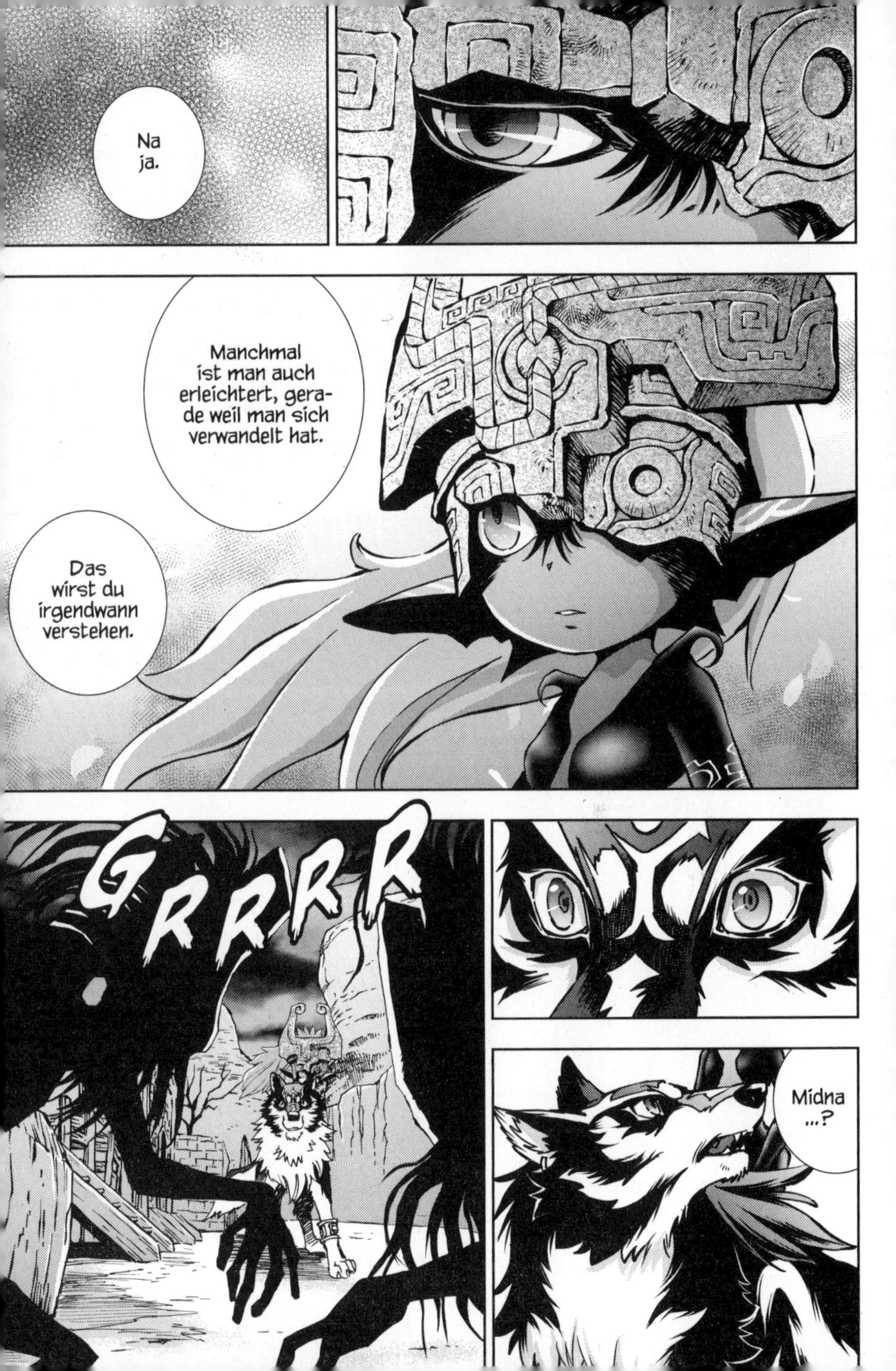
Na ja.
Manchmal ist man auch erleichtert, gerade weil man sich verwandelt hat.
Das wirst du irgendwann verstehen.
GRRRR
Midna ...?

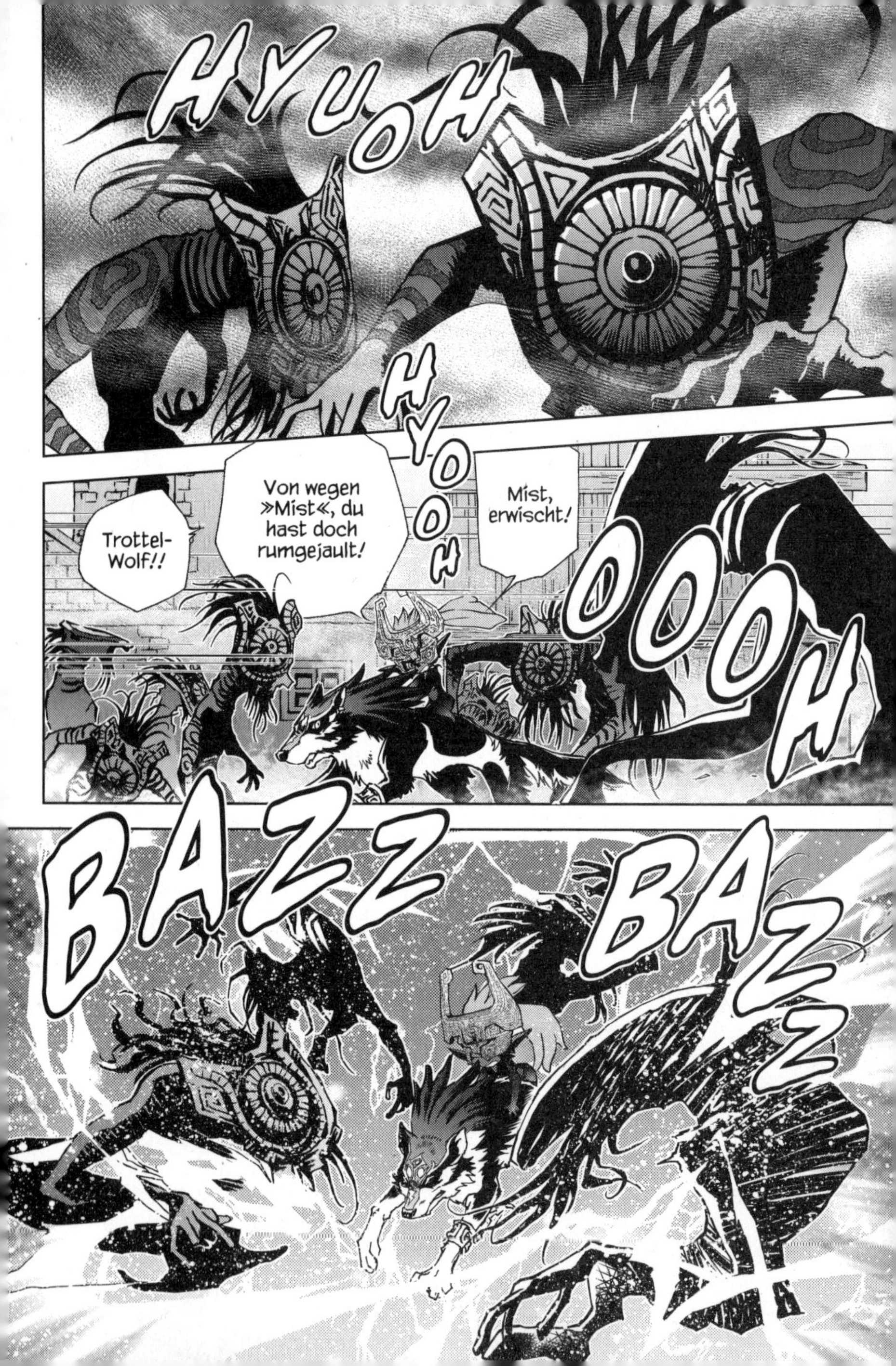
HYUOH
HYOOH
Mist, erwischt!
Von wegen »Mist«, du hast doch rumgejault!
Trottel-Wolf!!
OOOOH
BAZZ
BAZZ

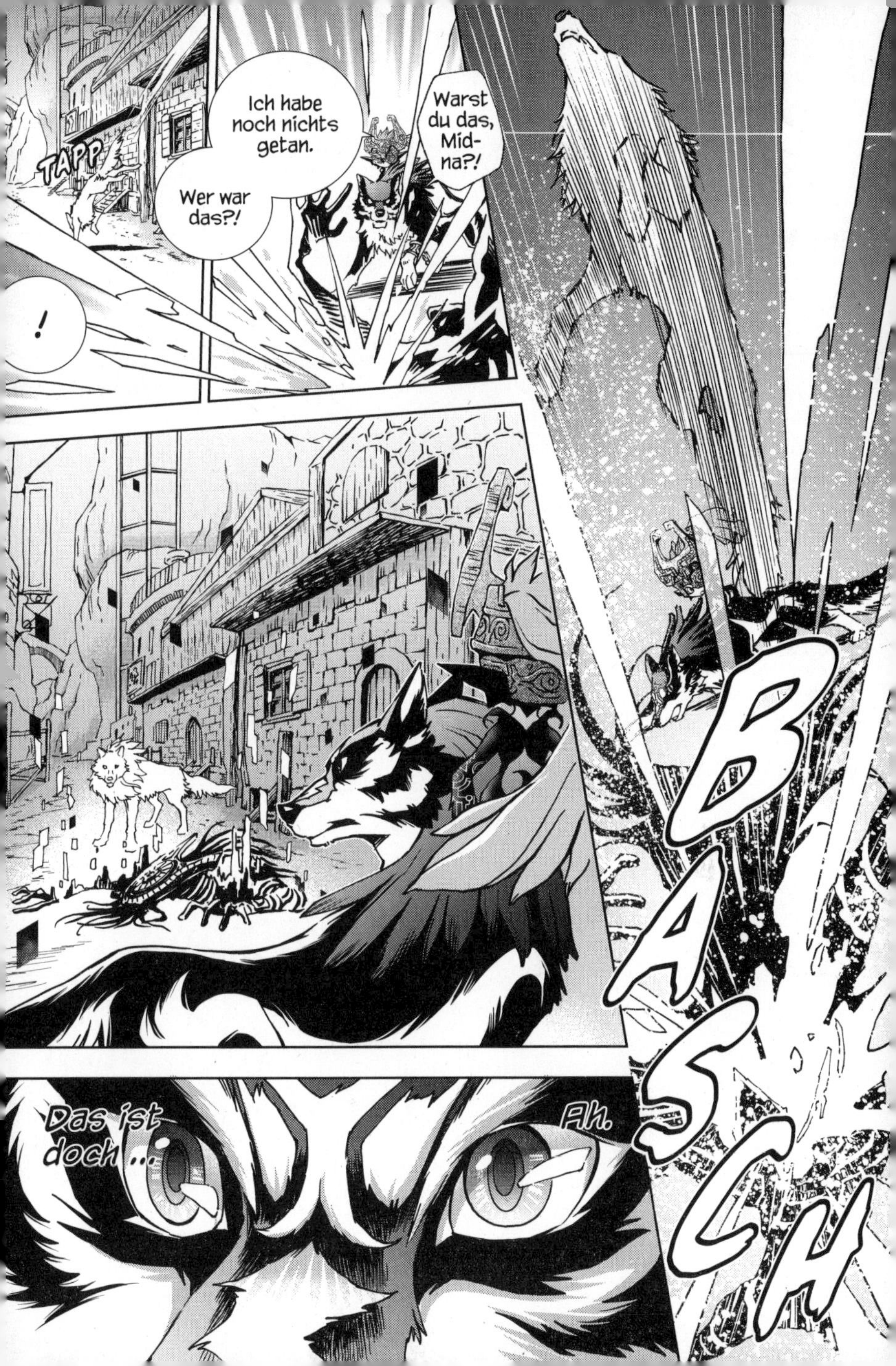

TAPP
Ich habe noch nichts getan.
Warst du das, Mid-na?!
Wer war das?!
!
BASCH
Das ist doch ...
Ah.

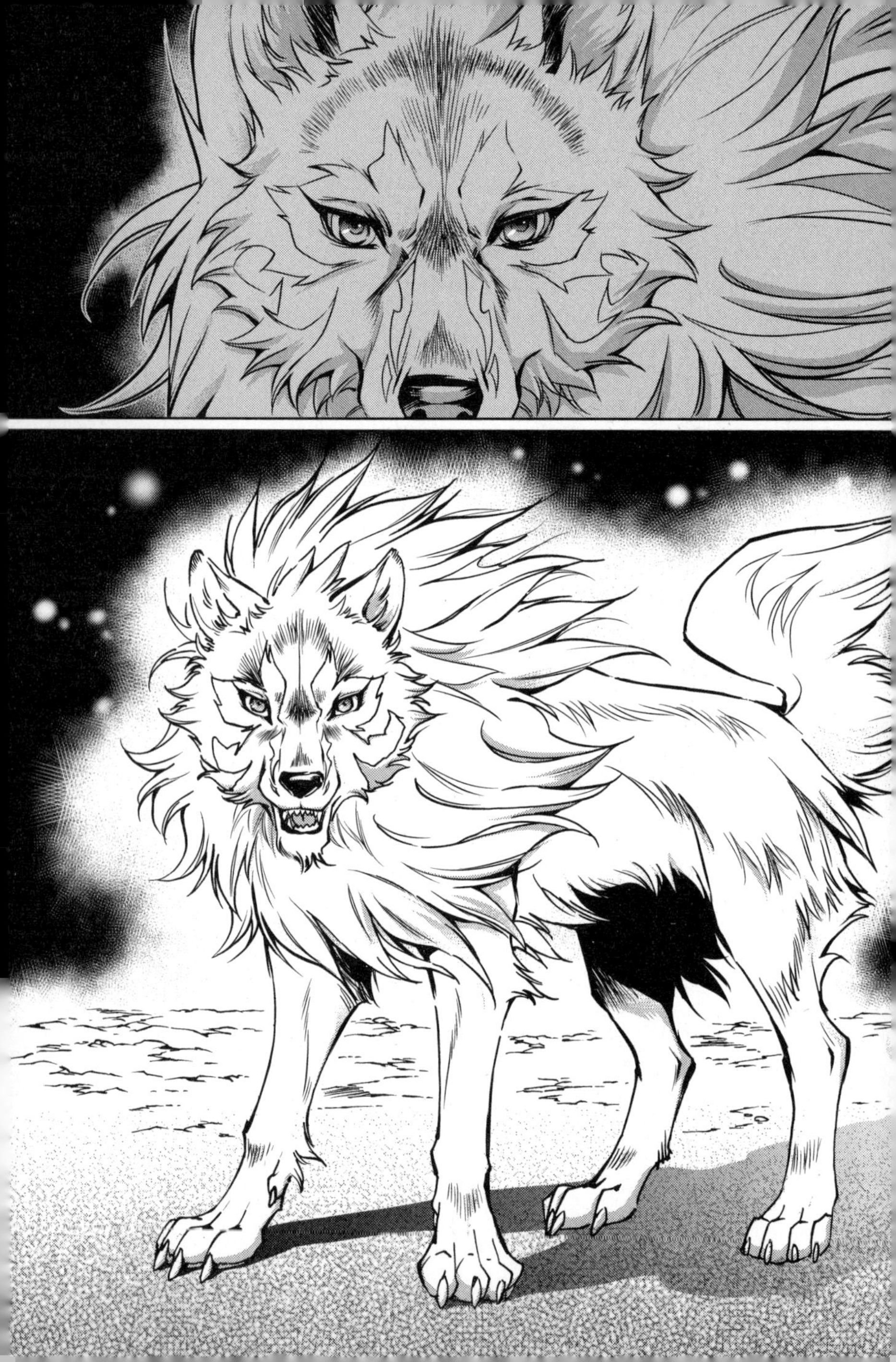

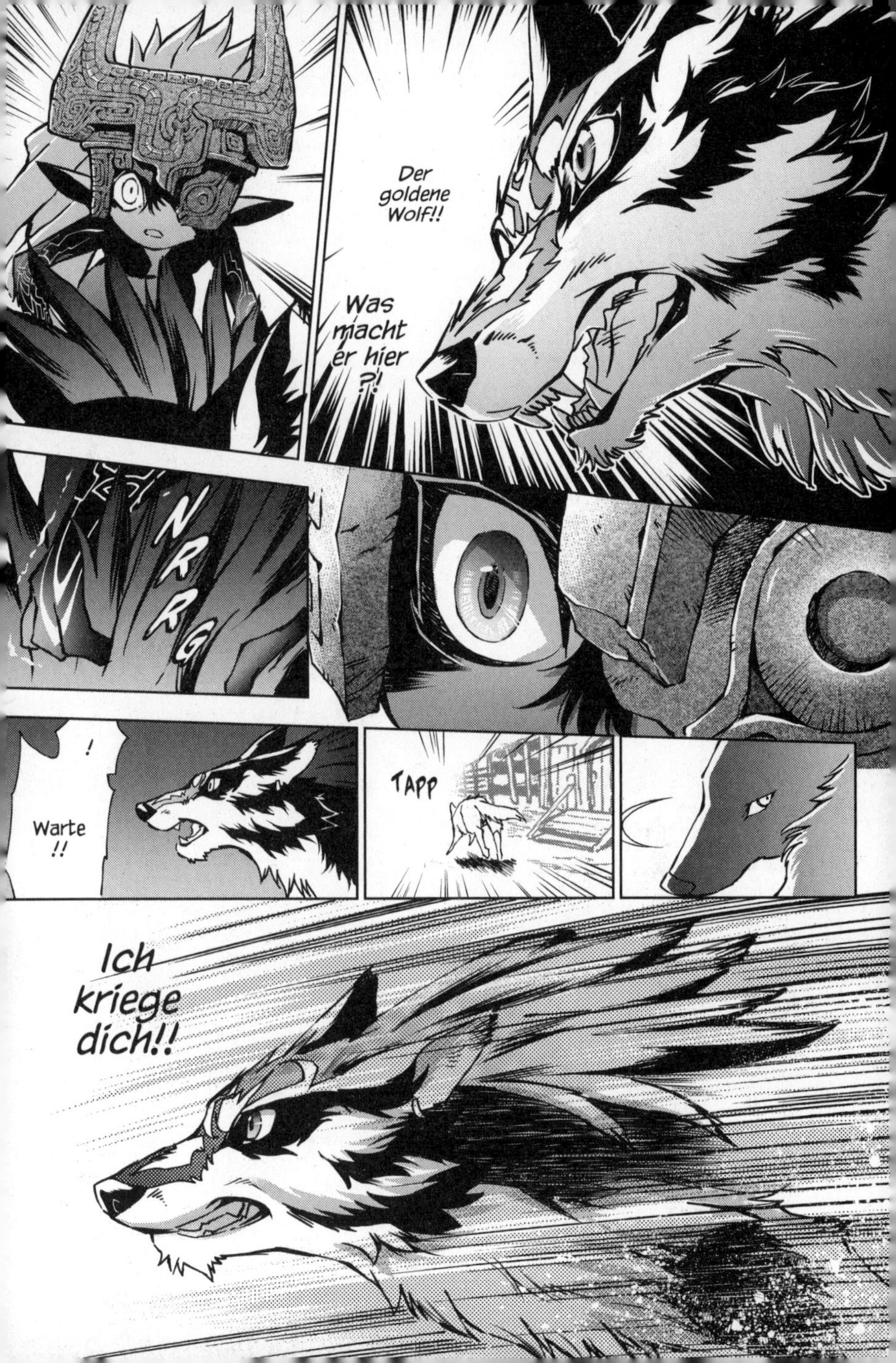
Der goldene Wolf!!
Was macht er hier ?!
NRRG
!
Warte !!
TAPP
Ich kriege dich!!

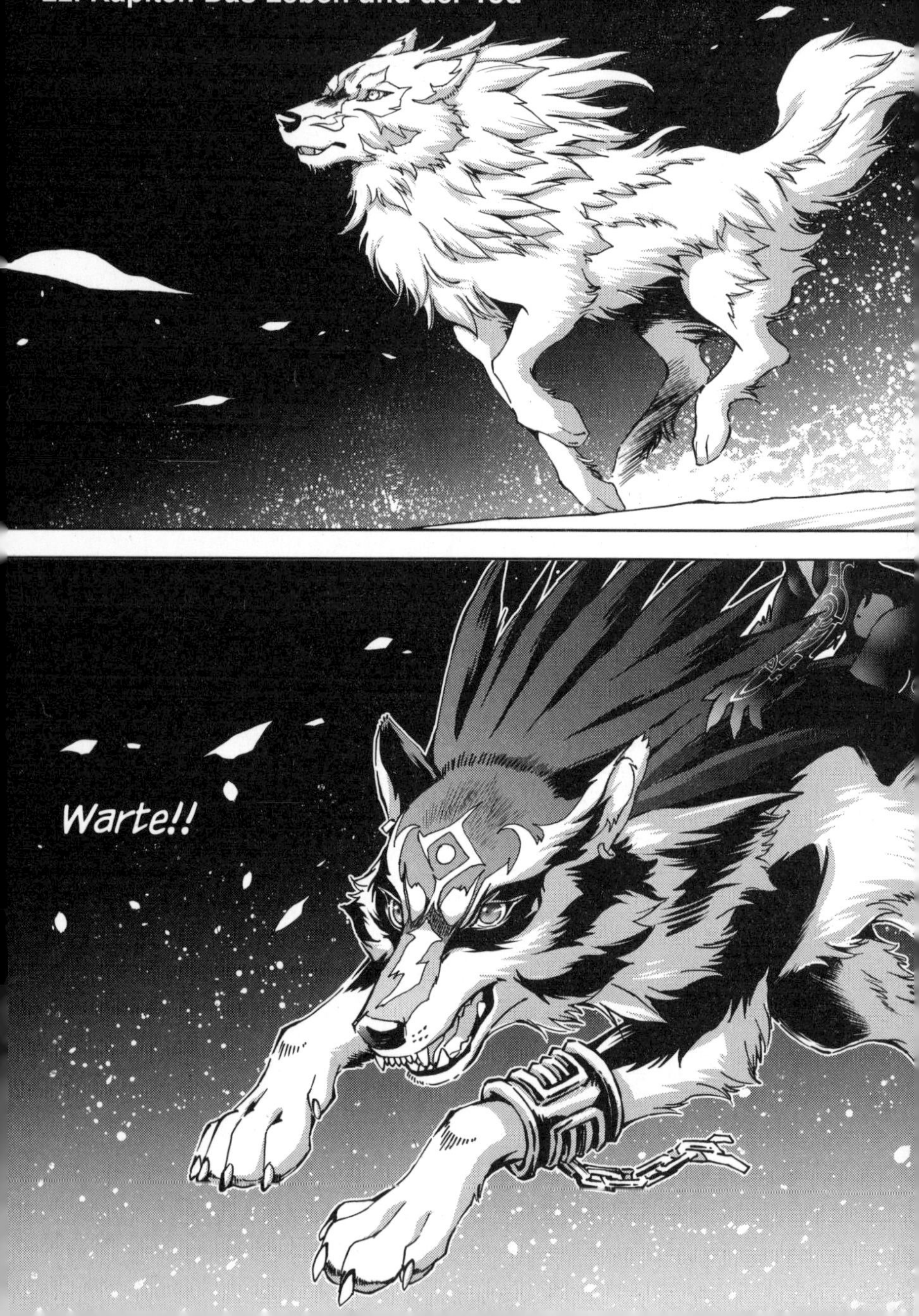
Warte!!

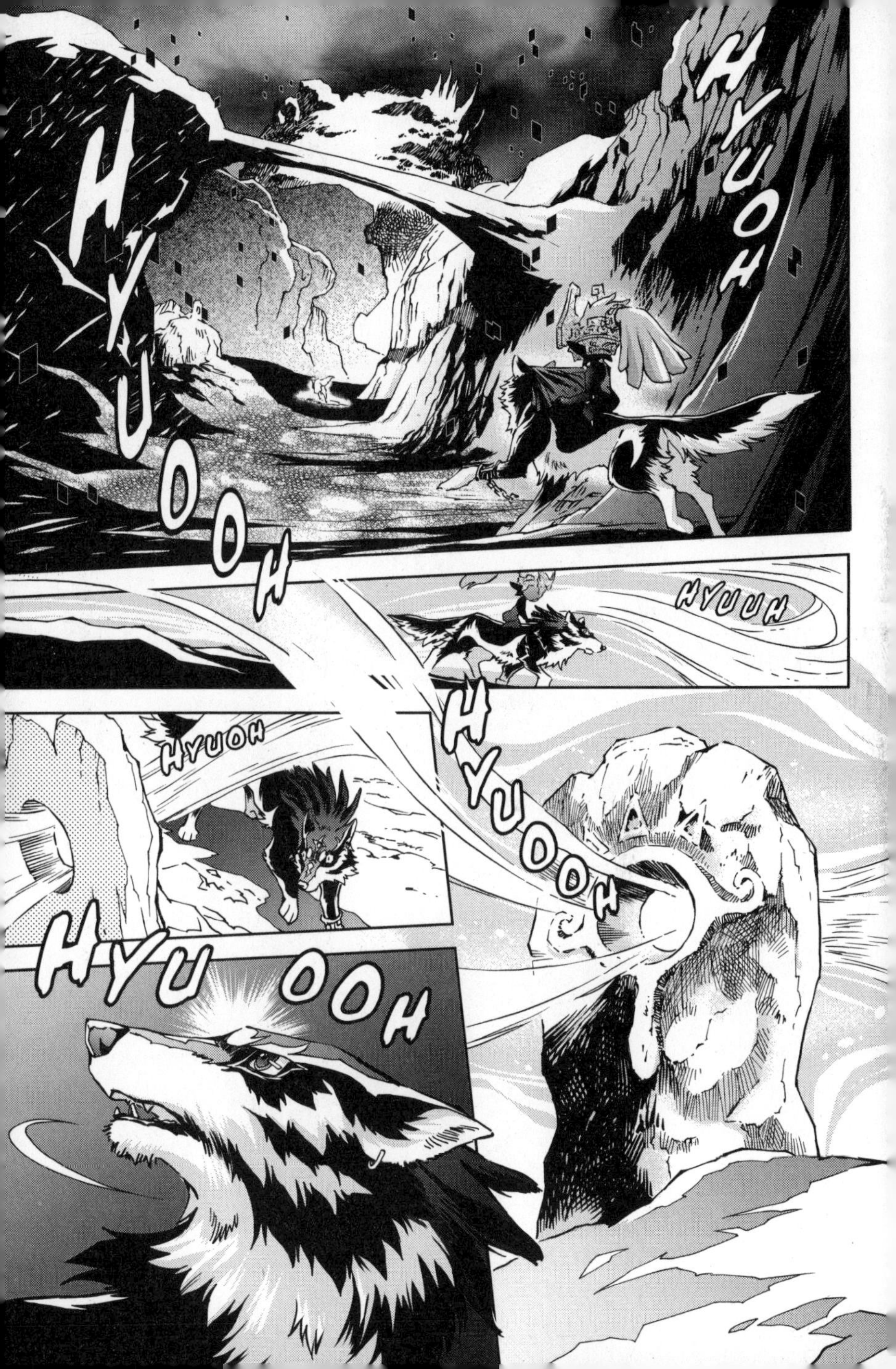

HYUOH
HYUOOH
HYUUH
HYUOH
HYUOOH
HYU OOH

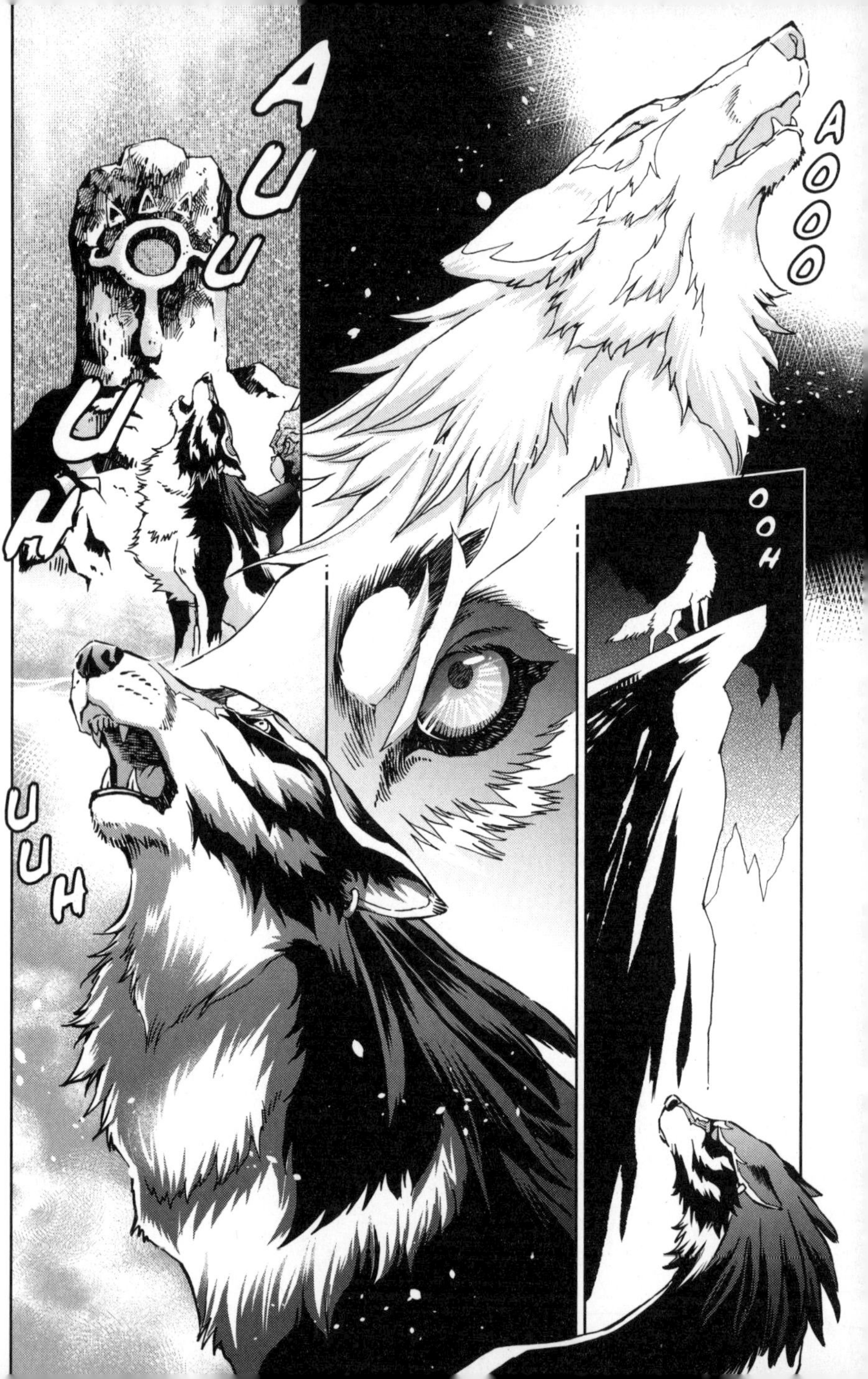

AOOOO
OOH
AUUUUH
UUH

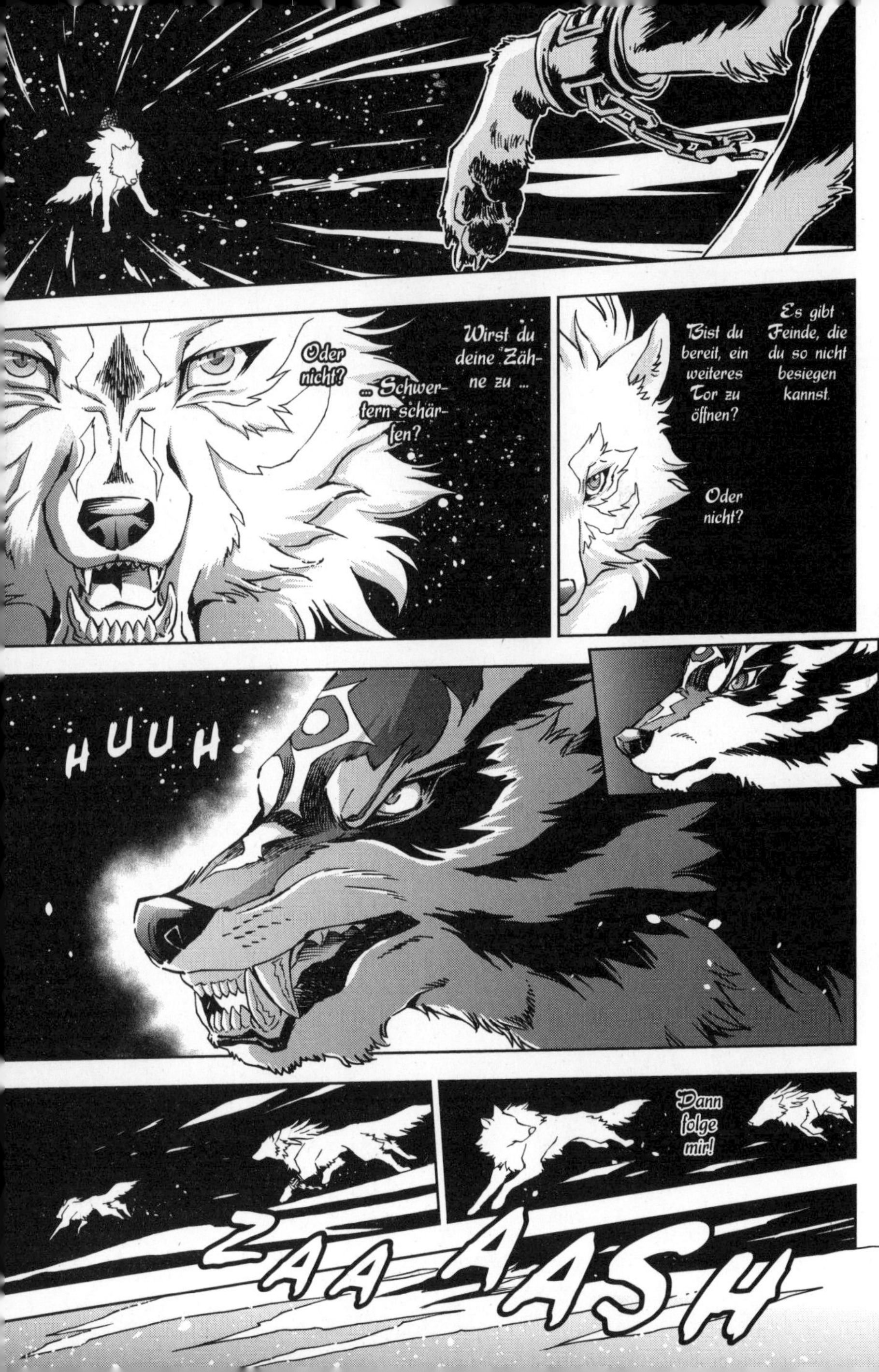

Es gibt Feinde, die du so nicht besiegen kannst.
Bist du bereit, ein weiteres Tor zu öffnen?
Oder nicht?
Wirst du deine Zähne zu ...
... Schwertern schärfen?
Oder nicht?
HUUH
Dann folge mir!
ZAAAASH

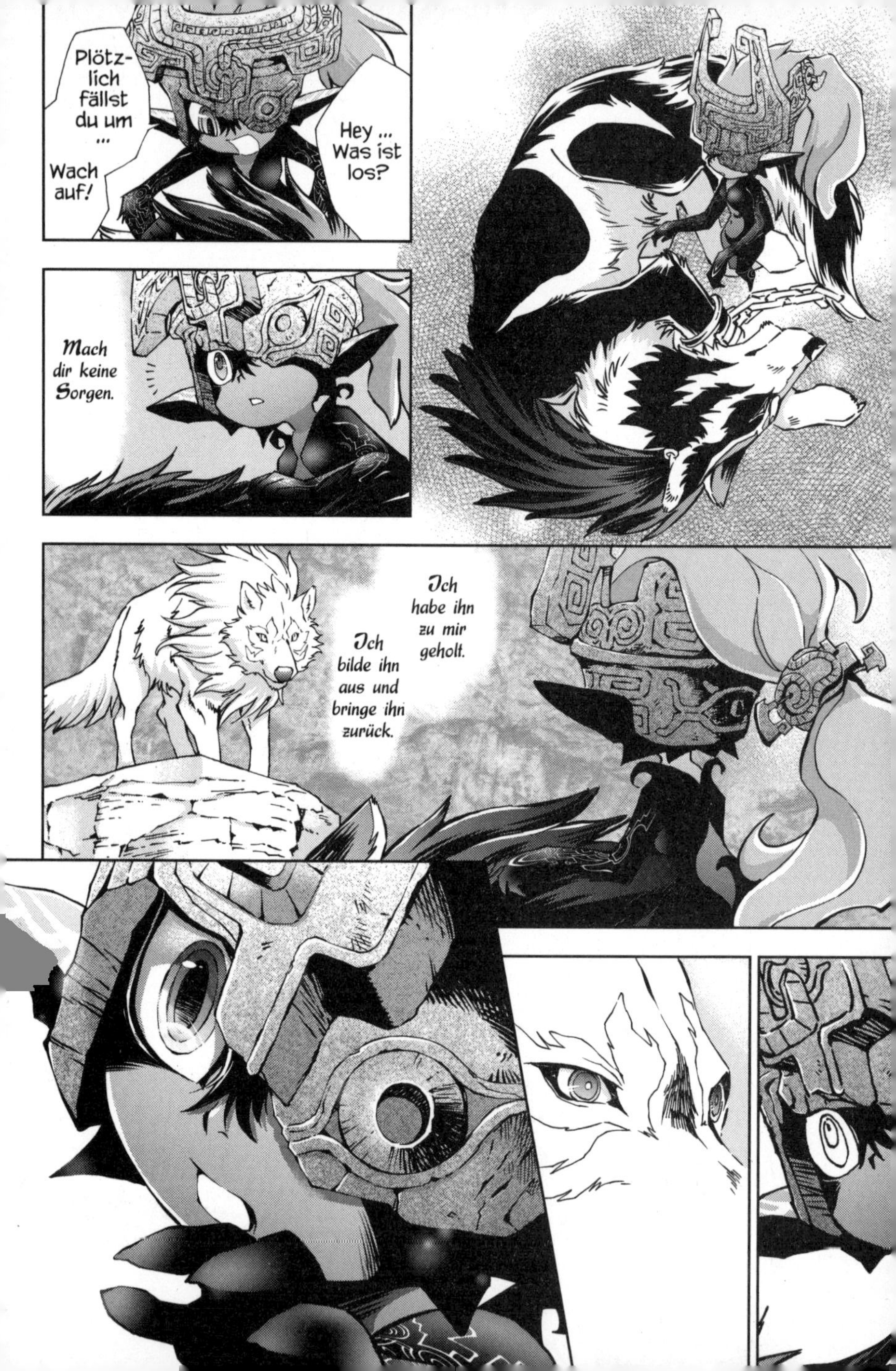

Plötz-
lich
fällst
du um
...
Wach
auf!
Hey ...
Was ist
los?
Mach
dir keine
Sorgen.
Ich
habe ihn
zu mir
geholt.
Ich
bilde ihn
aus und
bringe ihn
zurück.

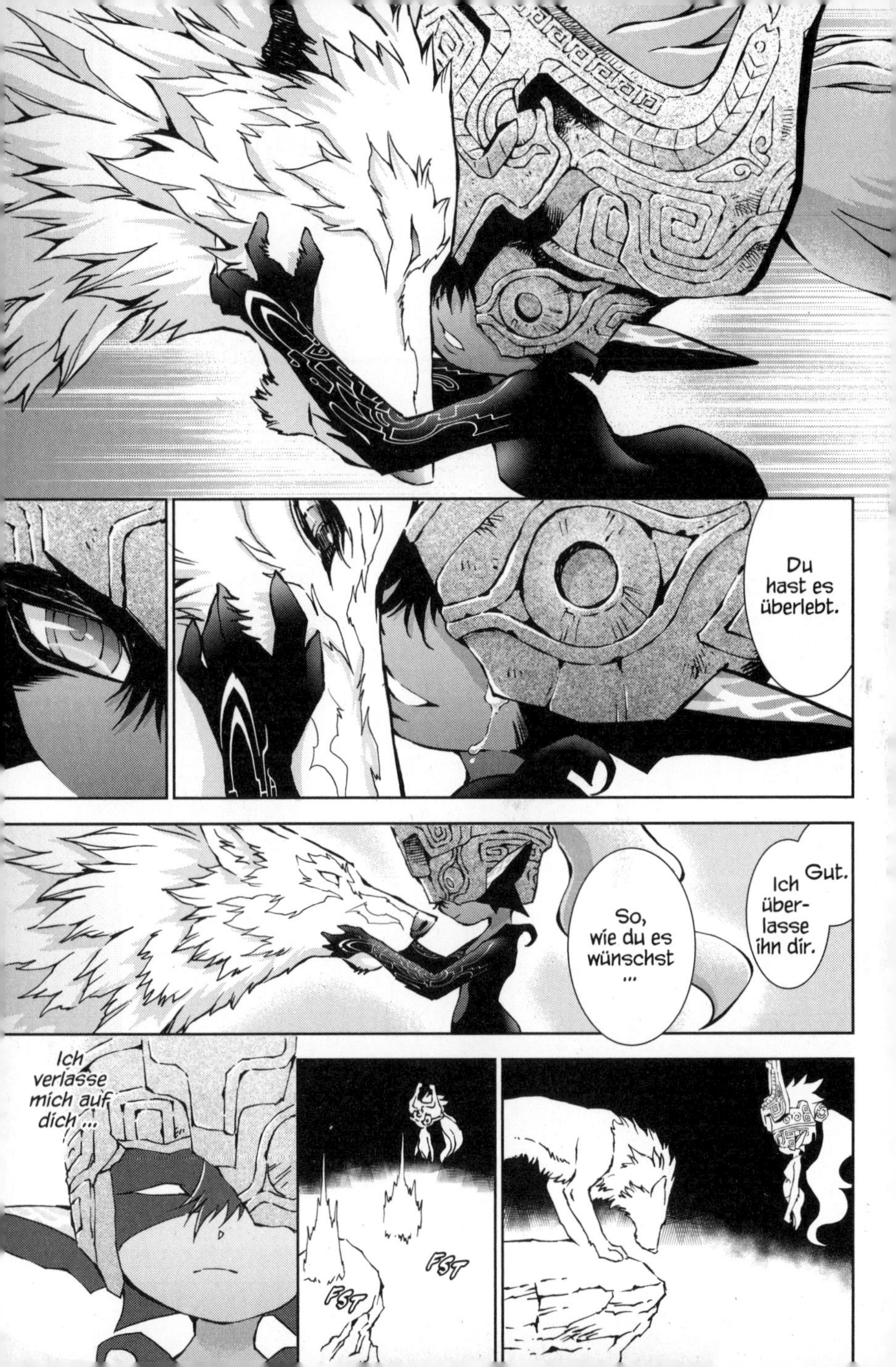
Du hast es überlebt.
Gut.
Ich überlasse ihn dir.
So, wie du es wünschst ...
Ich verlasse mich auf dich ...
FST
FST

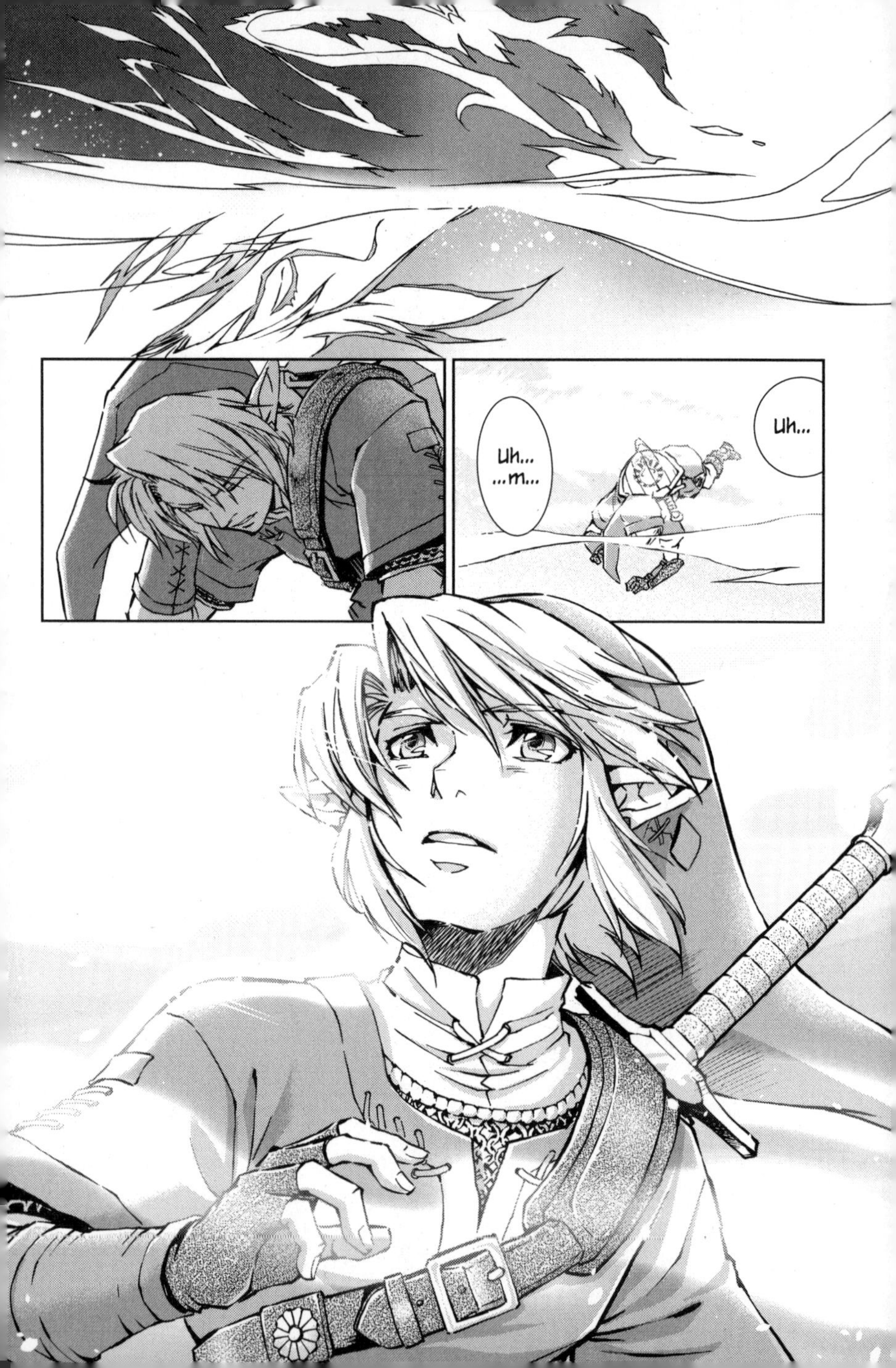
Uh...
Uh...
...m...

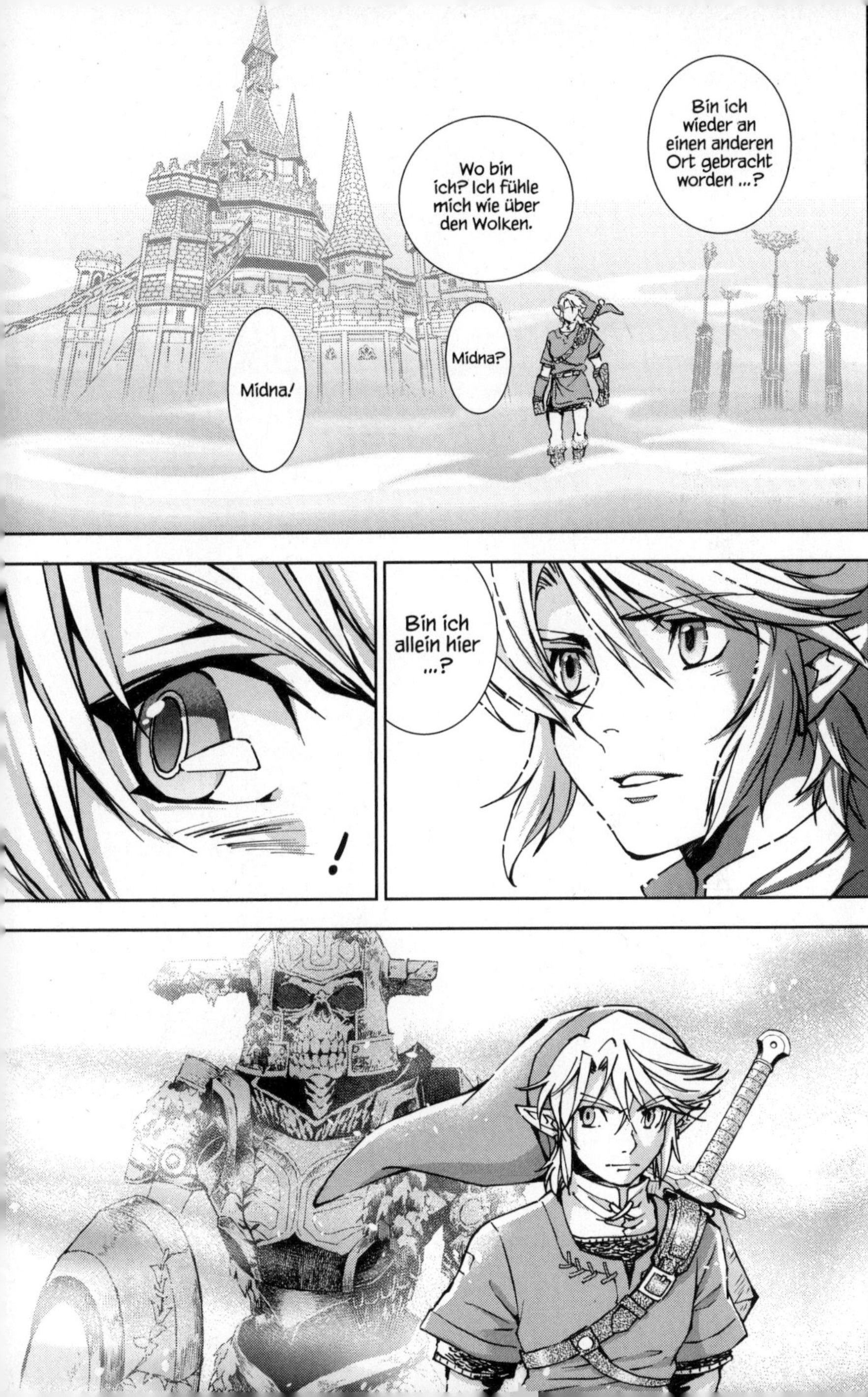
Bin ich wieder an einen anderen Ort gebracht worden ...?
Wo bin ich? Ich fühle mich wie über den Wolken.
Midna?
Midna!
Bin ich allein hier ...?
!

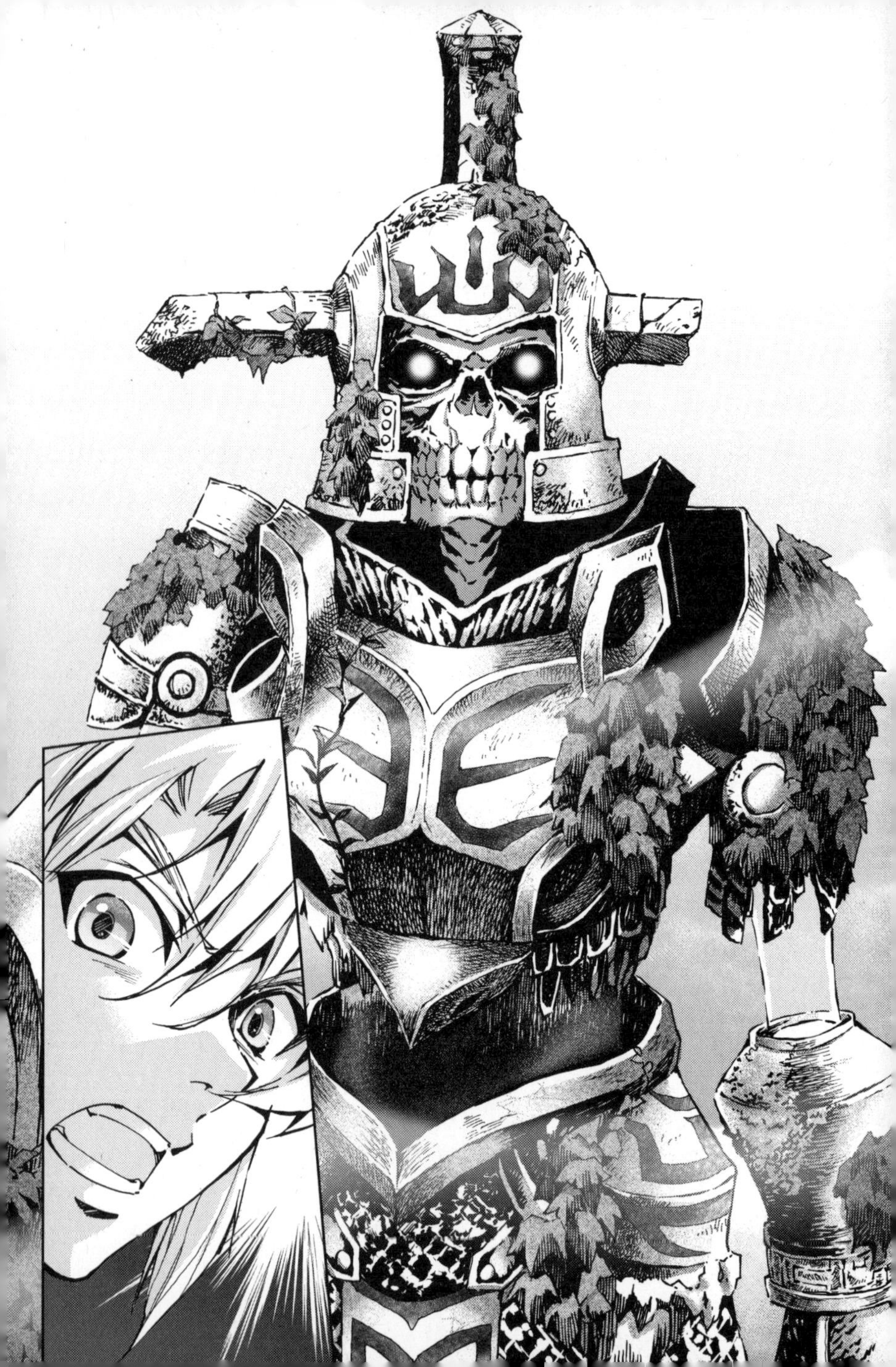

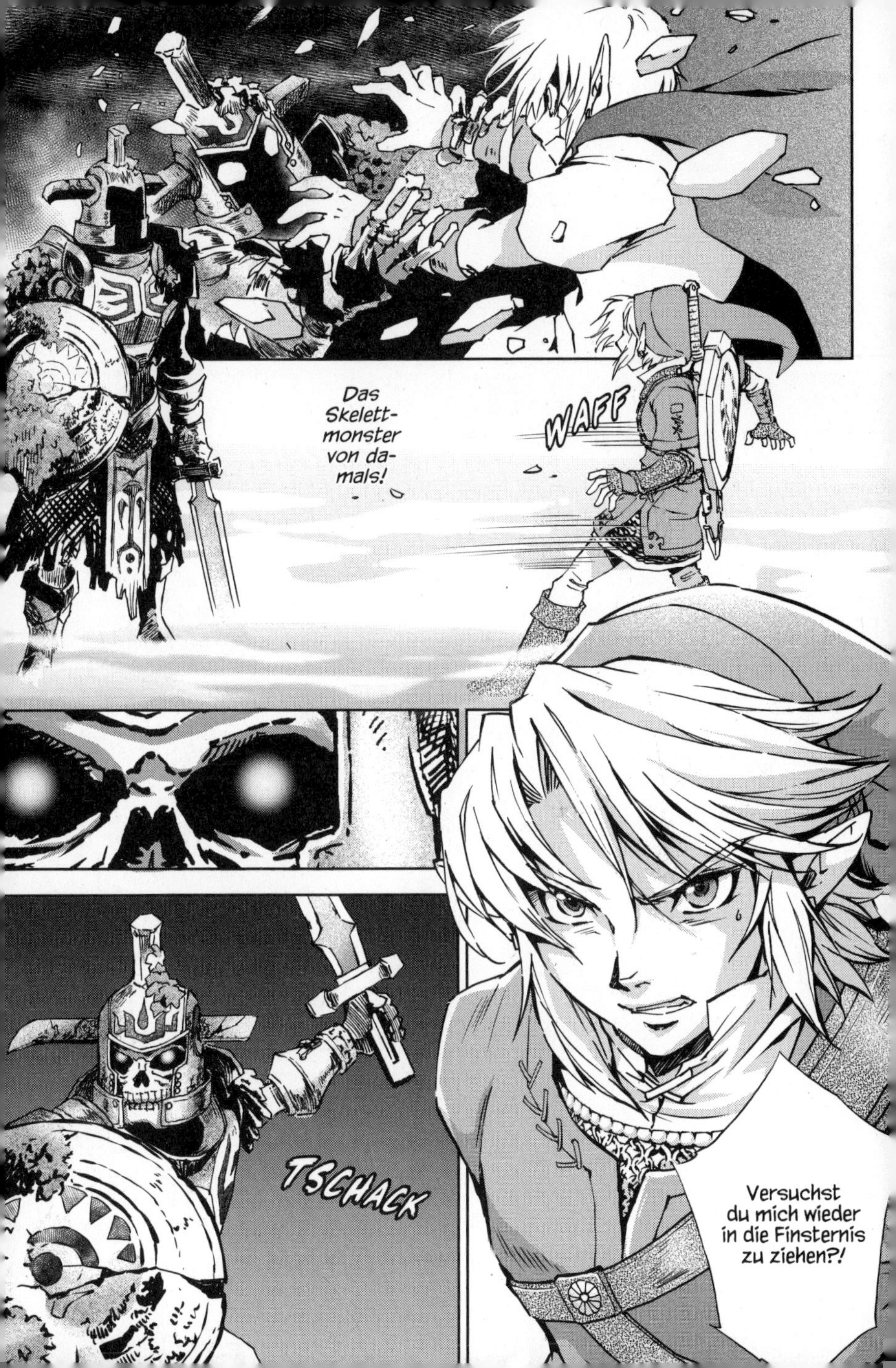
WAFF
Das Skelett-monster von da-mals!
TSCHACK
Versuchst du mich wieder in die Finsternis zu ziehen?!

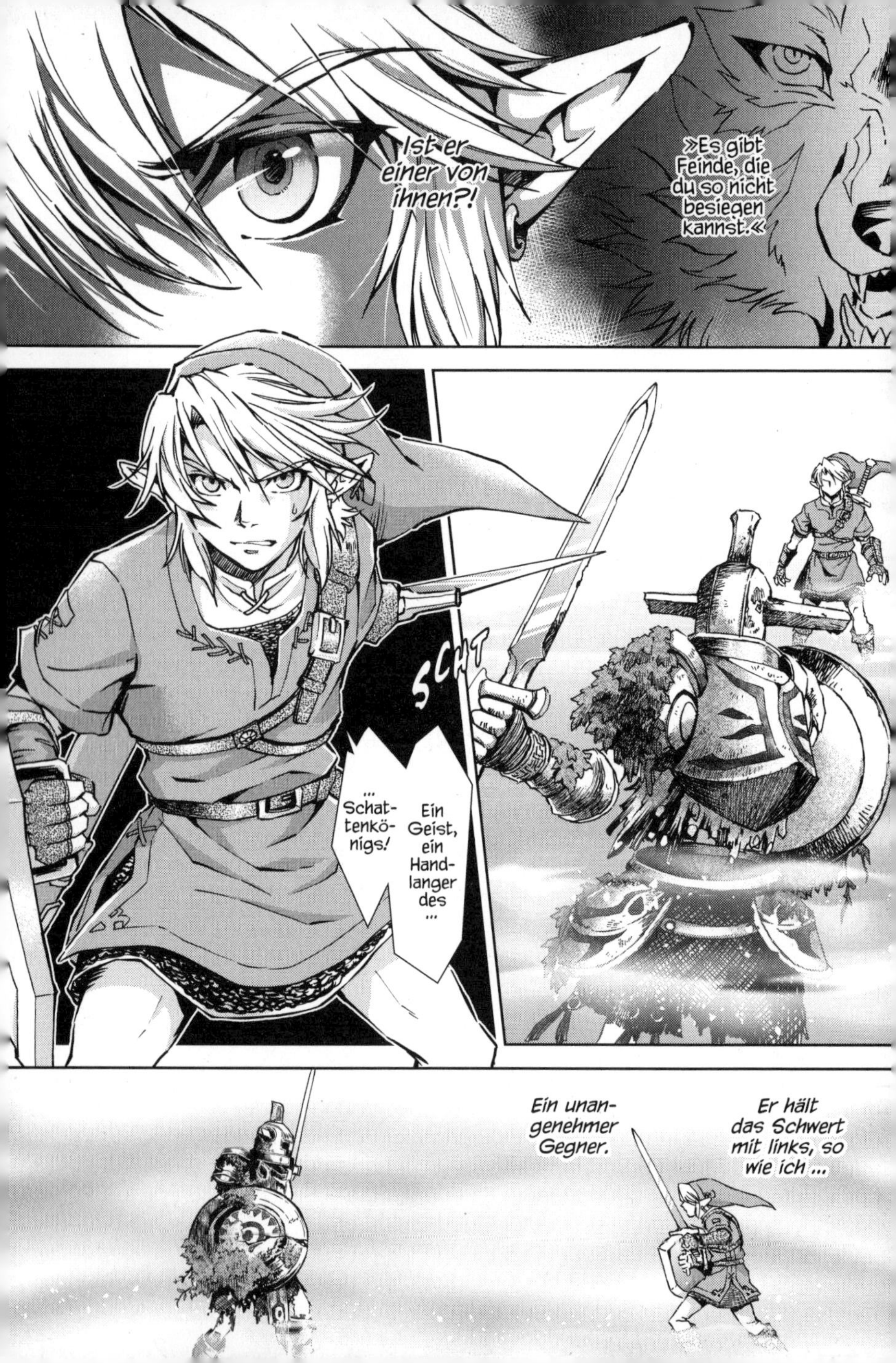
»Es gibt Feinde, die du so nicht besiegen kannst.«
Ist er einer von ihnen?!
Ein Geist, ein Handlanger des ...
... Schattenkönigs!
SCHT
Er hält das Schwert mit links, so wie ich ...
Ein unangenehmer Gegner.

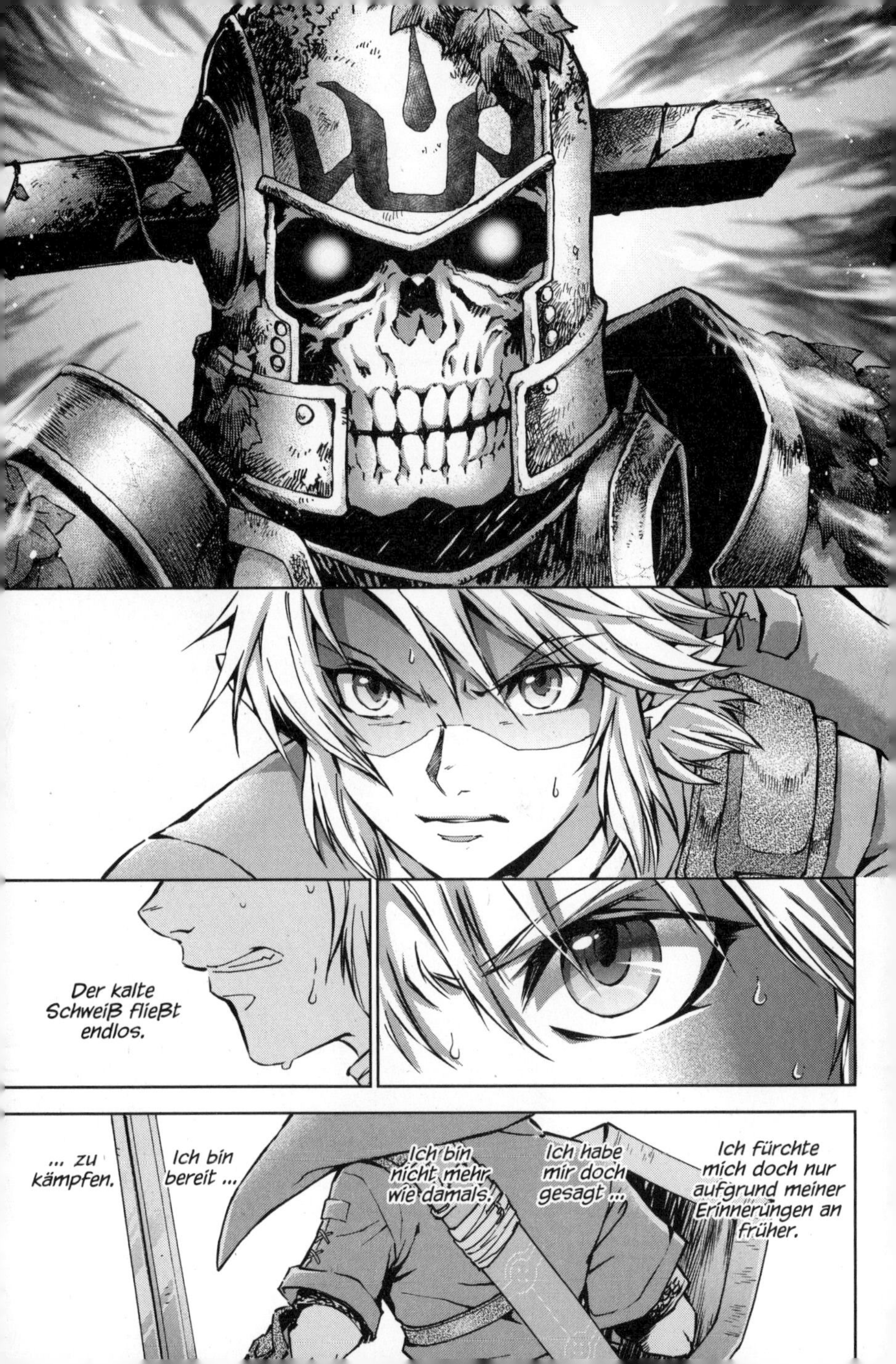
Der kalte Schweiß fließt endlos.
Ich fürchte mich doch nur aufgrund meiner Erinnerungen an früher.
Ich habe mir doch gesagt ...
Ich bin nicht mehr wie damals.
Ich bin bereit ...
... zu kämpfen.

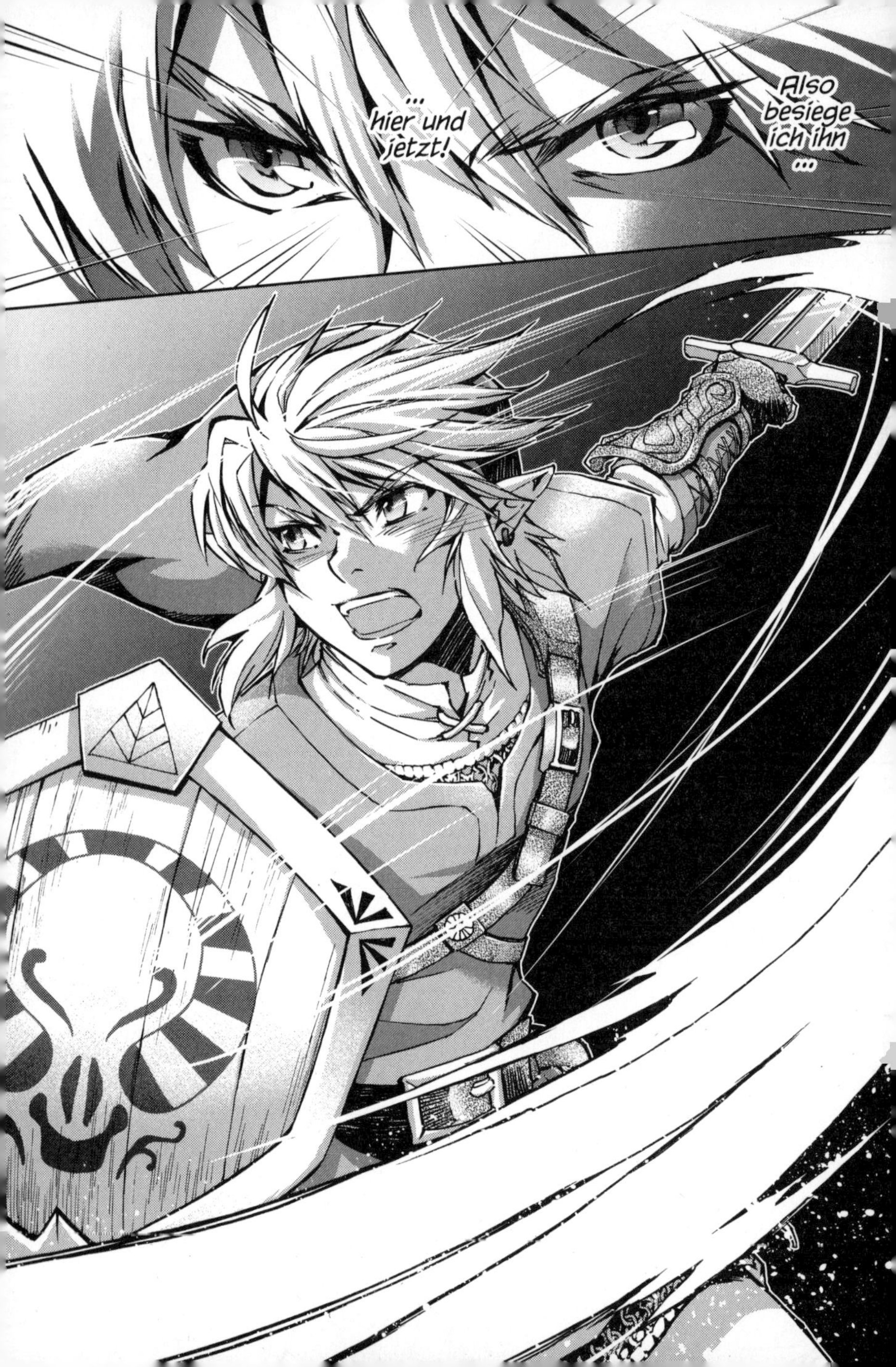
Also besiege ich ihn ...
... hier und jetzt!

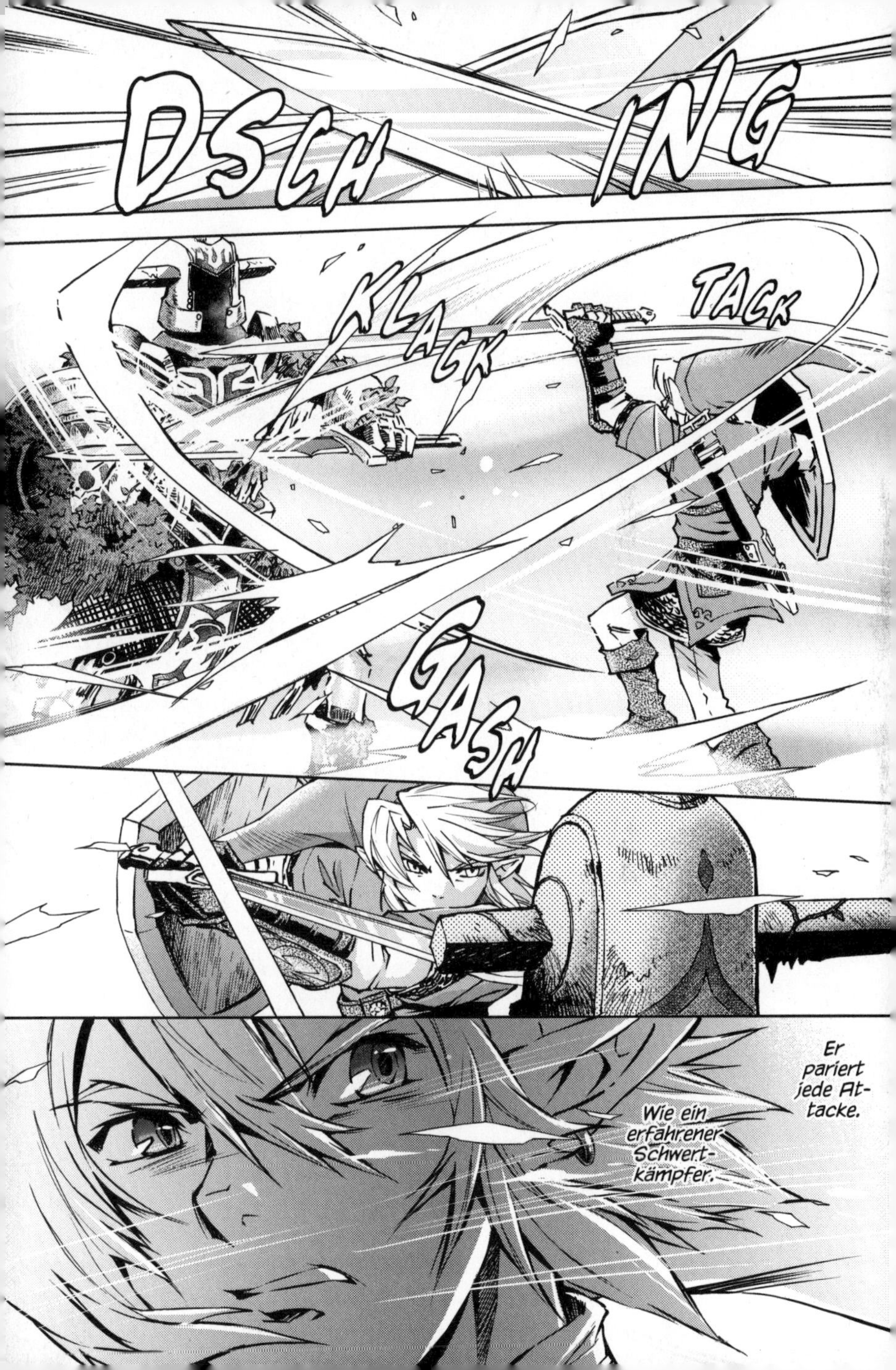
DSCH ING
KLACK
TACK
GASH
Er pariert jede Attacke.
Wie ein erfahrener Schwertkämpfer.

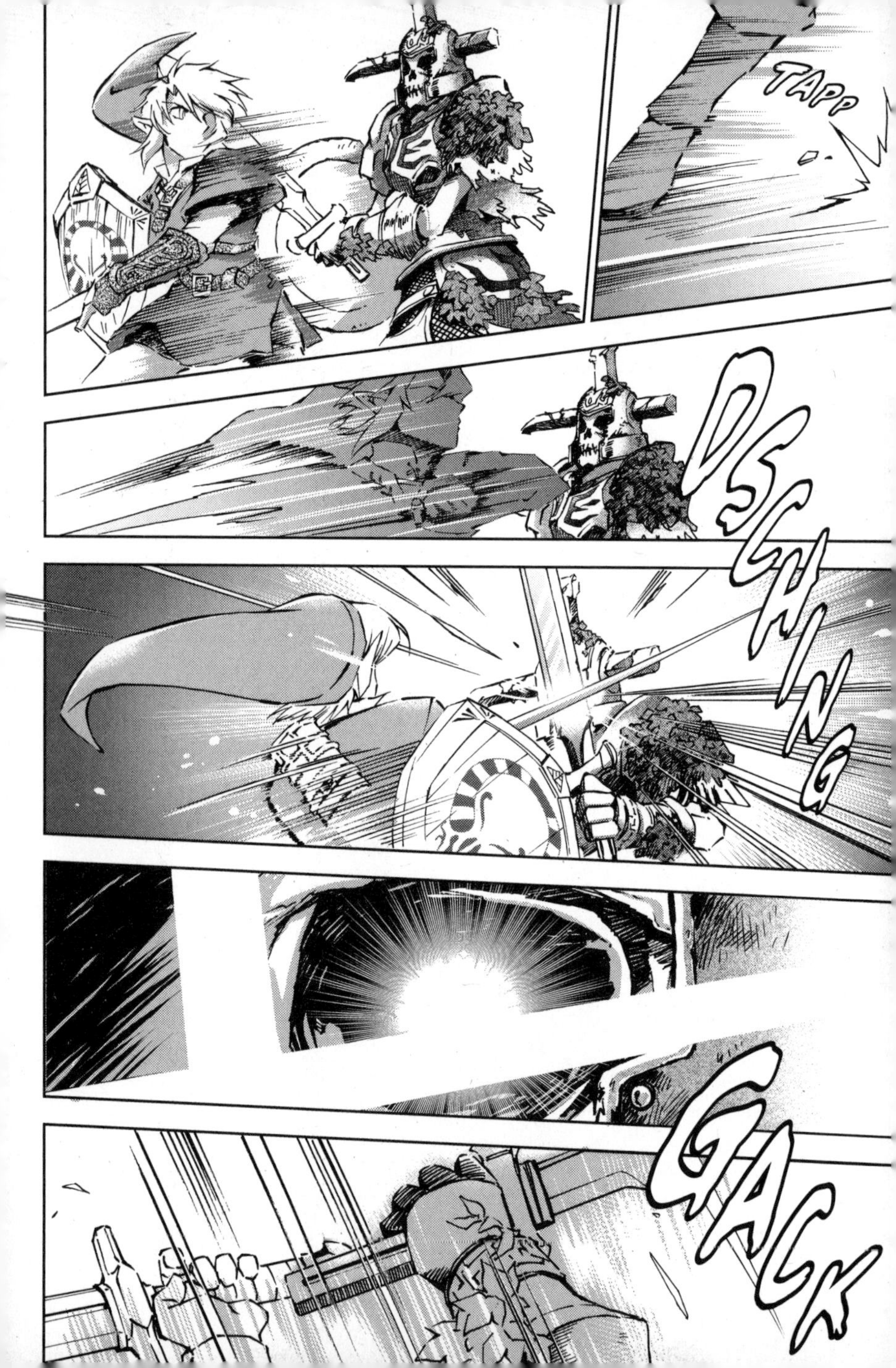
TAPP
DSCHING
GACK

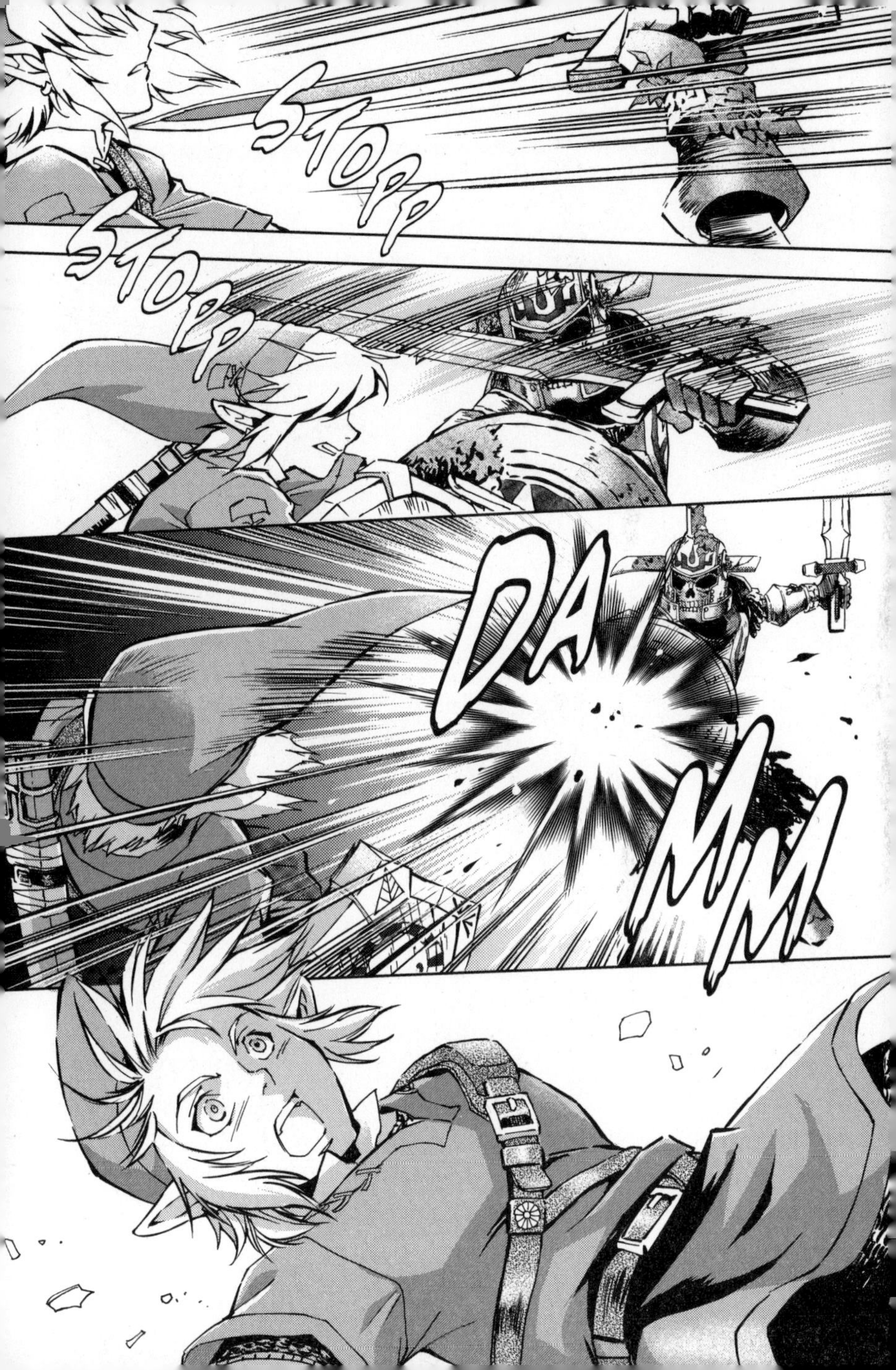
STOPP
STOPP
DAMM

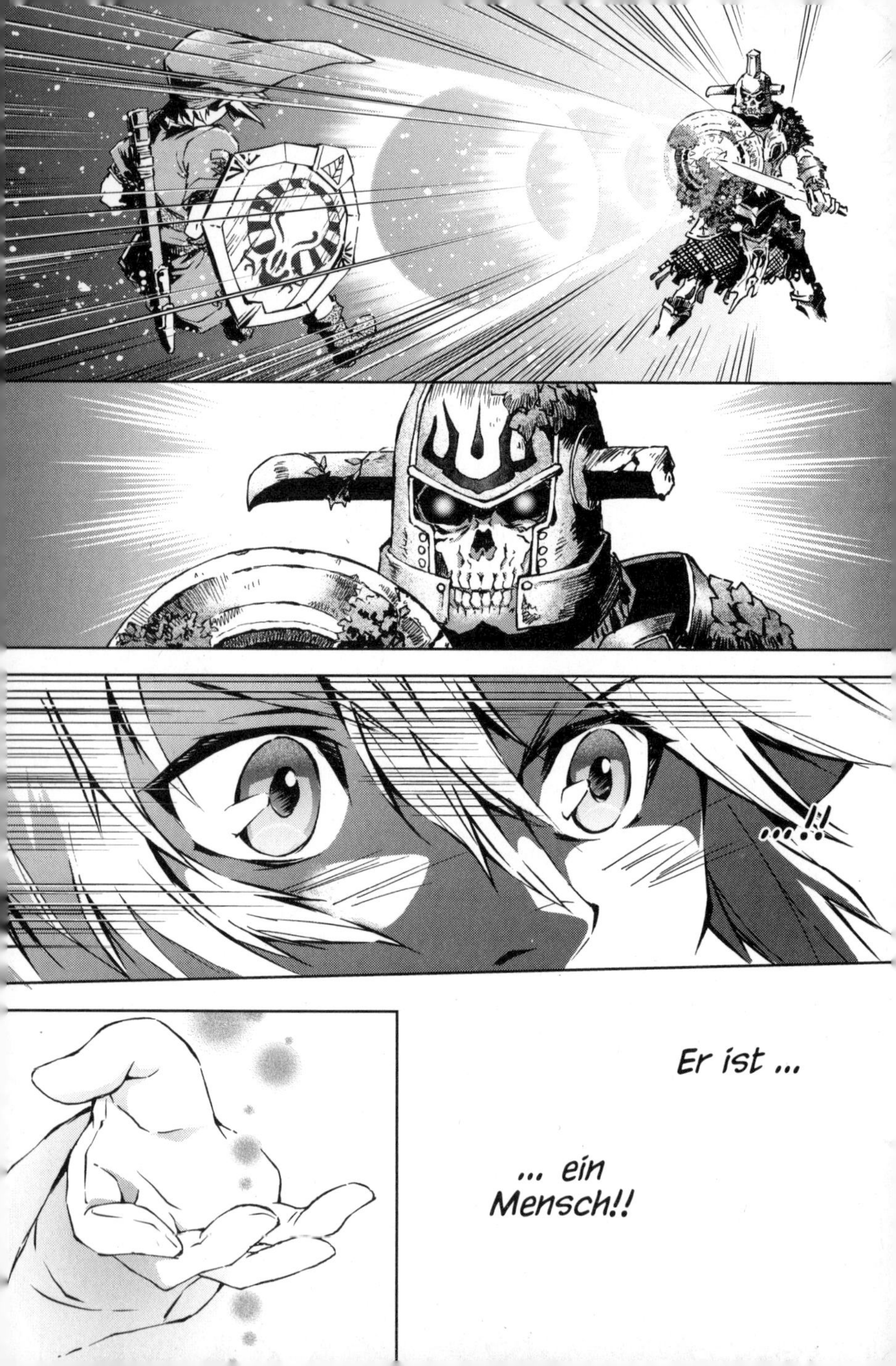
...!!
Er ist ...
... ein
Mensch!!

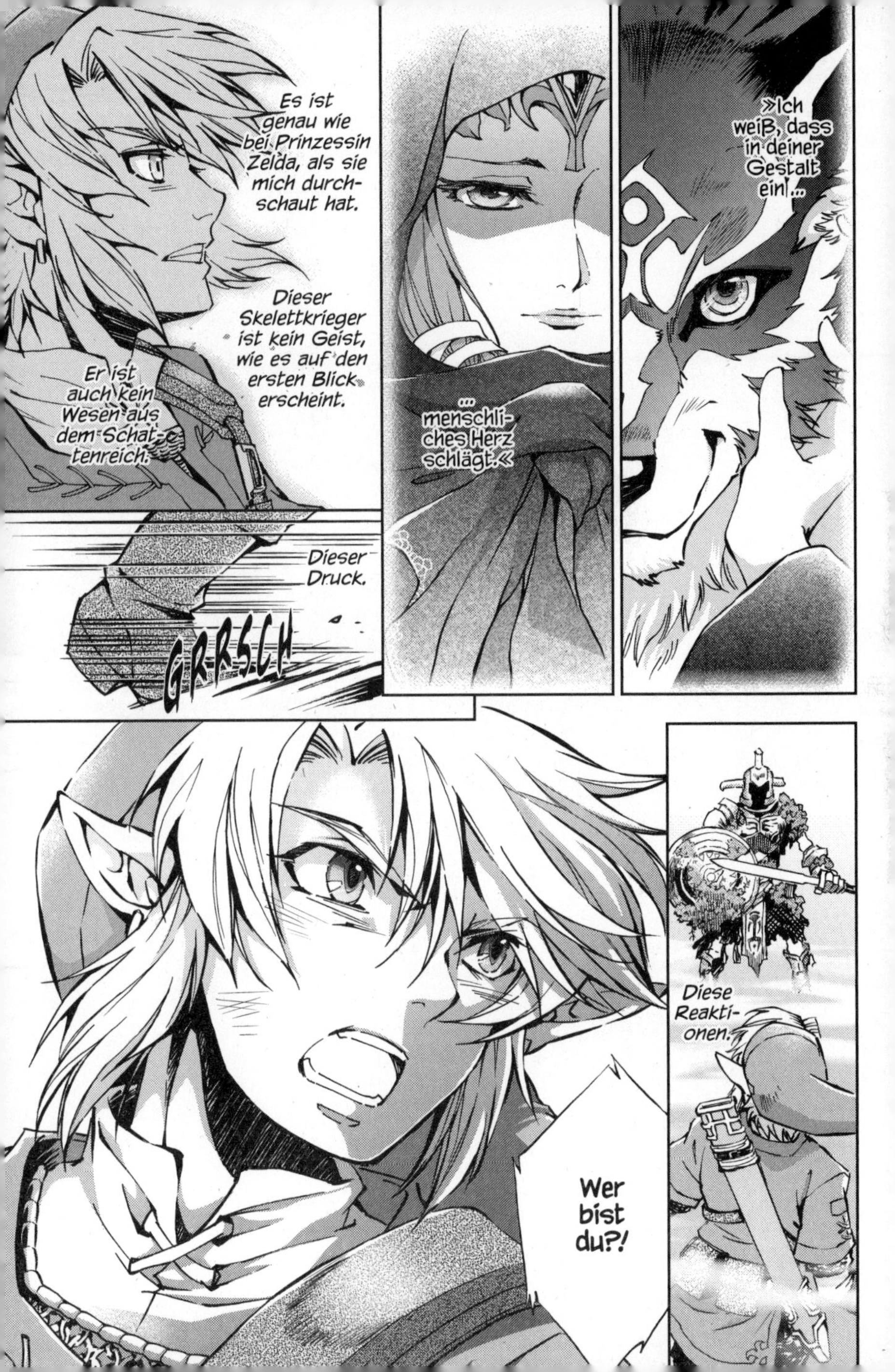
»Ich weiß, dass in deiner Gestalt ein ...
... menschliches Herz schlägt.«
Es ist genau wie bei Prinzessin Zelda, als sie mich durchschaut hat.
Dieser Skelettkrieger ist kein Geist, wie es auf den ersten Blick erscheint.
Er ist auch kein Wesen aus dem Schattenreich.
Dieser Druck.
GRRSCH
Diese Reaktionen.
Wer bist du?!

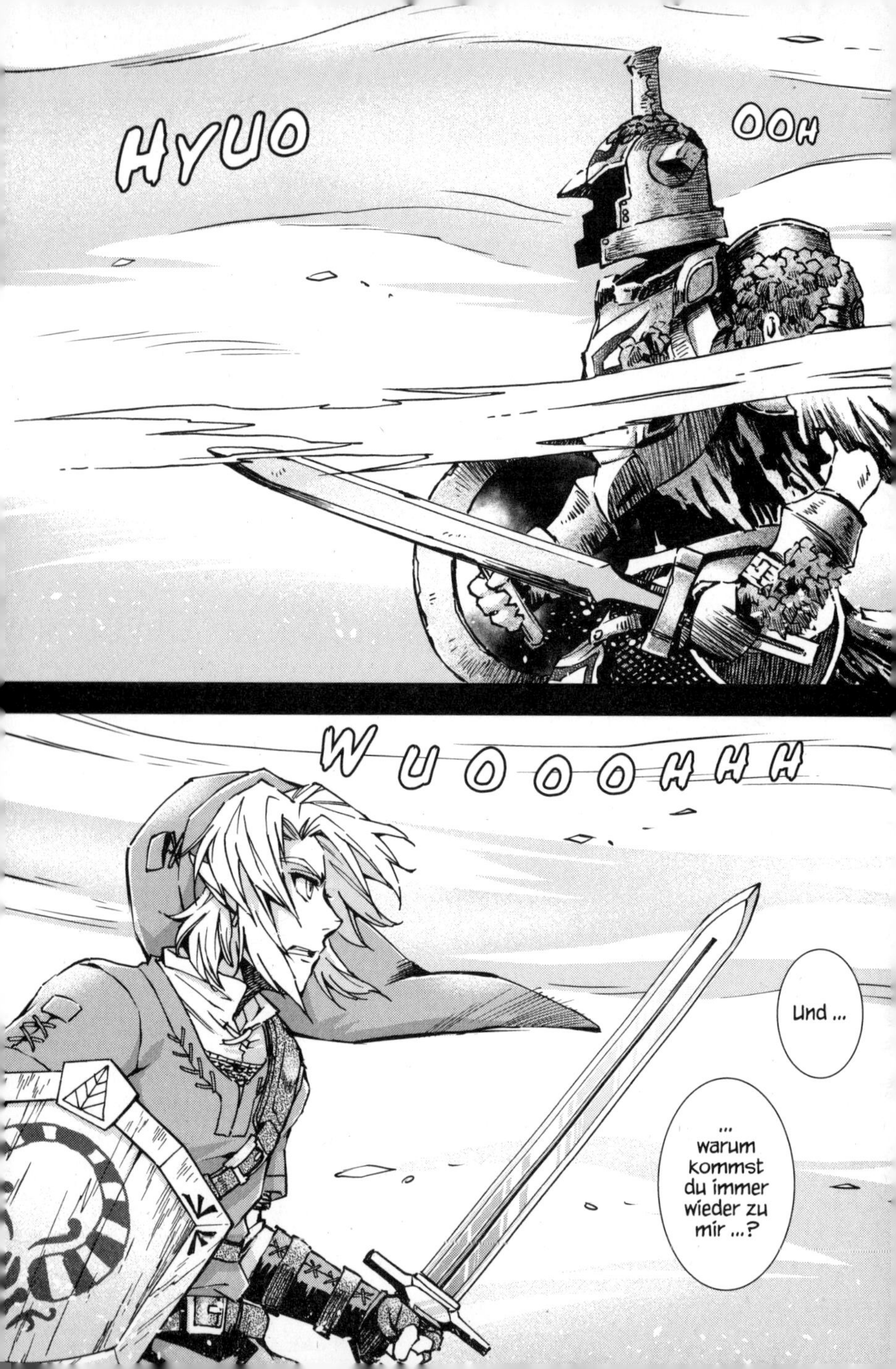
OOH
HYUO
WUOOOHHH
Und ...
... warum kommst du immer wieder zu mir ...?

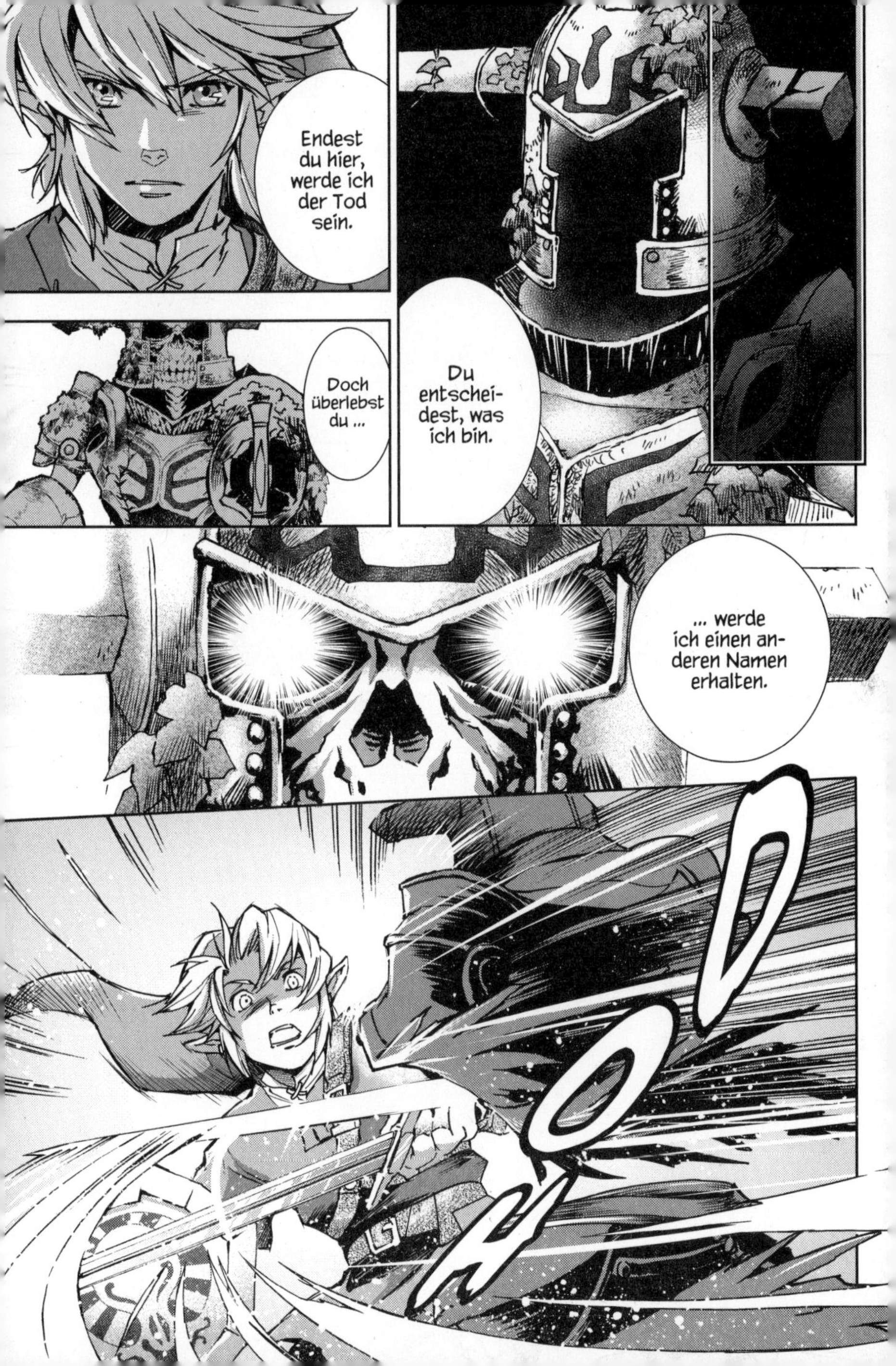
Du entschei-dest, was ich bin.
Endest du hier, werde ich der Tod sein.
Doch überlebst du ...
... werde ich einen an-deren Namen erhalten.

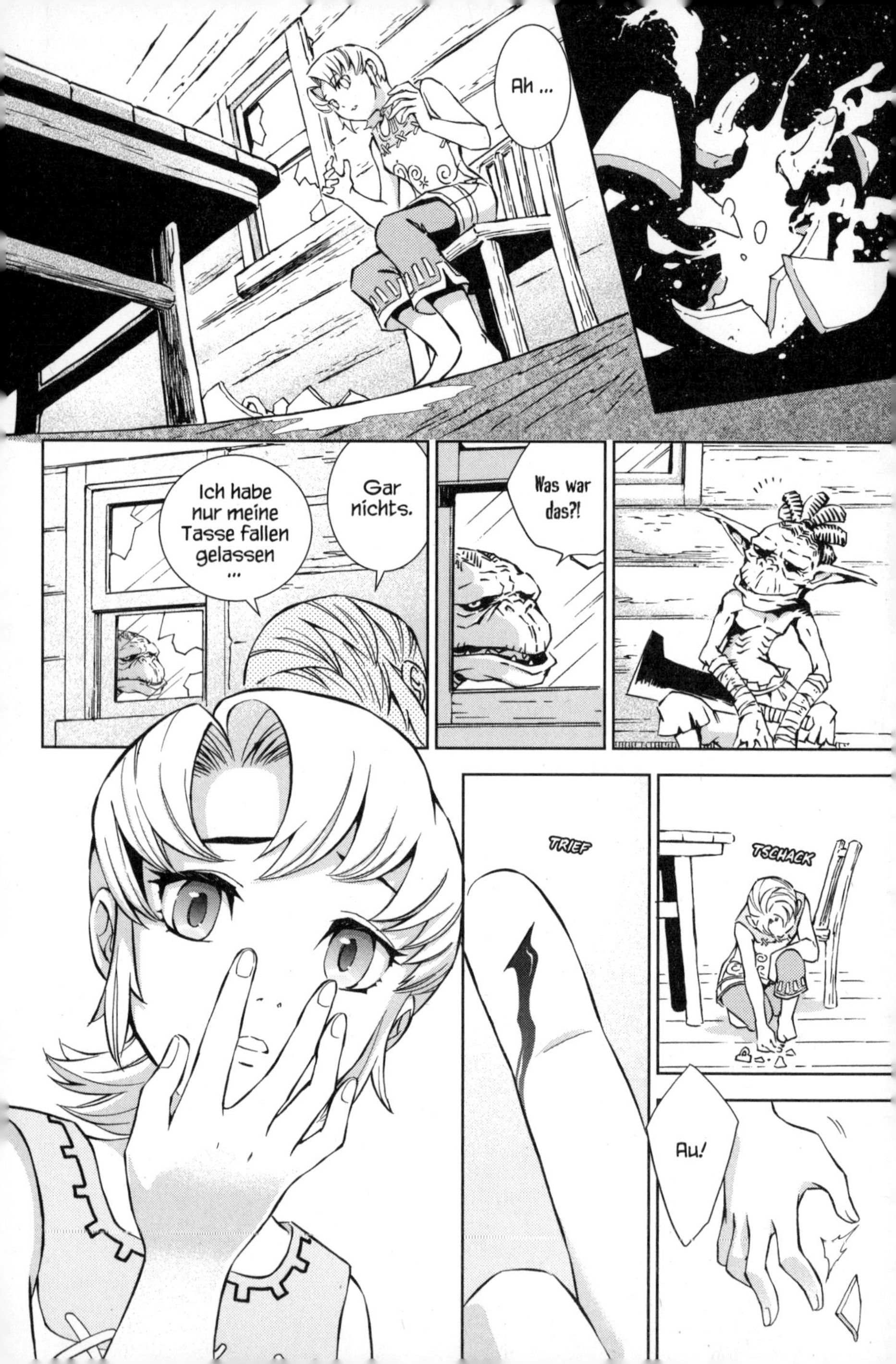
Ah ...
Was war das?!
Gar nichts.
Ich habe nur meine Tasse fallen gelassen ...
TSCHACK
Au!
TRIEF

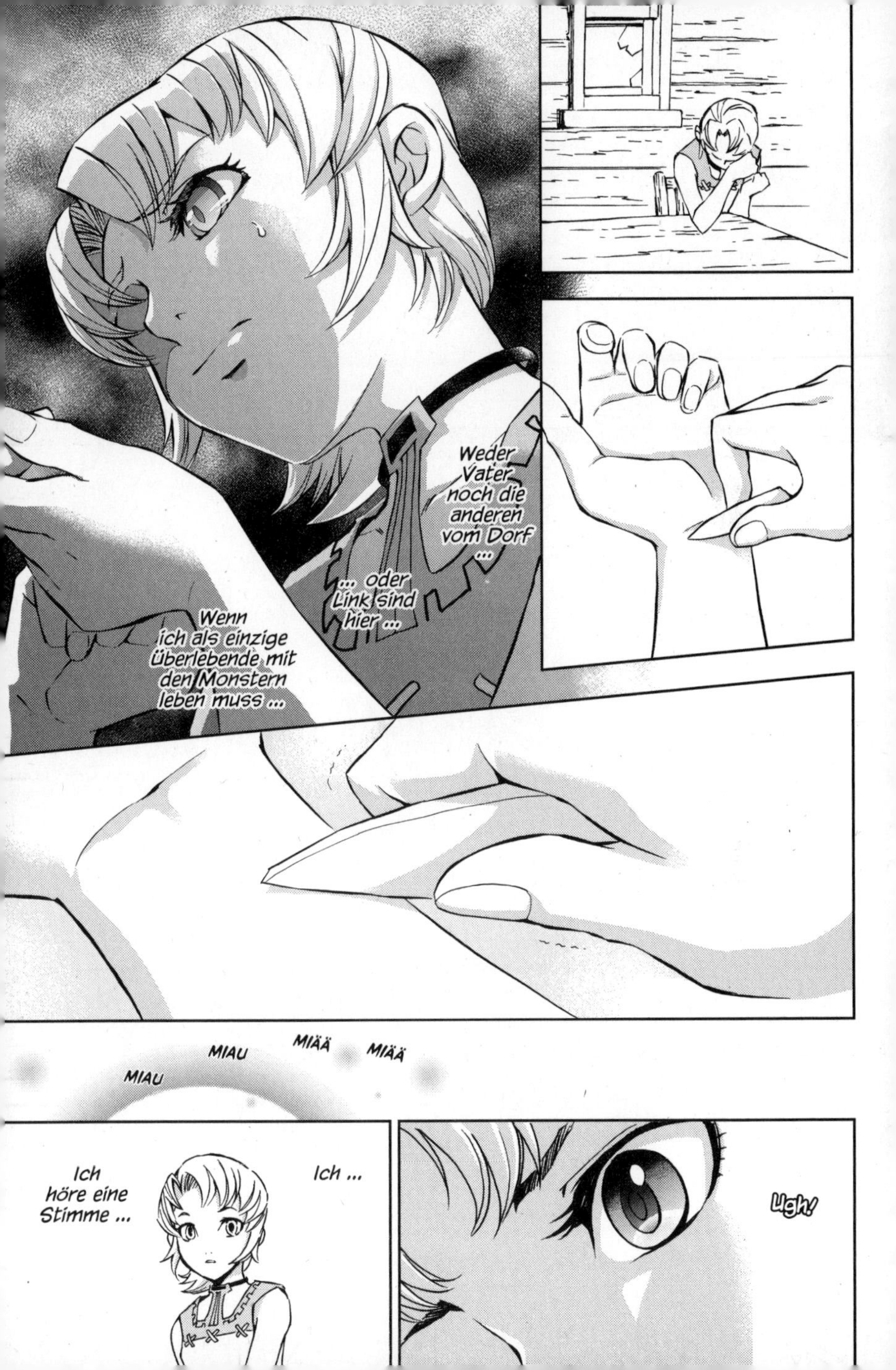

Weder Vater noch die anderen vom Dorf ...
... oder Link sind hier ...
Wenn ich als einzige überlebende mit den Monstern leben muss ...
MIÄÄ
MIÄÄ
MIAU
MIAU
Ugh!
Ich ...
Ich höre eine Stimme ...

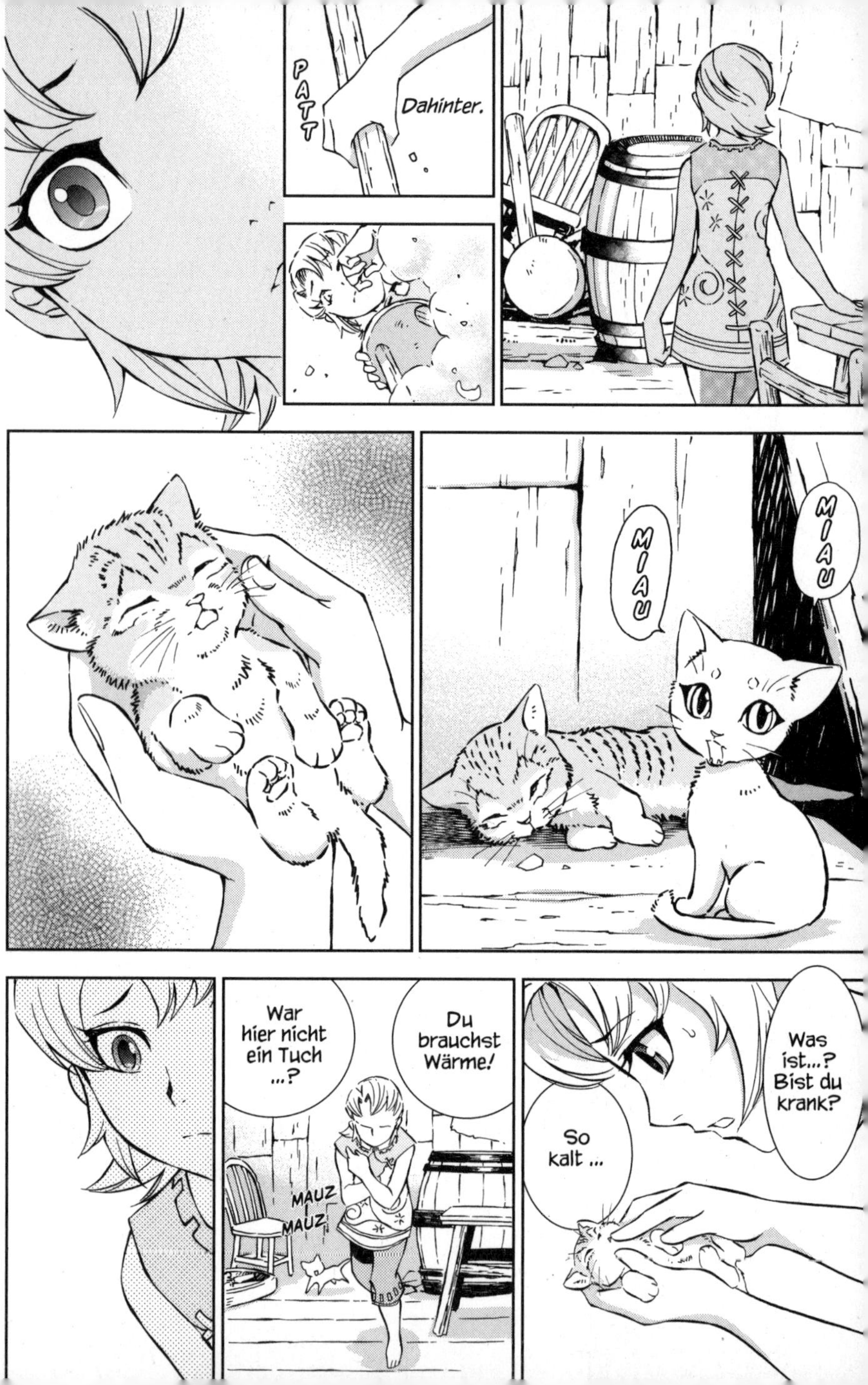

PATT
Dahinter.
MIAU
MIAU
Was ist...? Bist du krank?
So kalt ...
Du brauchst Wärme!
War hier nicht ein Tuch ...?
MAUZ MAUZ

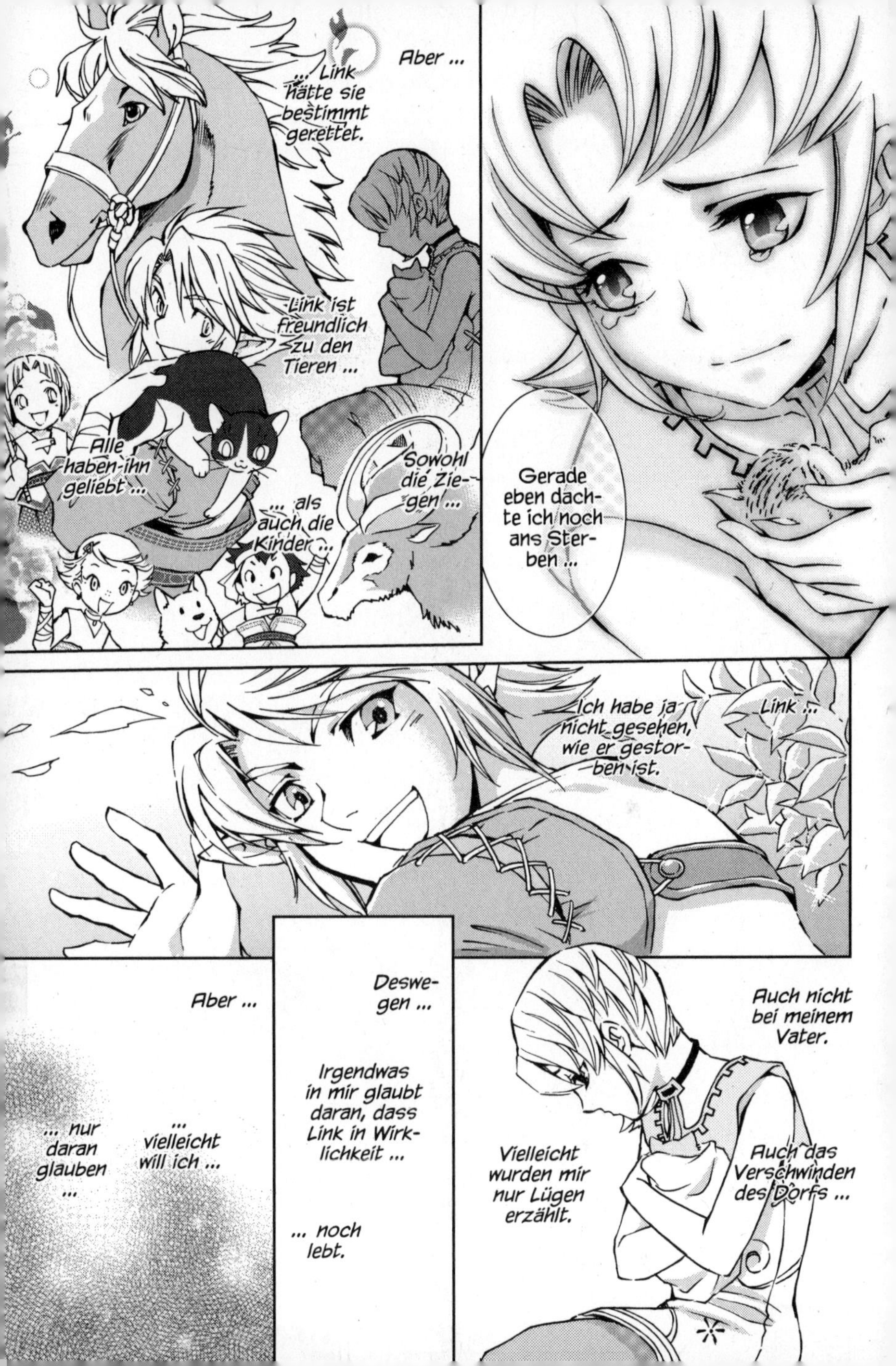
Gerade eben dachte ich noch ans Sterben ...
Aber ...
... Link hätte sie bestimmt gerettet.
Link ist freundlich zu den Tieren ...
Sowohl die Ziegen ...
... als auch die Kinder ...
Alle haben ihn geliebt ...
Link ...
Ich habe ja nicht gesehen, wie er gestorben ist.
Auch nicht bei meinem Vater.
Auch das Verschwinden des Dorfs ...
Vielleicht wurden mir nur Lügen erzählt.
Deswegen ...
Irgendwas in mir glaubt daran, dass Link in Wirklichkeit ...
... noch lebt.
Aber ...
... vielleicht will ich ...
... nur daran glauben ...

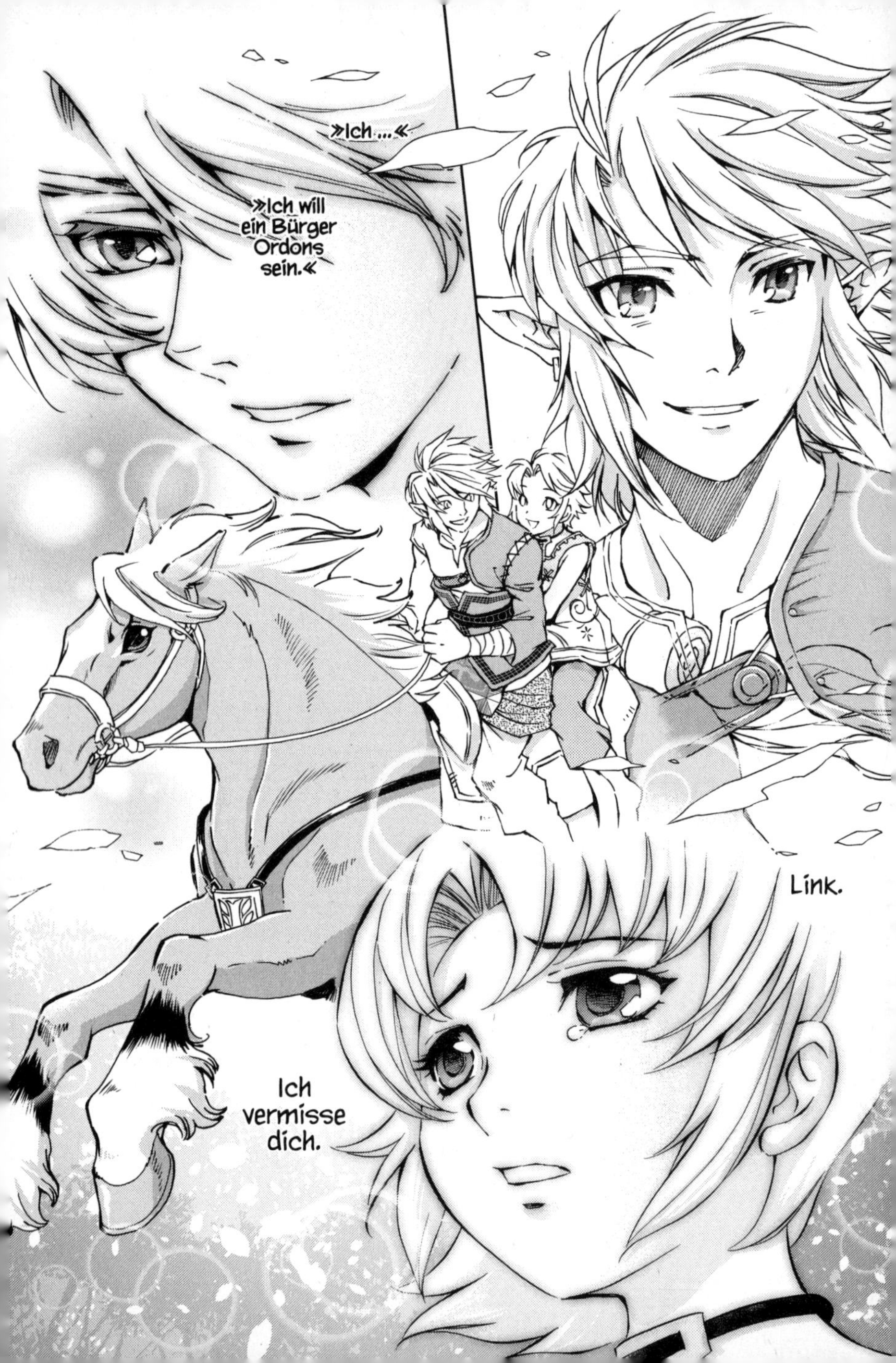
»Ich ...«
»Ich will ein Bürger Ordons sein.«
Link.
Ich vermisse dich.

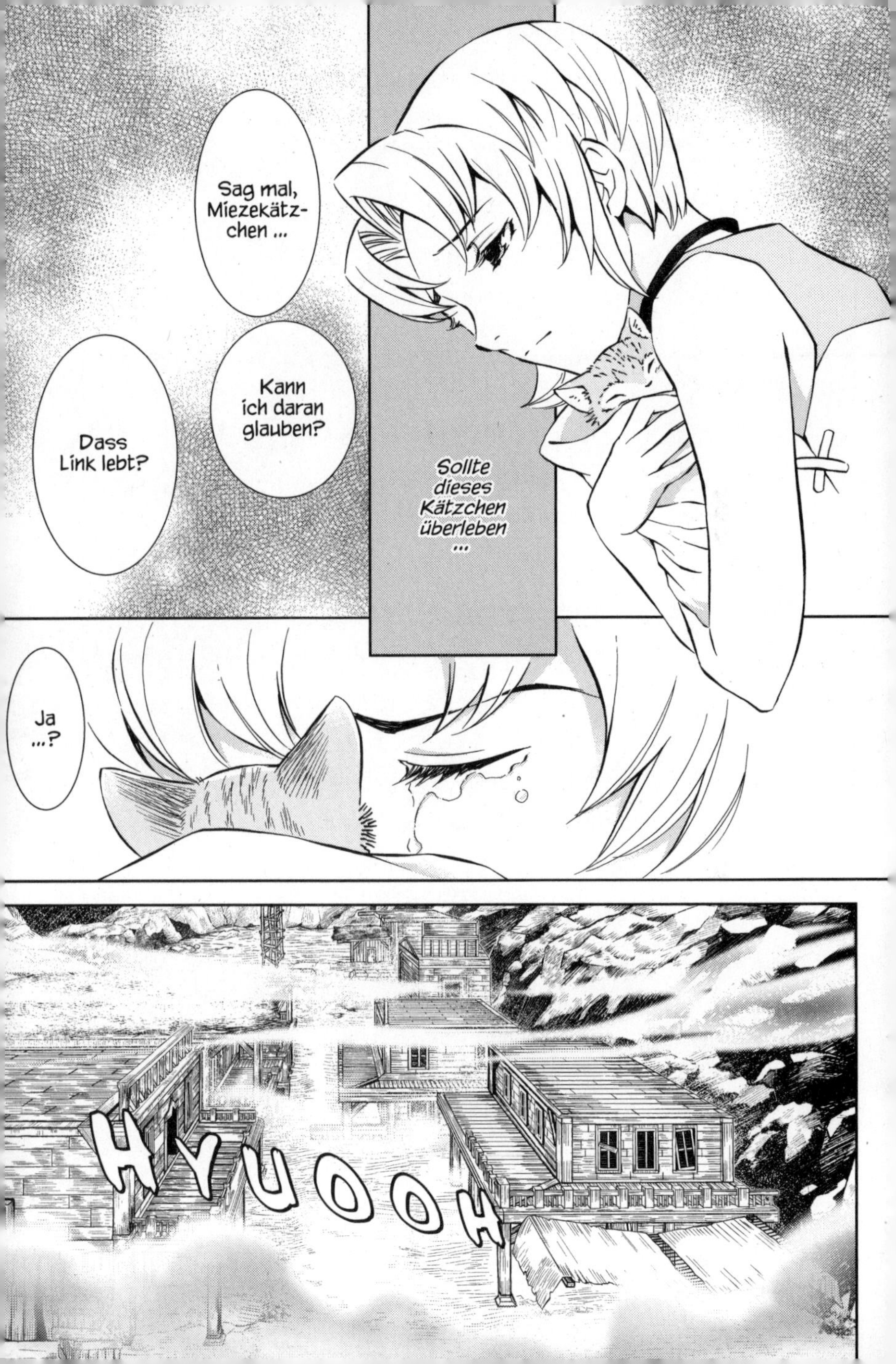
Sollte dieses Kätzchen überleben ...
Sag mal, Miezekätzchen ...
Kann ich daran glauben?
Dass Link lebt?
Ja ...?
HYUOOOH

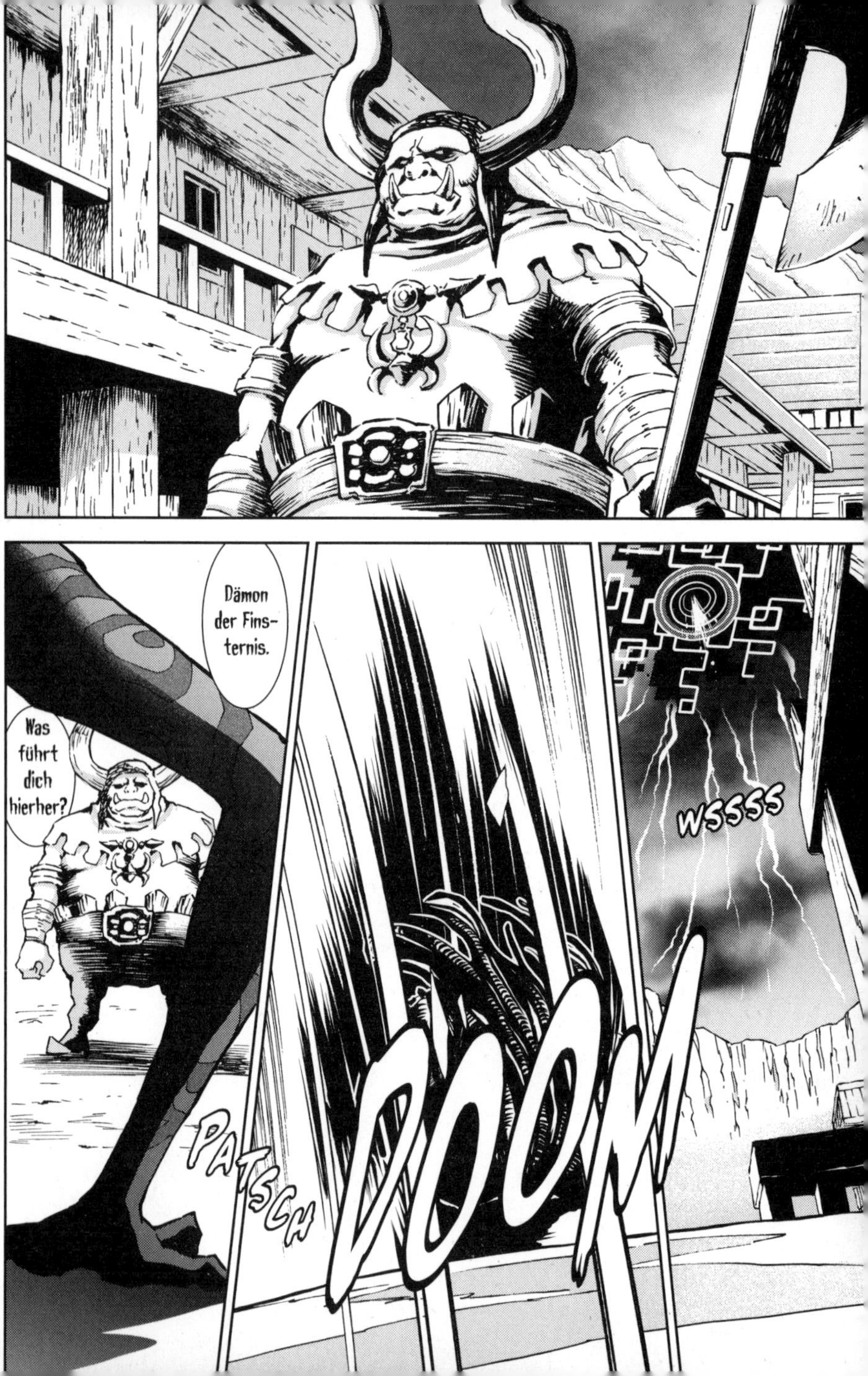
Dämon der Finsternis.
Was führt dich hierher?
WSSSS
PATSCH
DOOM

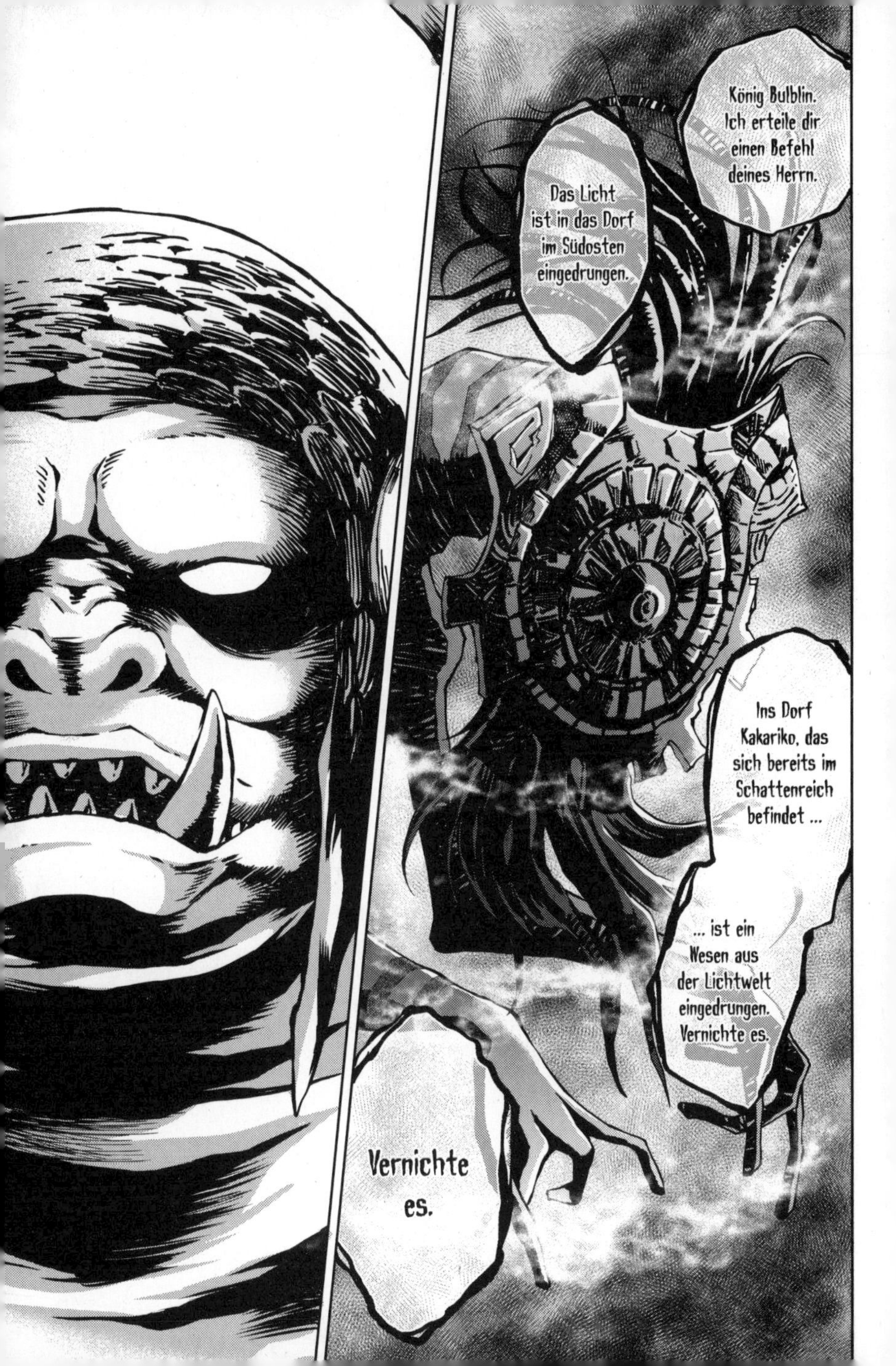
König Bulblin. Ich erteile dir einen Befehl deines Herrn.
Das Licht ist in das Dorf im Südosten eingedrungen.
Ins Dorf Kakariko, das sich bereits im Schattenreich befindet ...
... ist ein Wesen aus der Lichtwelt eingedrungen. Vernichte es.
Vernichte es.

23. Kapitel: Der wahre Mut

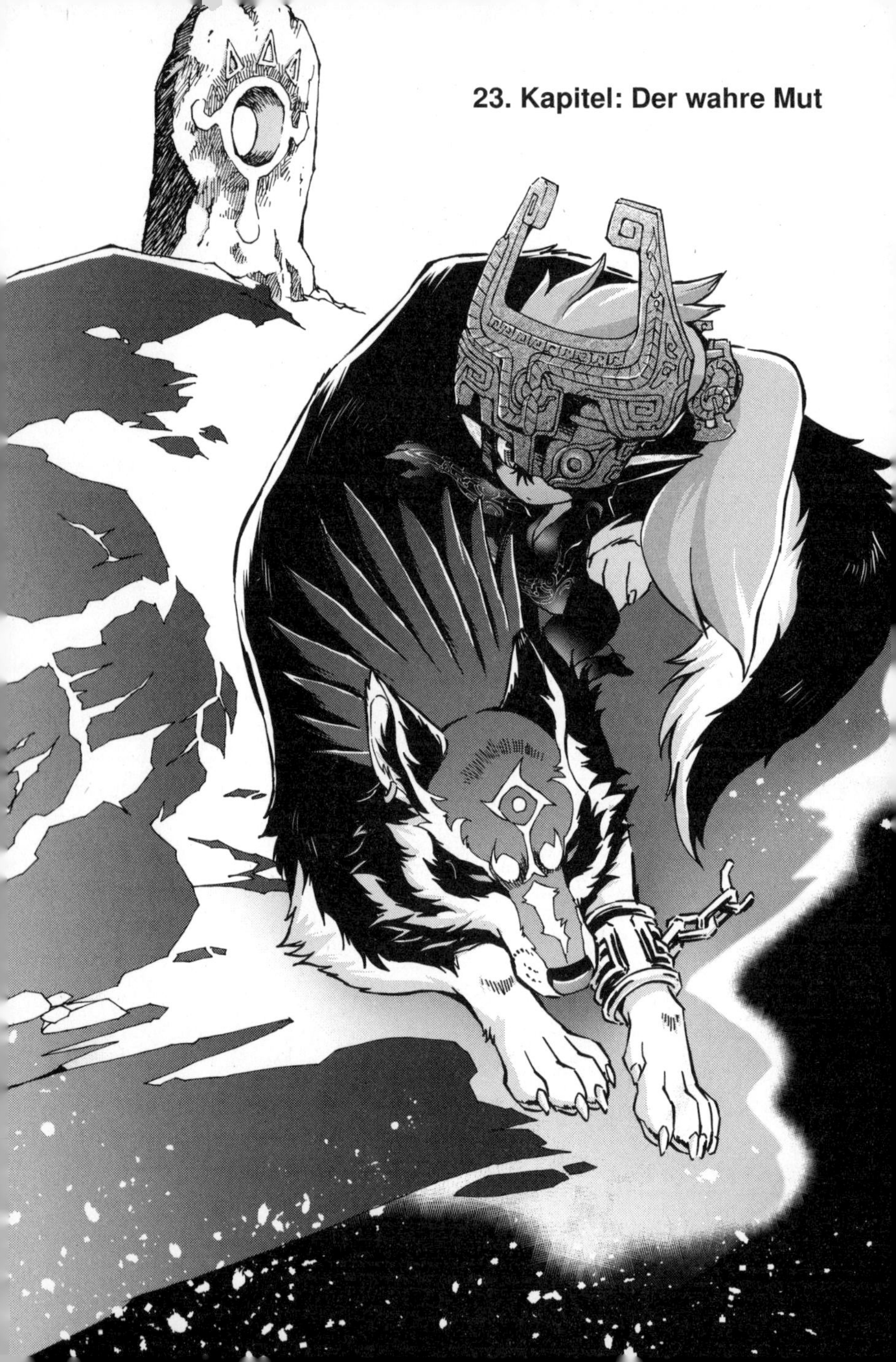

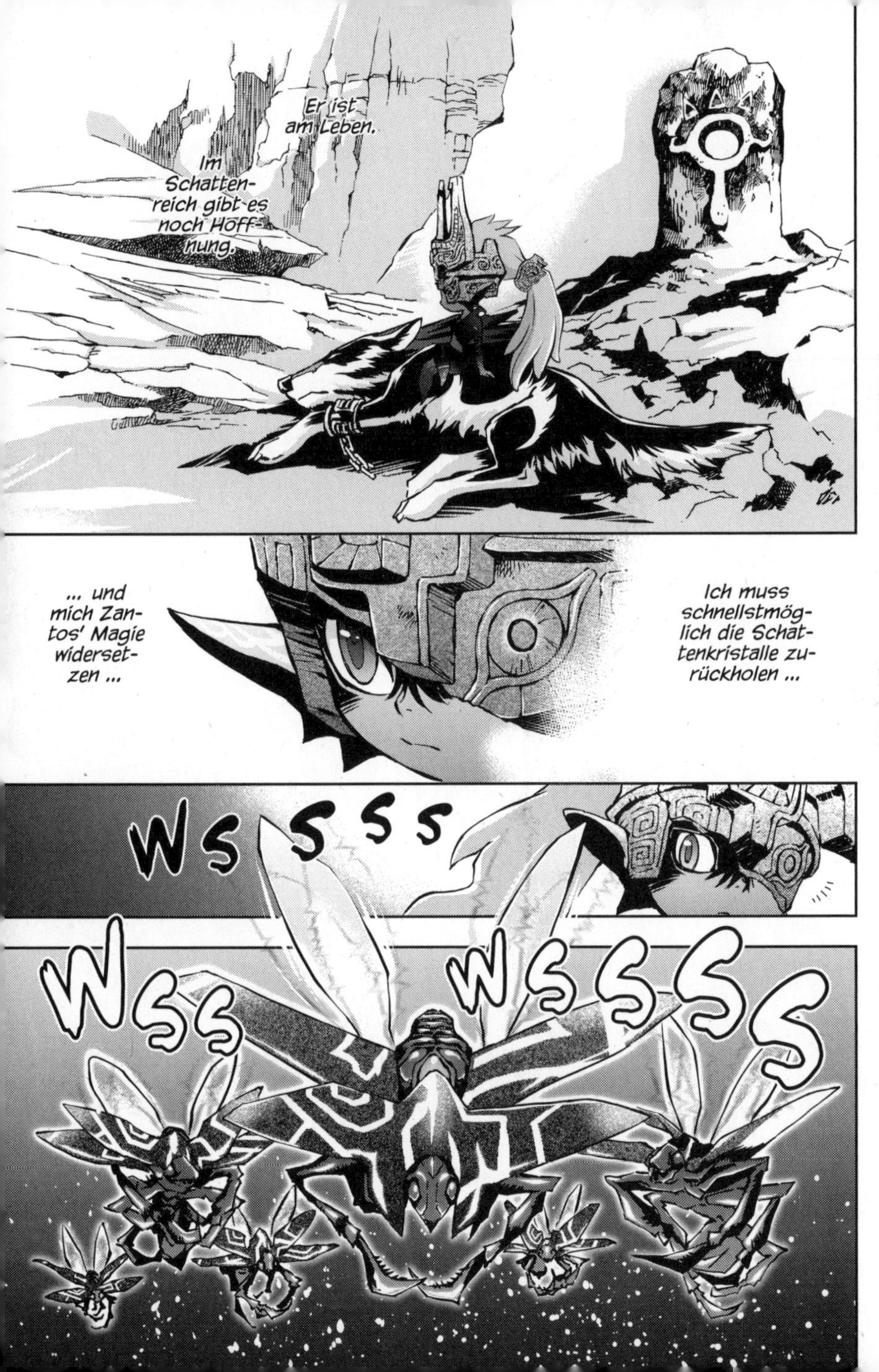
Er ist am Leben.
Im Schatten-reich gibt es noch Hoff-nung.
Ich muss schnellstmög-lich die Schat-tenkristalle zu-rückholen ...
... und mich Zan-tos' Magie widerset-zen ...
WSSSS
WSS WSSSSS

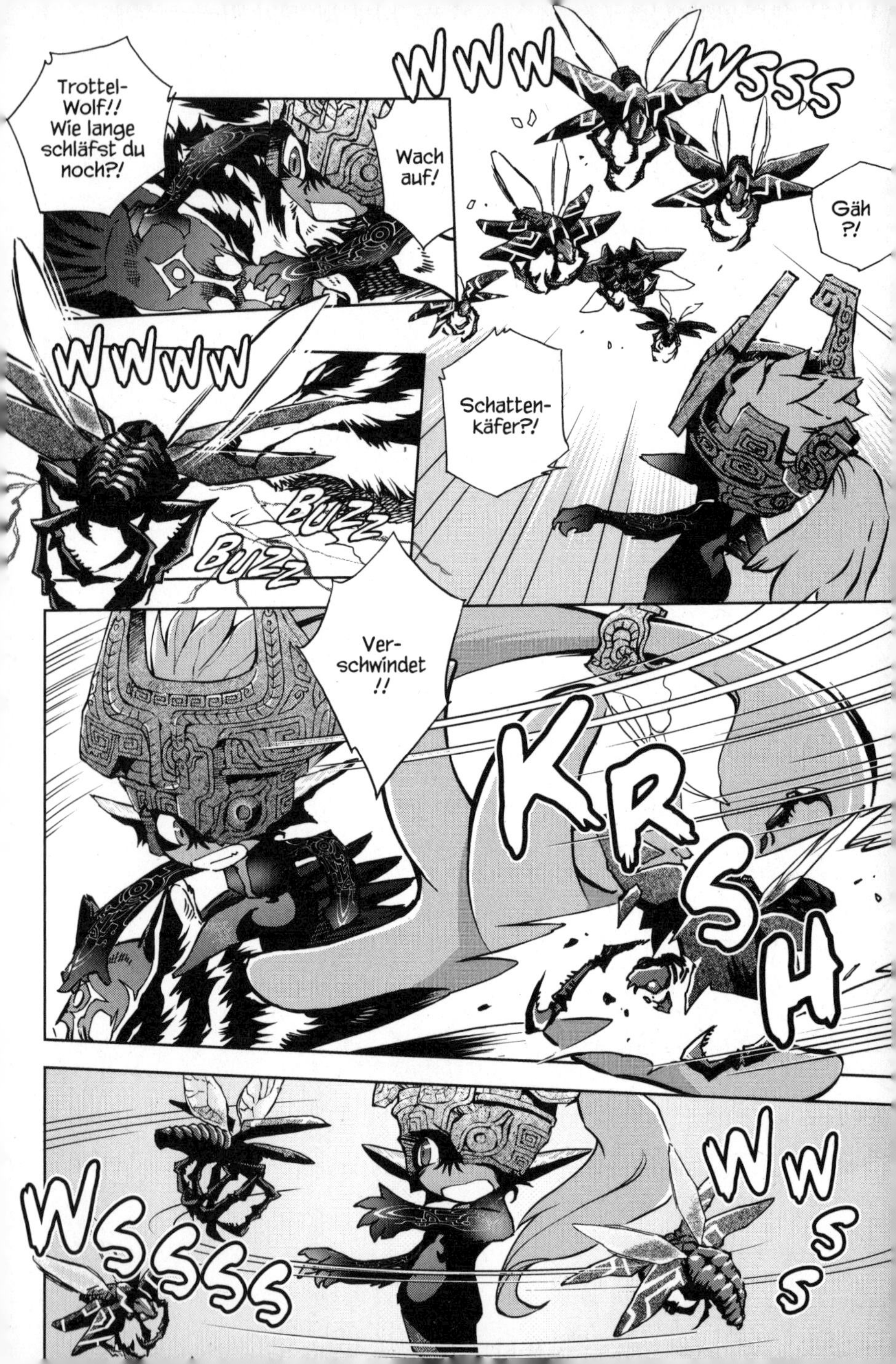
WWWWWSSS
Trottel-Wolf!! Wie lange schläfst du noch?!
Wach auf!
Gäh ?!
WWWWW
Schatten-käfer?!
BUZZ
BUZZ
Ver-schwindet !!
KRSH
WWWSSS
WSSSSS

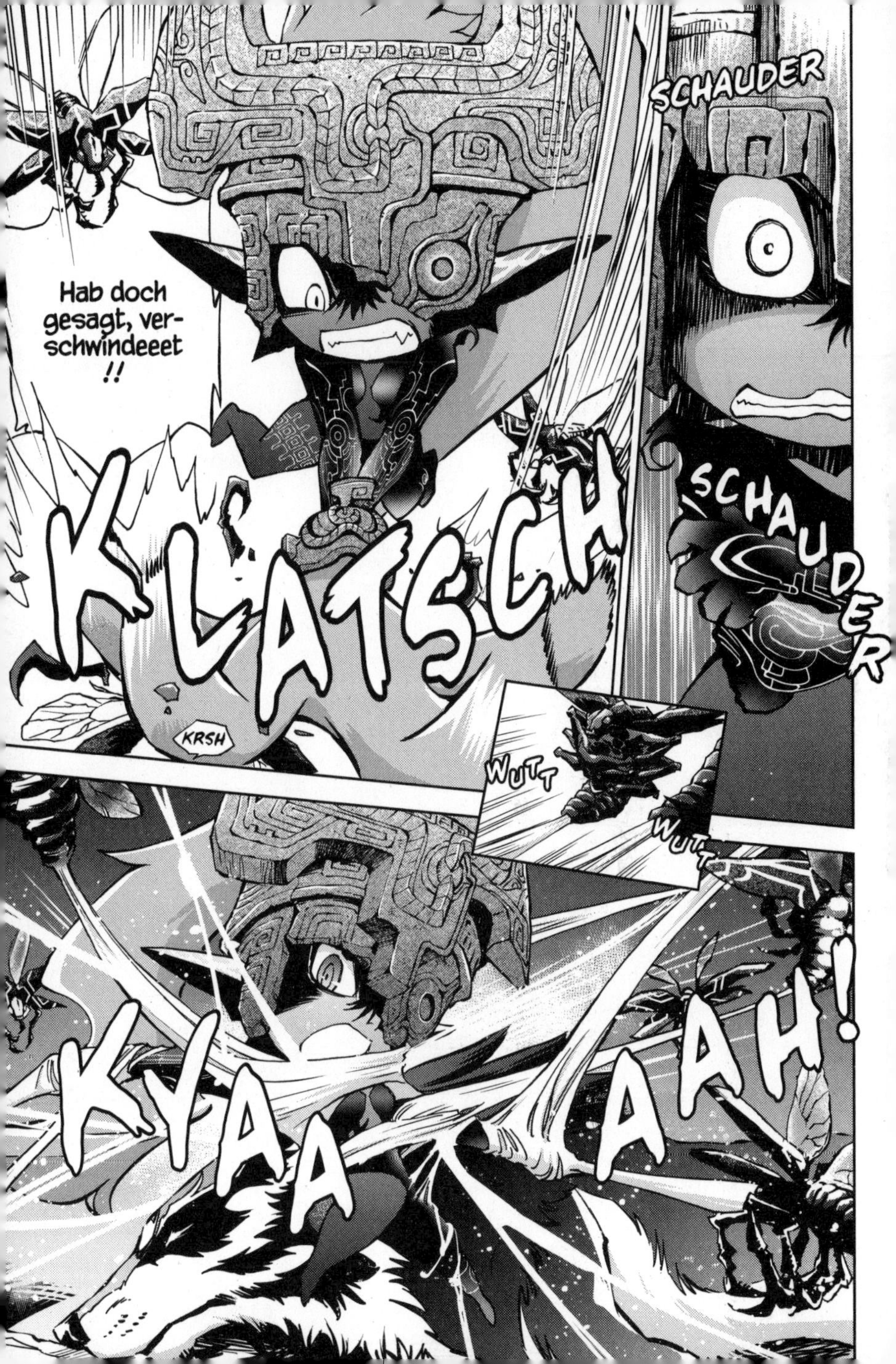

SCHAUDER
Hab doch gesagt, verschwindeeet!!
KLATSCH
SCHAUDER
KRSH
WUTT
WUTT
KYAAAAH!

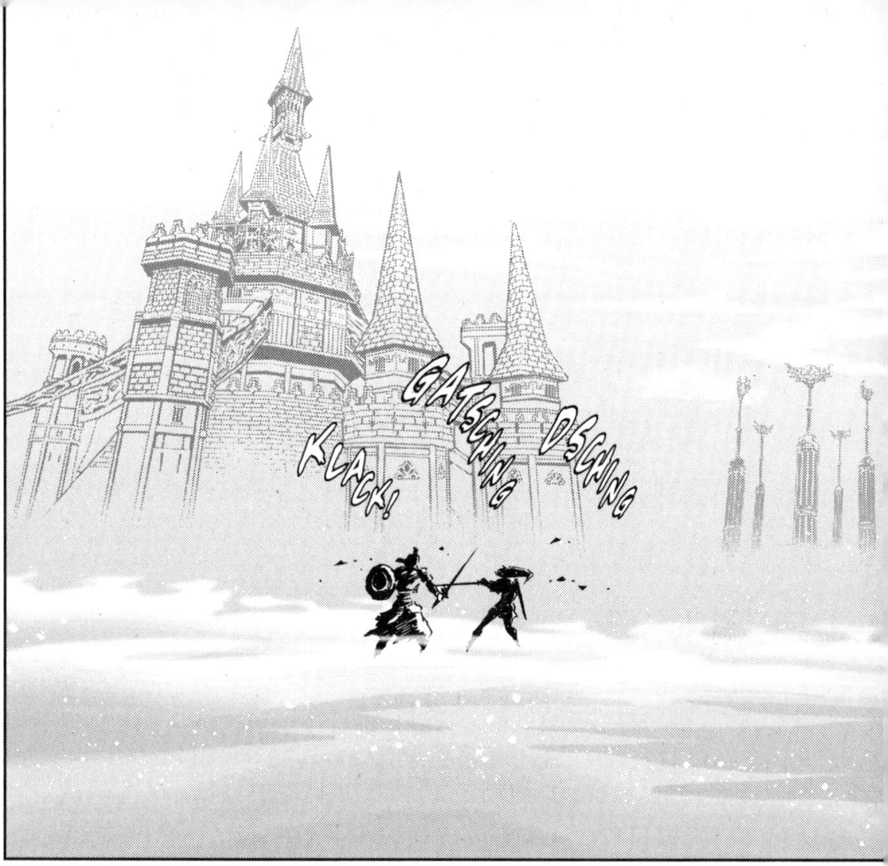
DSCHING
GATSCHING
KLACK!

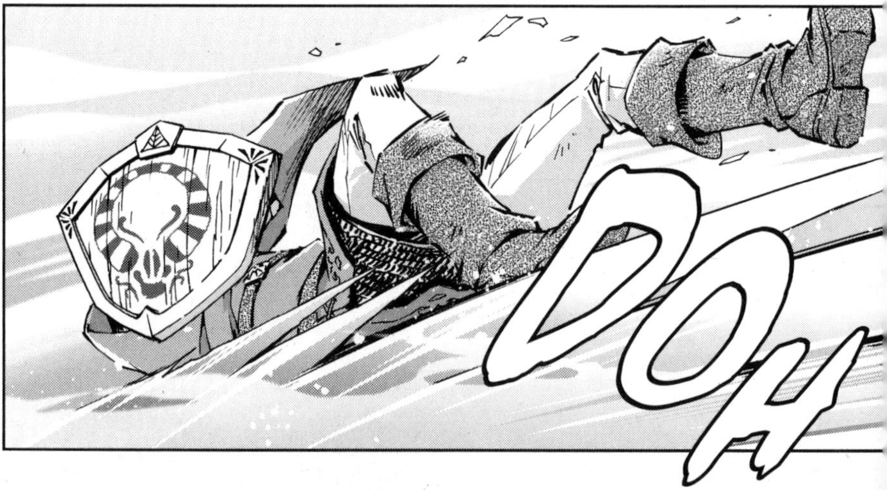
DOH

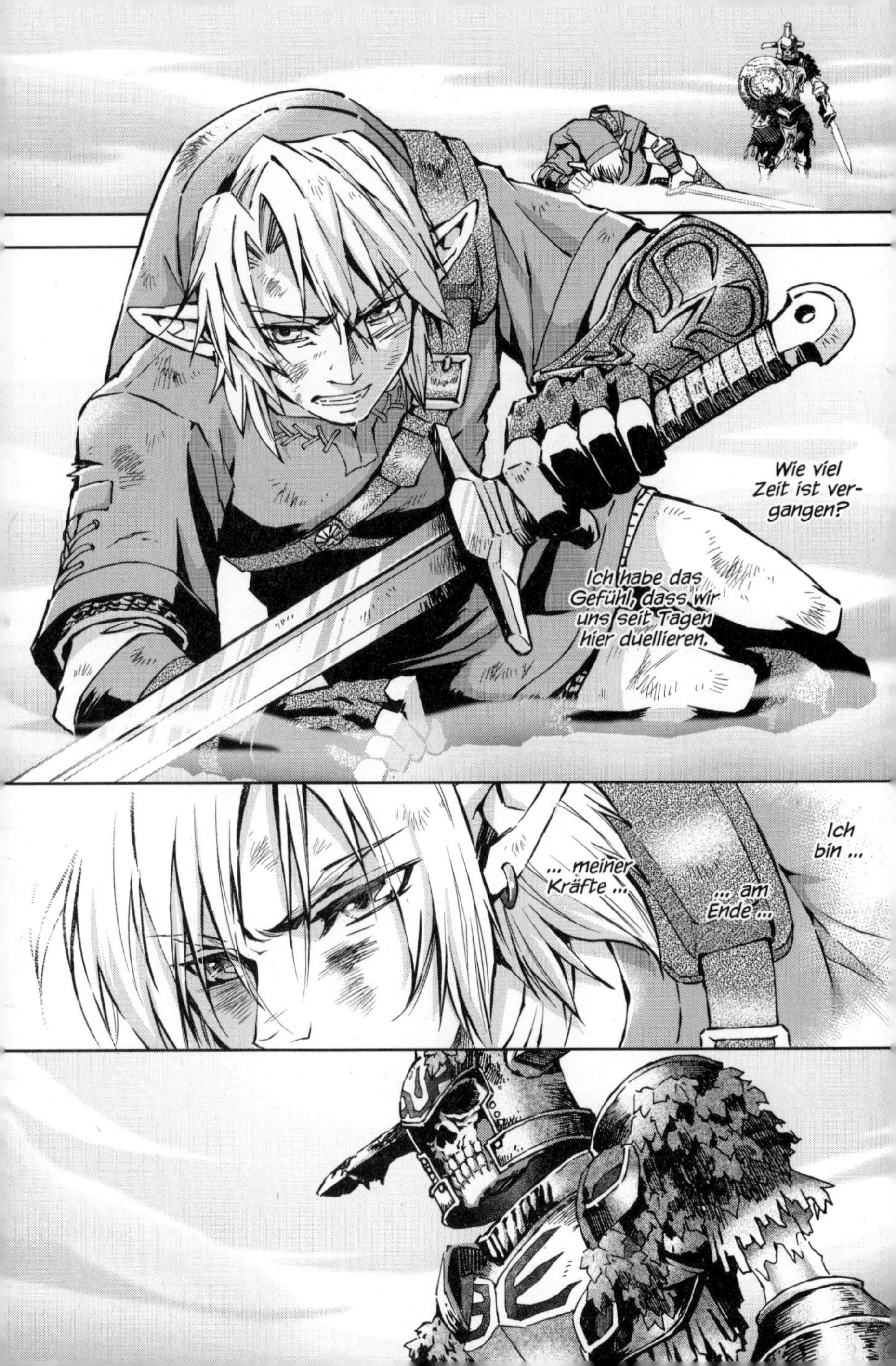

Wie viel Zeit ist vergangen?
Ich habe das Gefühl, dass wir uns seit Tagen hier duellieren.
Ich bin ...
... am Ende ...
... meiner Kräfte ...

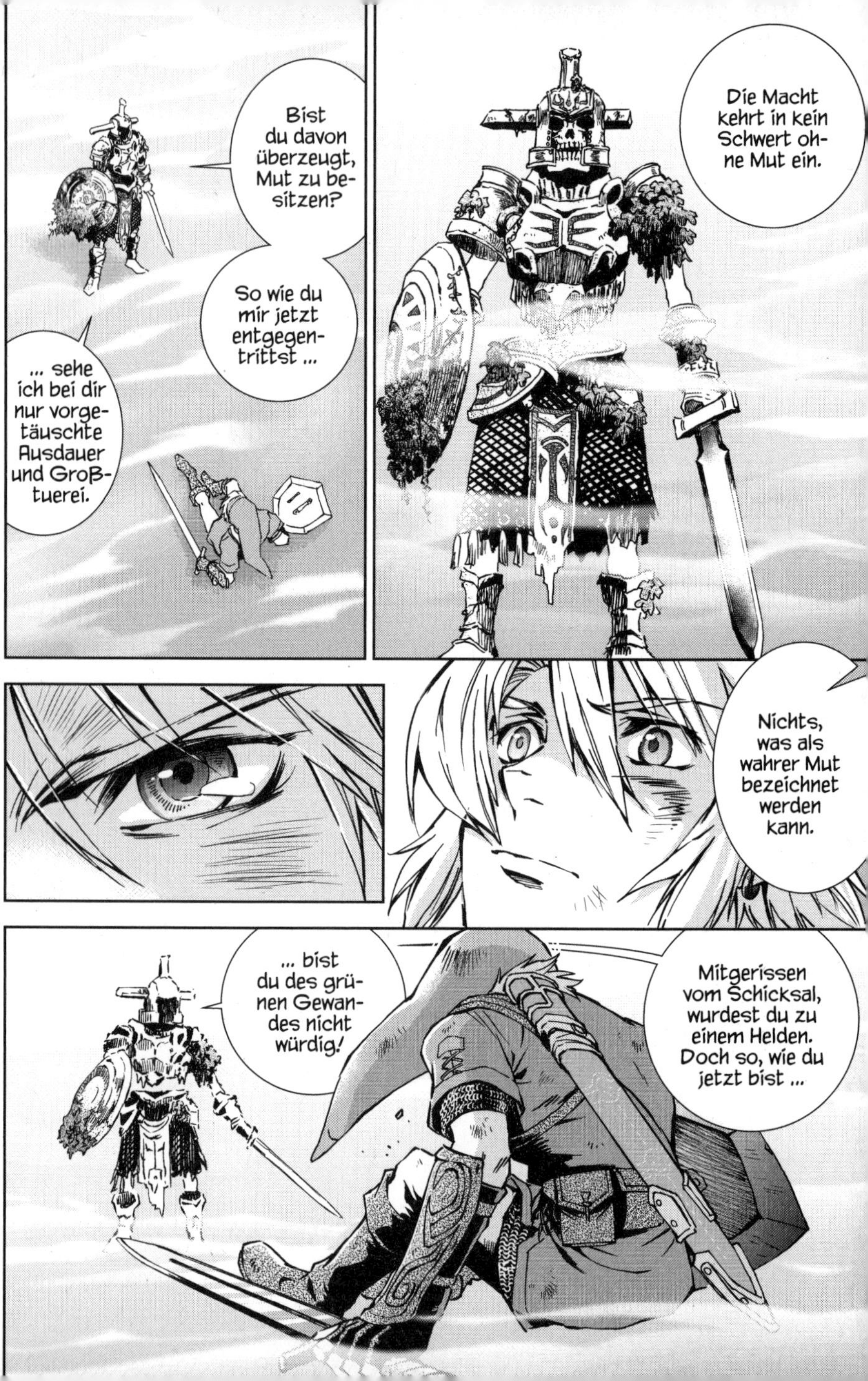
Die Macht kehrt in kein Schwert ohne Mut ein.
Bist du davon überzeugt, Mut zu besitzen?
So wie du mir jetzt entgegentrittst ...
... sehe ich bei dir nur vorgetäuschte Ausdauer und Großtuerei.
Nichts, was als wahrer Mut bezeichnet werden kann.
Mitgerissen vom Schicksal, wurdest du zu einem Helden. Doch so, wie du jetzt bist ...
... bist du des grünen Gewandes nicht würdig!

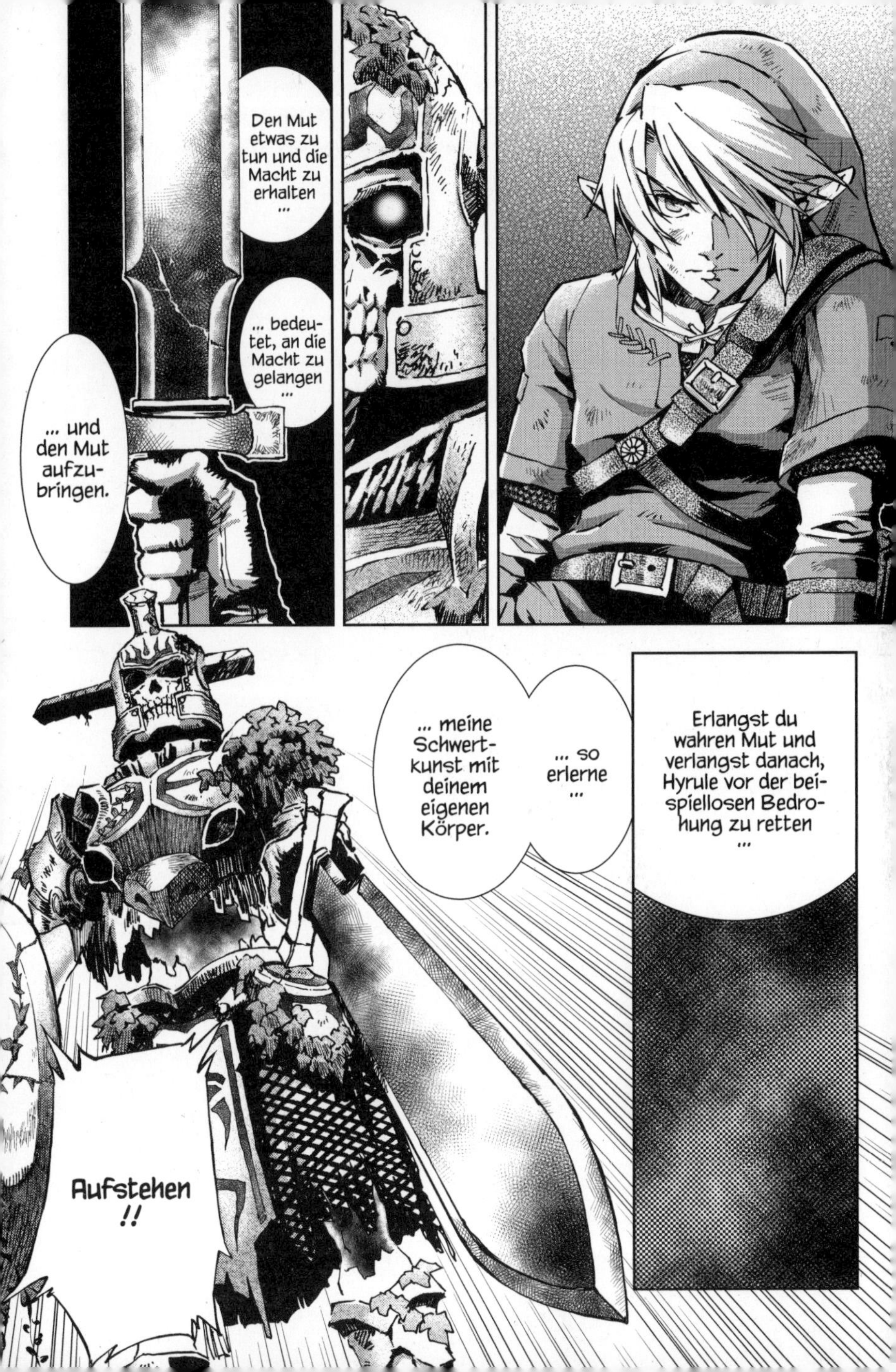
Den Mut etwas zu tun und die Macht zu erhalten ...
... bedeutet, an die Macht zu gelangen ...
... und den Mut aufzubringen.
Erlangst du wahren Mut und verlangst danach, Hyrule vor der beispiellosen Bedrohung zu retten ...
... so erlerne ...
... meine Schwertkunst mit deinem eigenen Körper.
Aufstehen !!

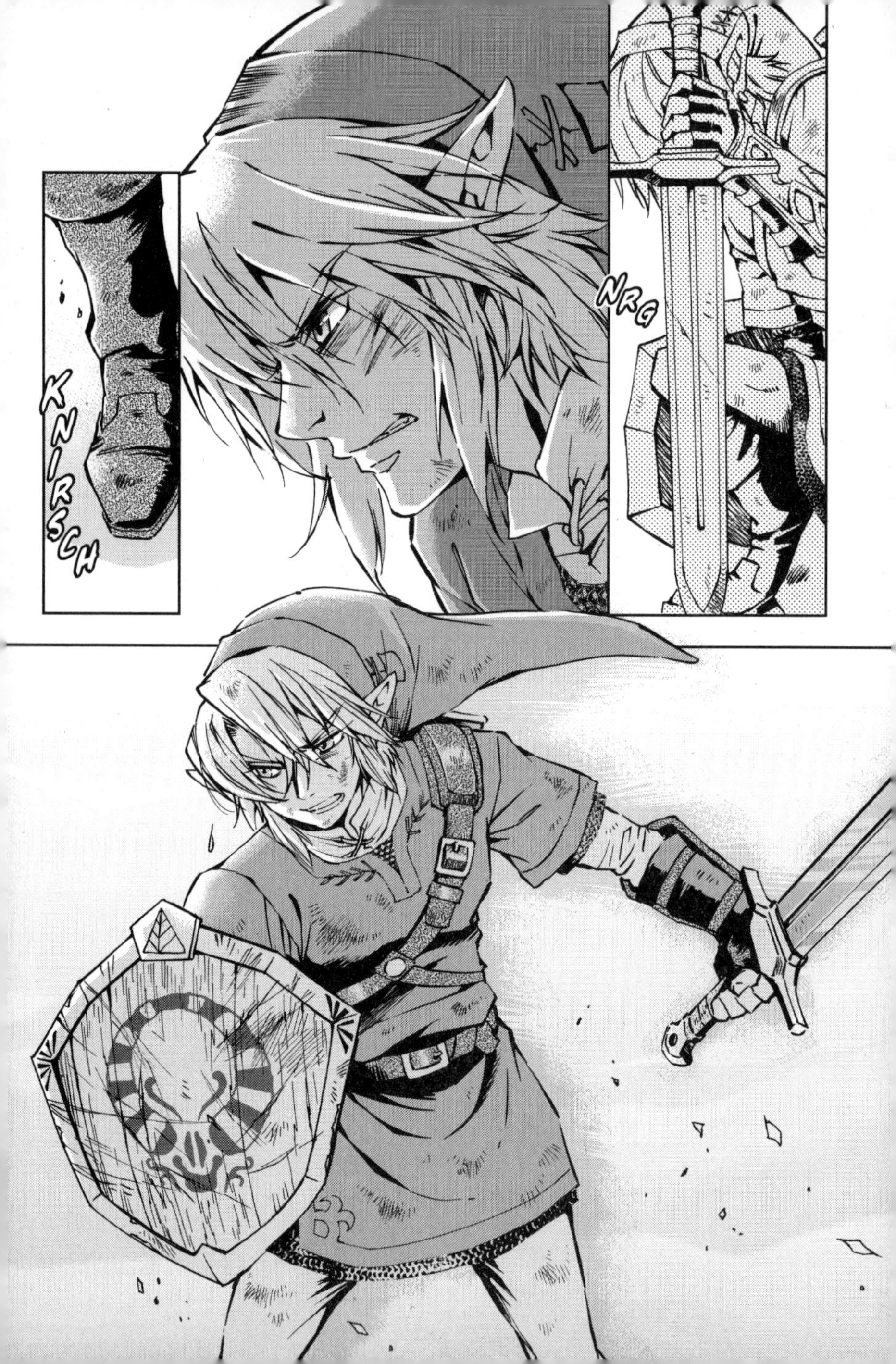
NRG
KNIRSCH

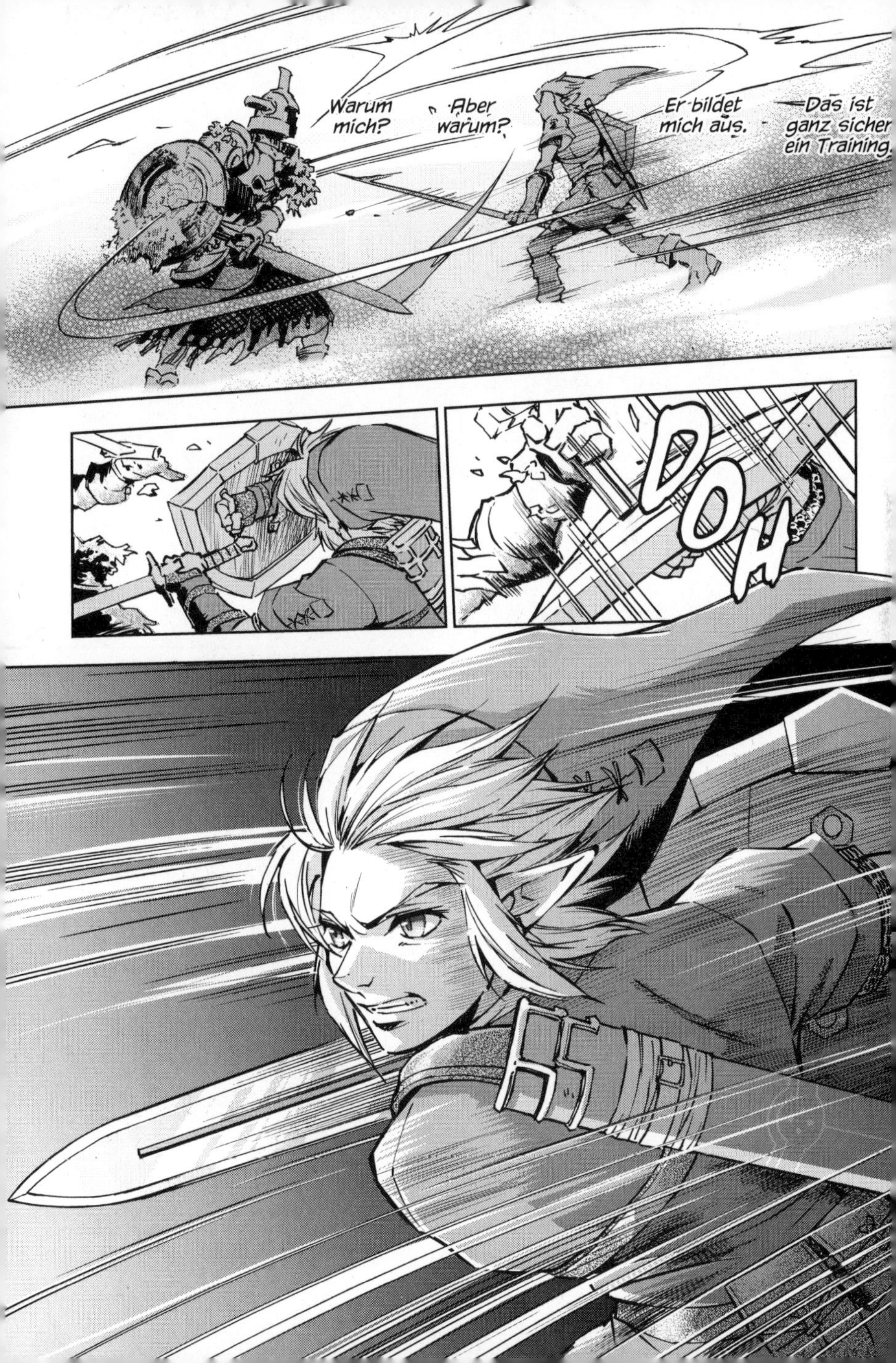
Das ist ganz sicher ein Training.
Er bildet mich aus.
Aber warum?
Warum mich?
DOH

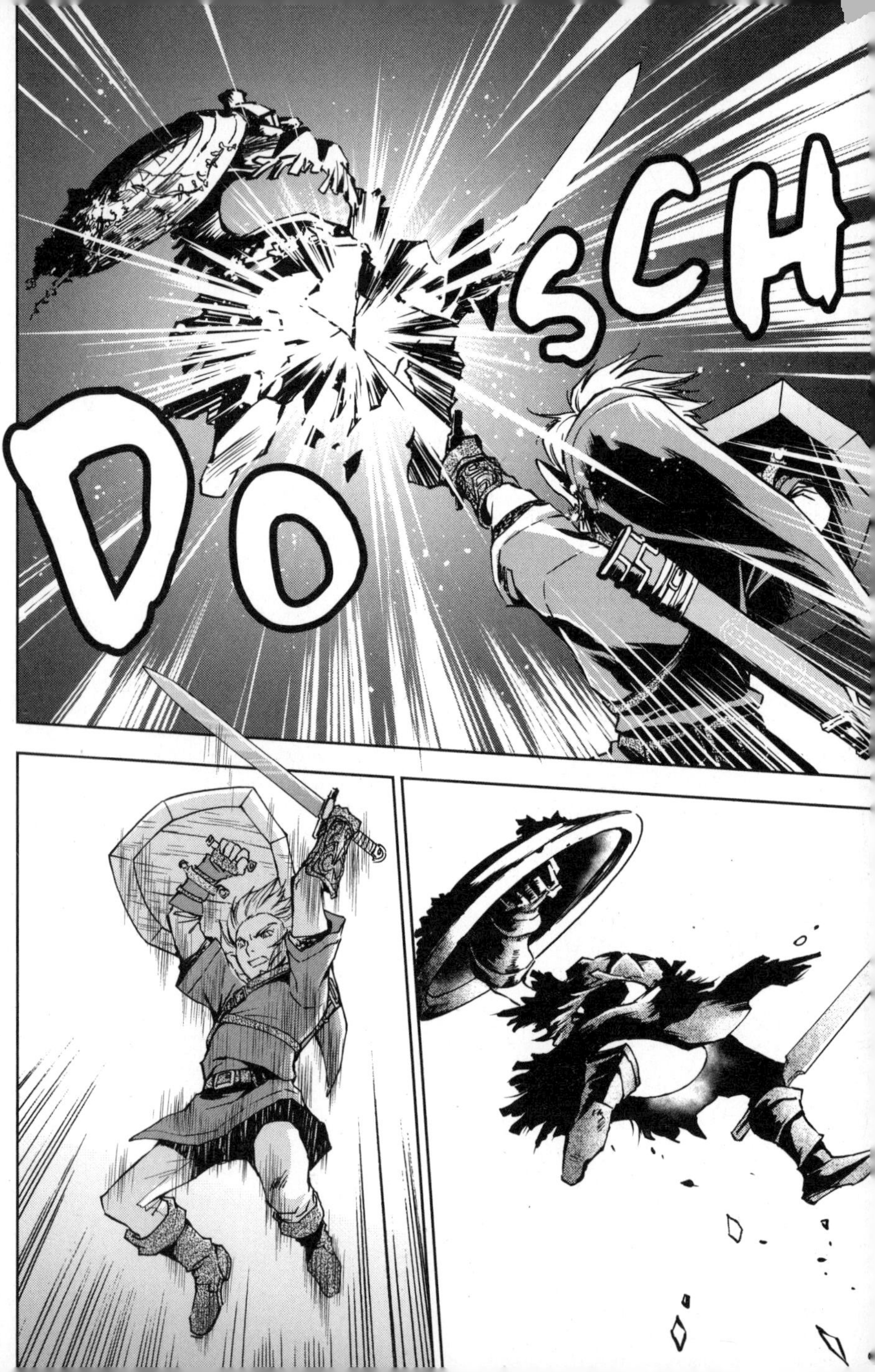
DO
SCH

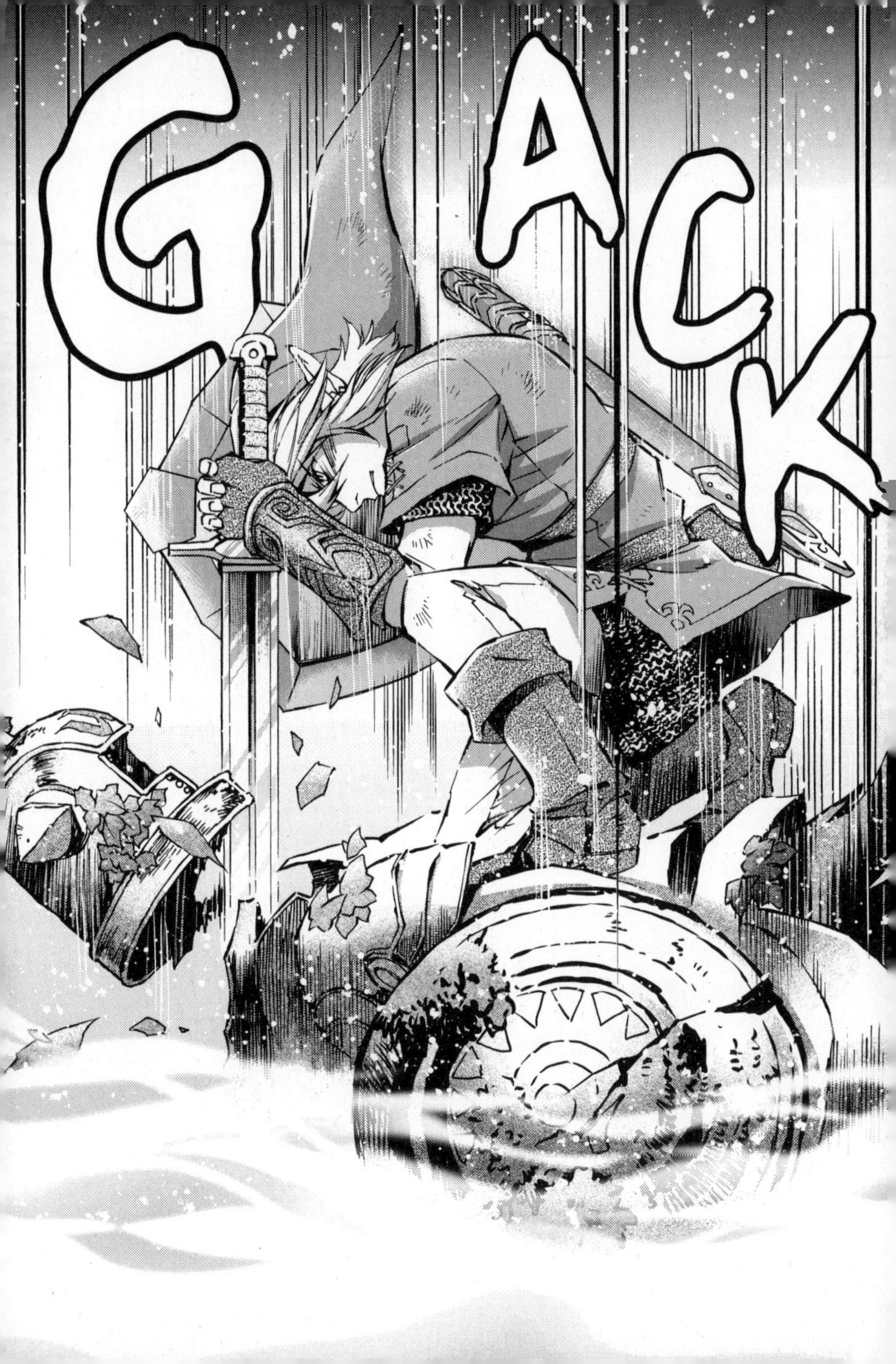
GACK

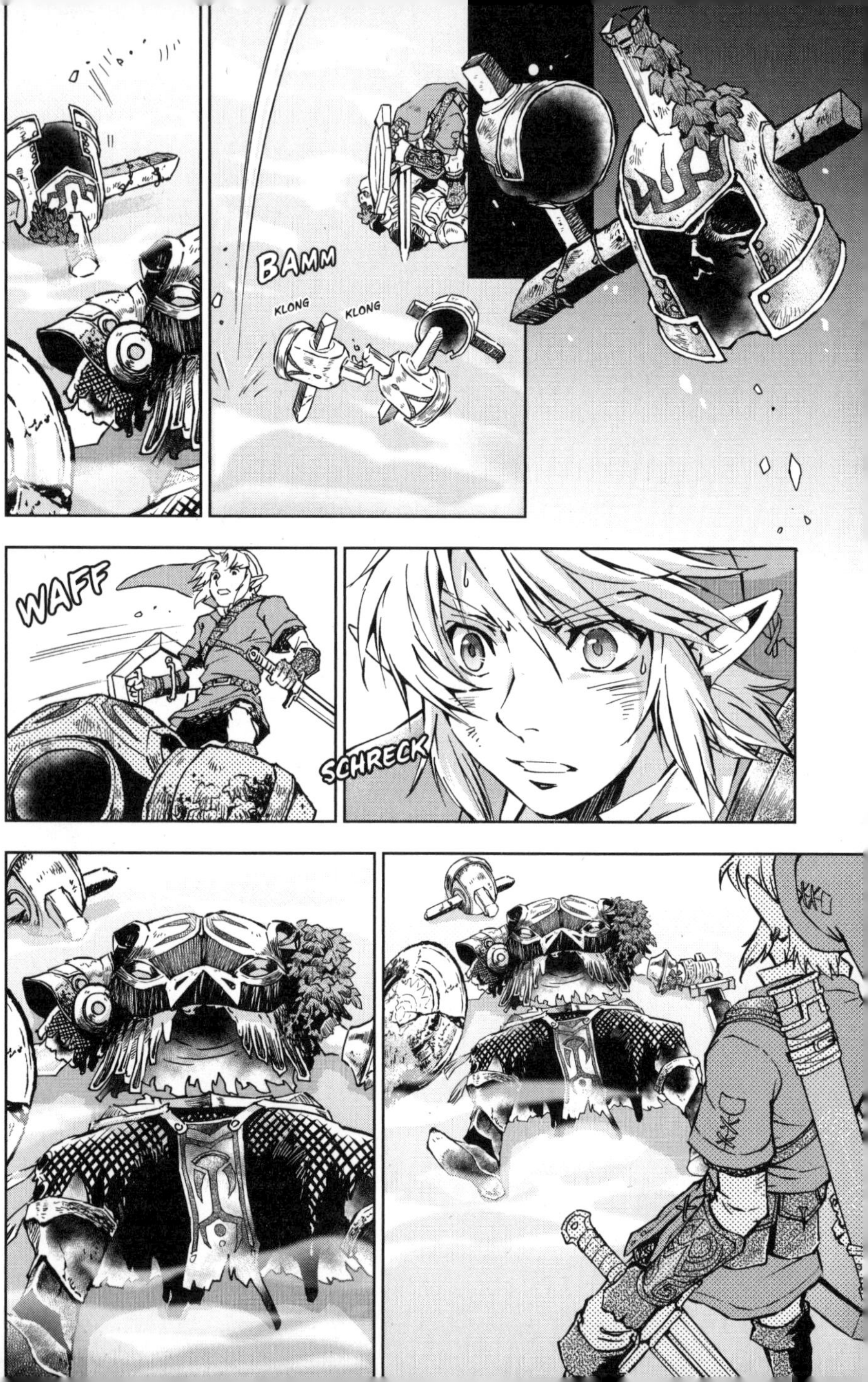
BAMM
KLONG
KLONG
WAFF
SCHRECK

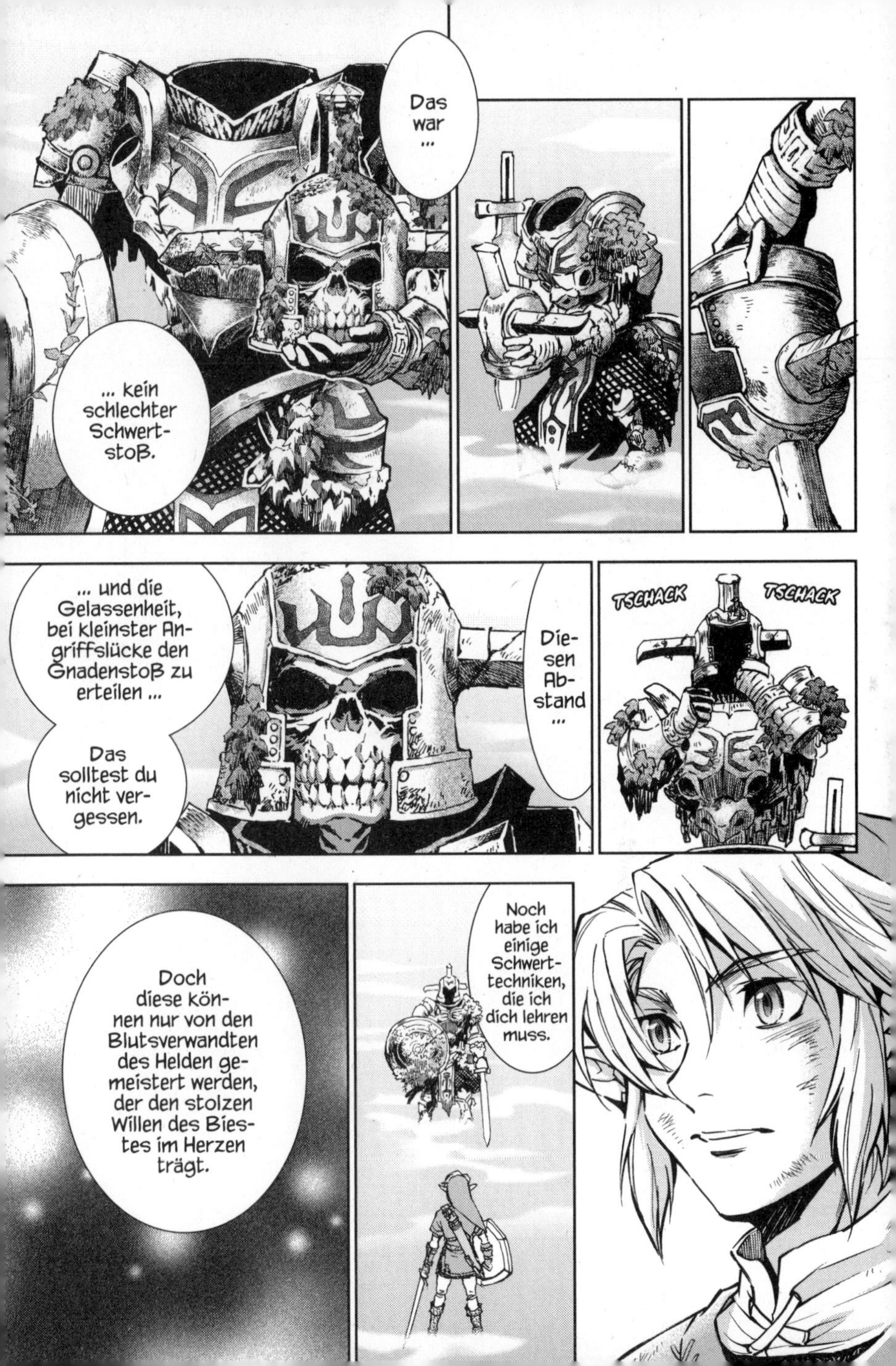
Das war ...
... kein schlechter Schwertstoß.
TSCHACK
TSCHACK
Diesen Abstand ...
... und die Gelassenheit, bei kleinster Angriffslücke den Gnadenstoß zu erteilen ...
Das solltest du nicht vergessen.
Noch habe ich einige Schwerttechniken, die ich dich lehren muss.
Doch diese können nur von den Blutsverwandten des Helden gemeistert werden, der den stolzen Willen des Biestes im Herzen trägt.

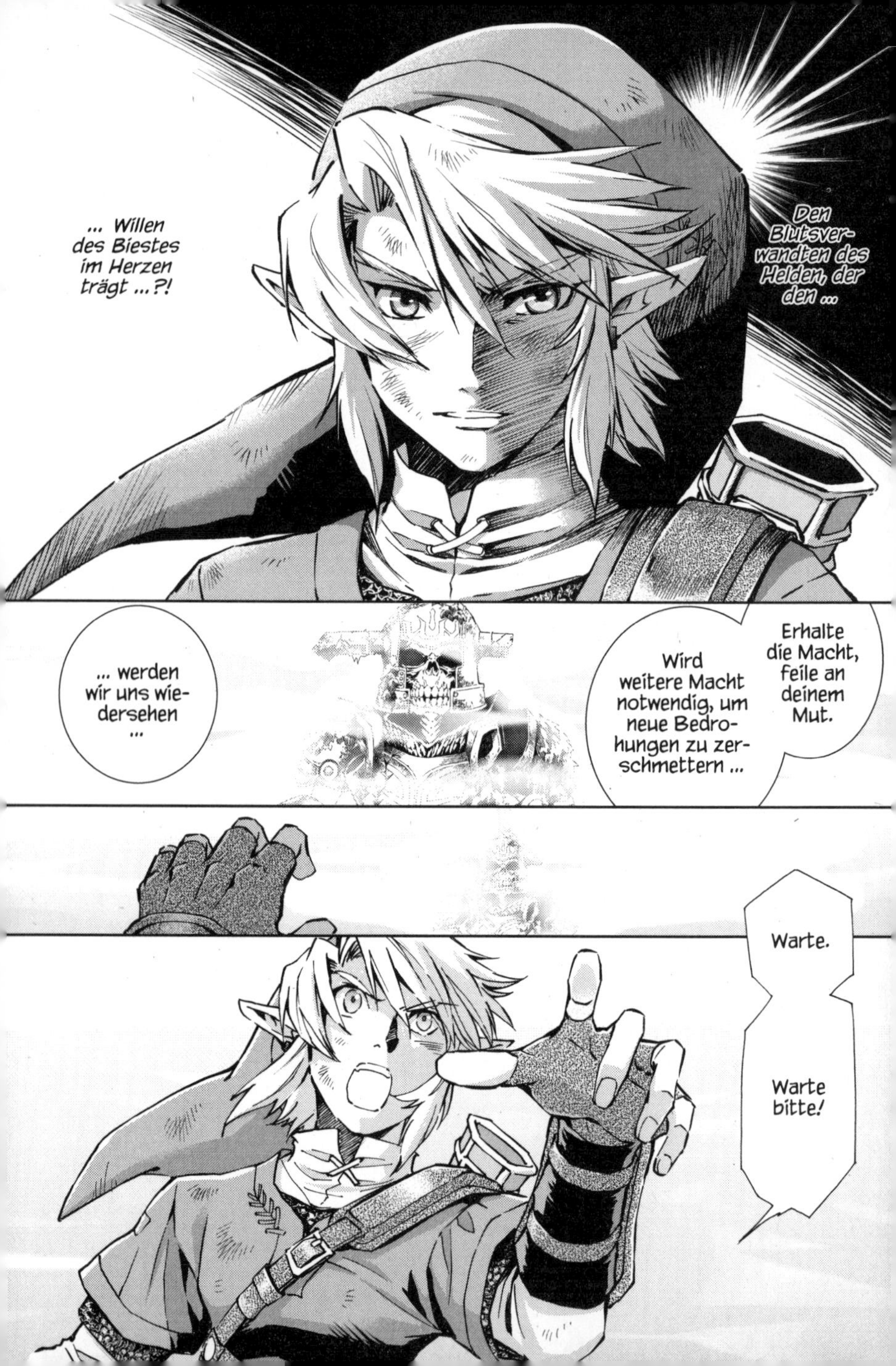

Den Blutsverwandten des Helden, der den ...
... Willen des Biestes im Herzen trägt ...?!
Erhalte die Macht, feile an deinem Mut.
Wird weitere Macht notwendig, um neue Bedrohungen zu zerschmettern ...
... werden wir uns wiedersehen ...
Warte.
Warte bitte!

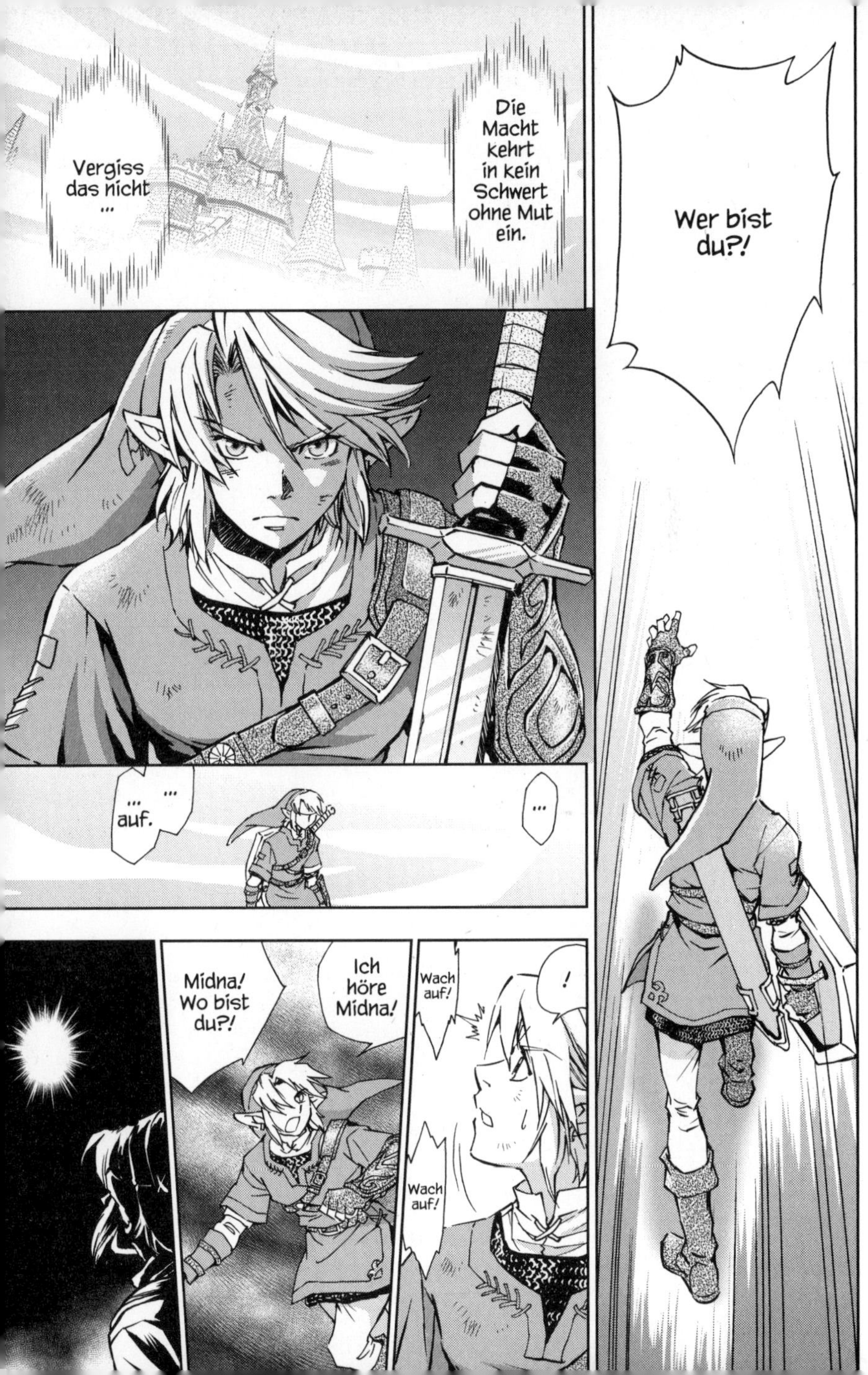
Wer bist du?!
Die Macht kehrt in kein Schwert ohne Mut ein.
Vergiss das nicht ...
...
... ... auf.
!
Wach auf!
Wach auf!
Ich höre Midna!
Midna! Wo bist du?!

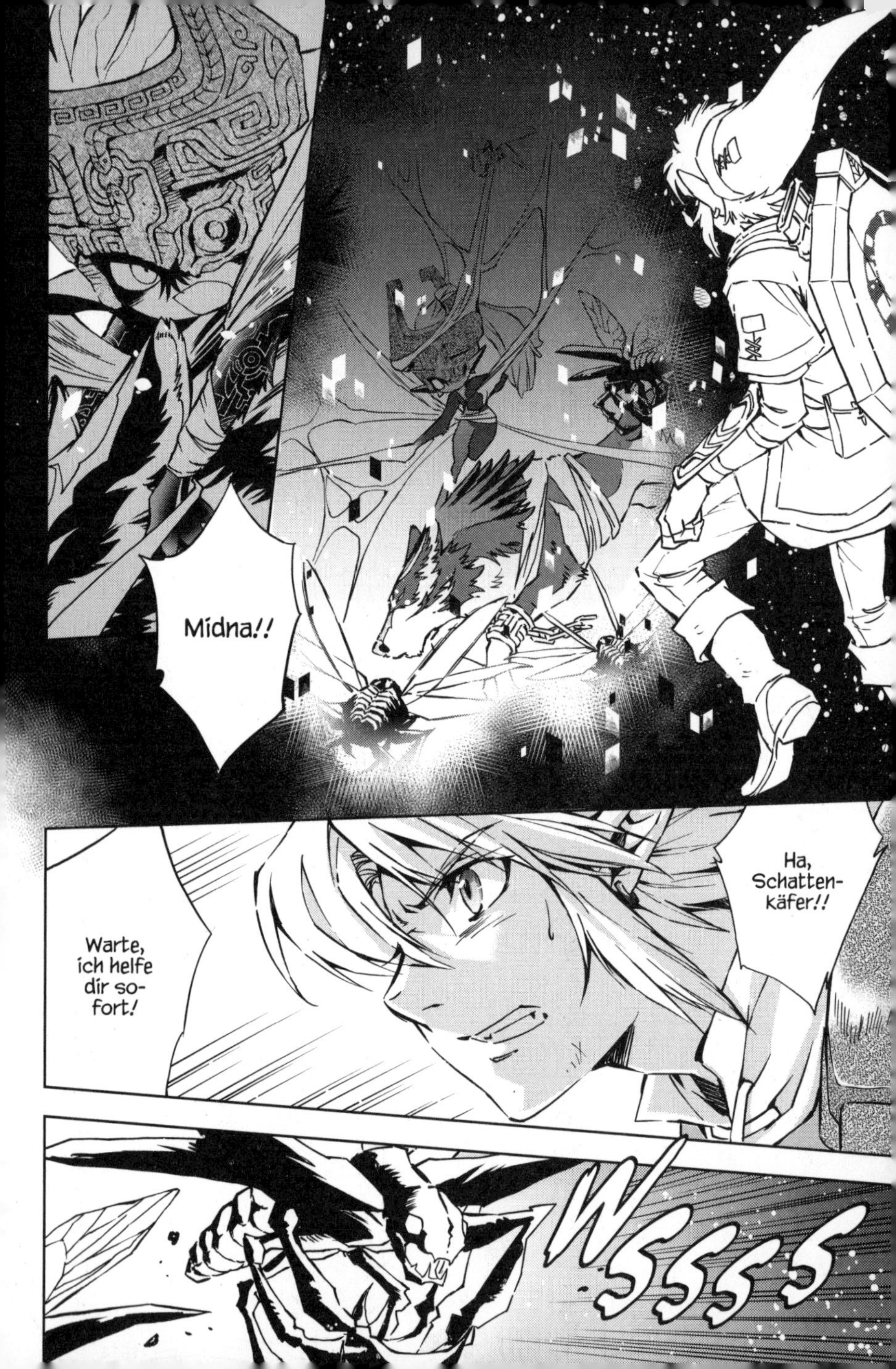
Midna!!
Ha, Schatten-käfer!!
Warte, ich helfe dir so-fort!
WSSSS

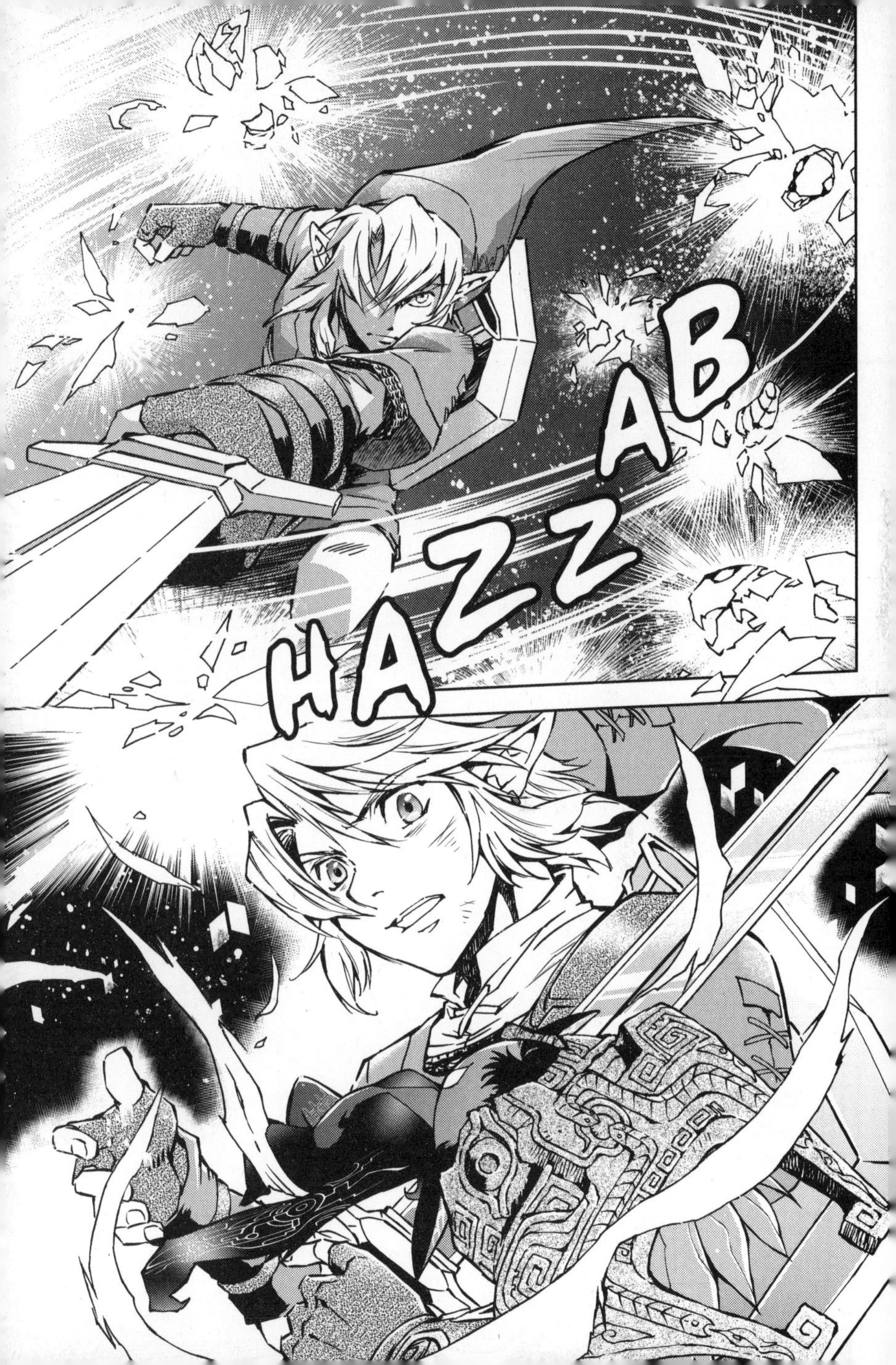
HAZZAB

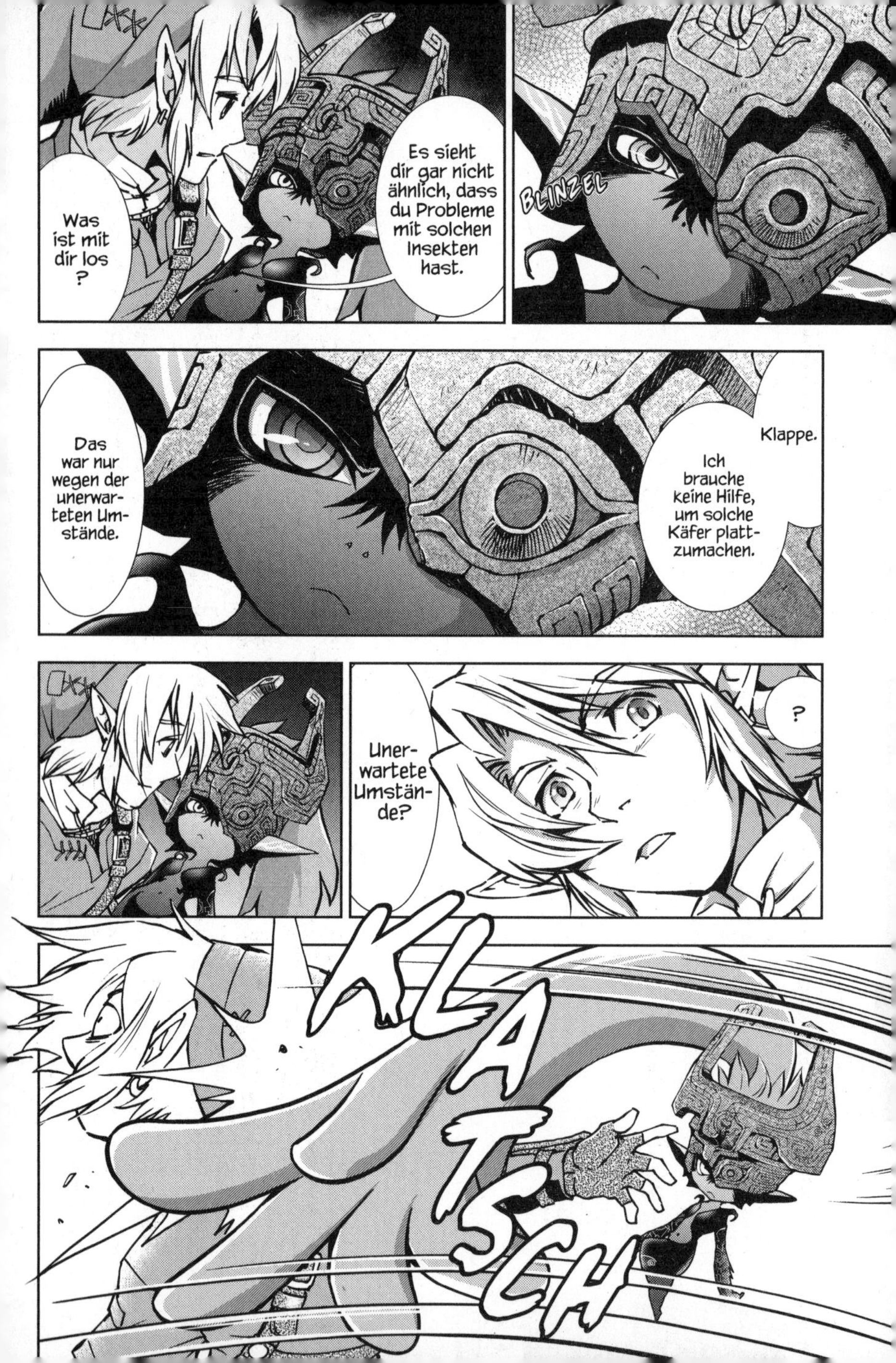
Was ist mit dir los ?
Es sieht dir gar nicht ähnlich, dass du Probleme mit solchen Insekten hast.
BLINZEL
Das war nur wegen der unerwarteten Umstände.
Klappe.
Ich brauche keine Hilfe, um solche Käfer plattzumachen.
Unerwartete Umstände?
?
KLATSCH

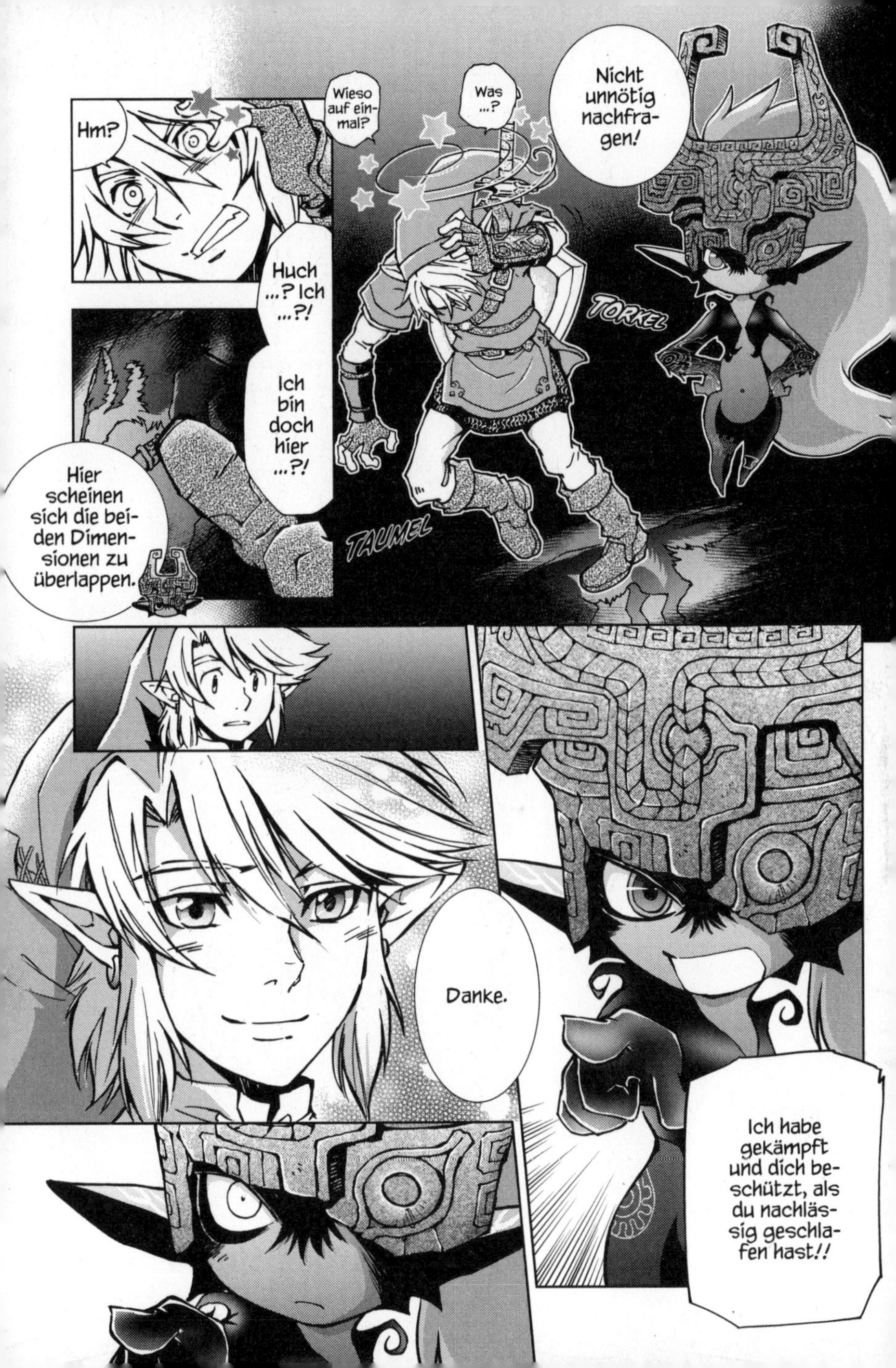
Nicht unnötig nachfragen!
Was ...?
Wieso auf einmal?
Hm?
TORKEL
Huch ...? Ich ...?!
Ich bin doch hier ...?!
TAUMEL
Hier scheinen sich die beiden Dimensionen zu überlappen.
Danke.
Ich habe gekämpft und dich beschützt, als du nachlässig geschlafen hast!!

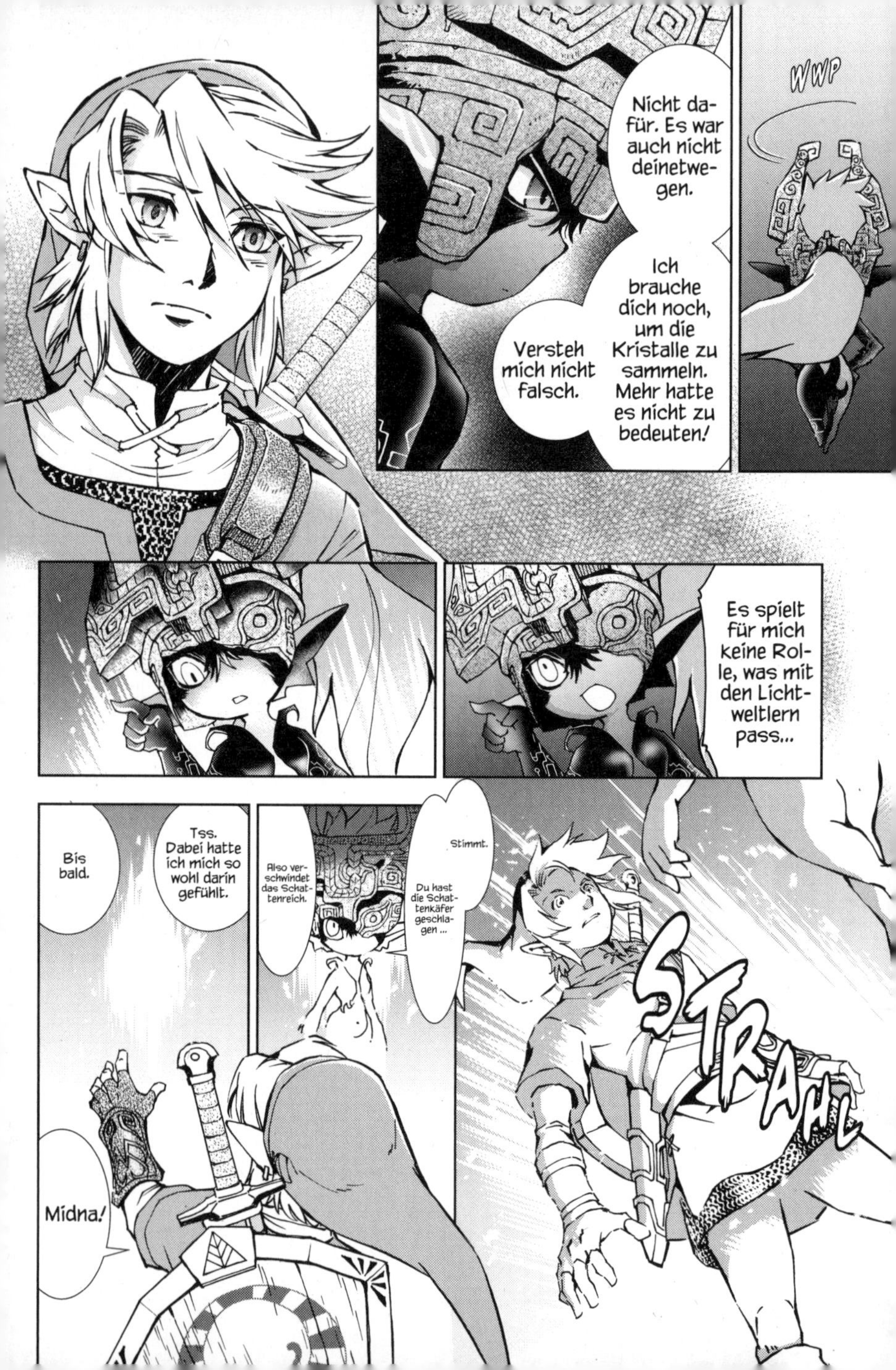
WWP
Nicht dafür. Es war auch nicht deinetwegen.
Versteh mich nicht falsch.
Ich brauche dich noch, um die Kristalle zu sammeln. Mehr hatte es nicht zu bedeuten!
Es spielt für mich keine Rolle, was mit den Lichtweltlern pass...
Stimmt.
Du hast die Schattenkäfer geschlagen ...
STRAHL
Also verschwindet das Schattenreich.
Tss. Dabei hatte ich mich so wohl darin gefühlt.
Bis bald.
Midna!

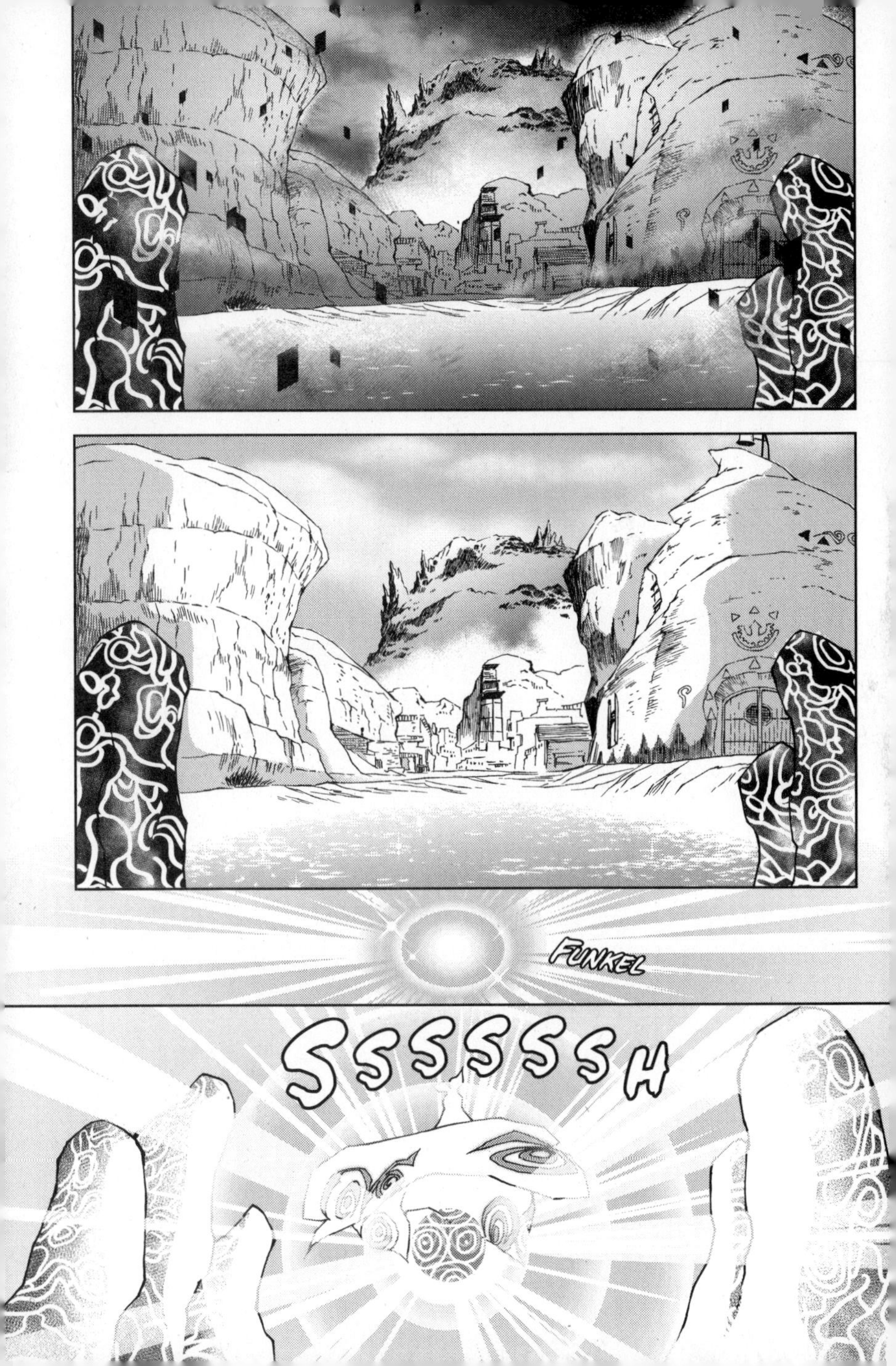
FUNKEL
SSSSSSH

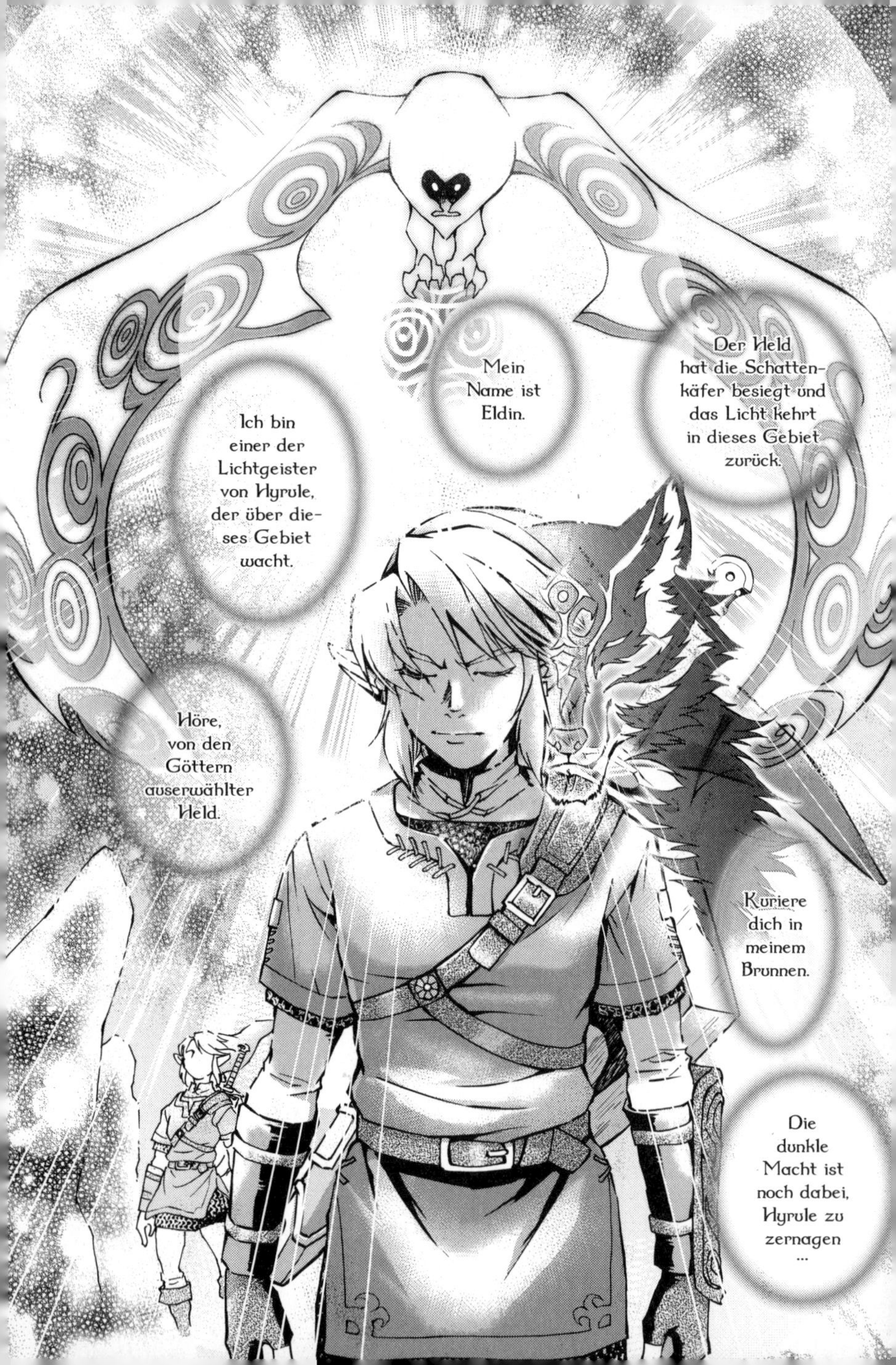
Mein Name ist Eldin.
Der Held hat die Schattenkäfer besiegt und das Licht kehrt in dieses Gebiet zurück.
Ich bin einer der Lichtgeister von Hyrule, der über dieses Gebiet wacht.
Höre, von den Göttern auserwählter Held.
Kuriere dich in meinem Brunnen.
Die dunkle Macht ist noch dabei, Hyrule zu zernagen ...

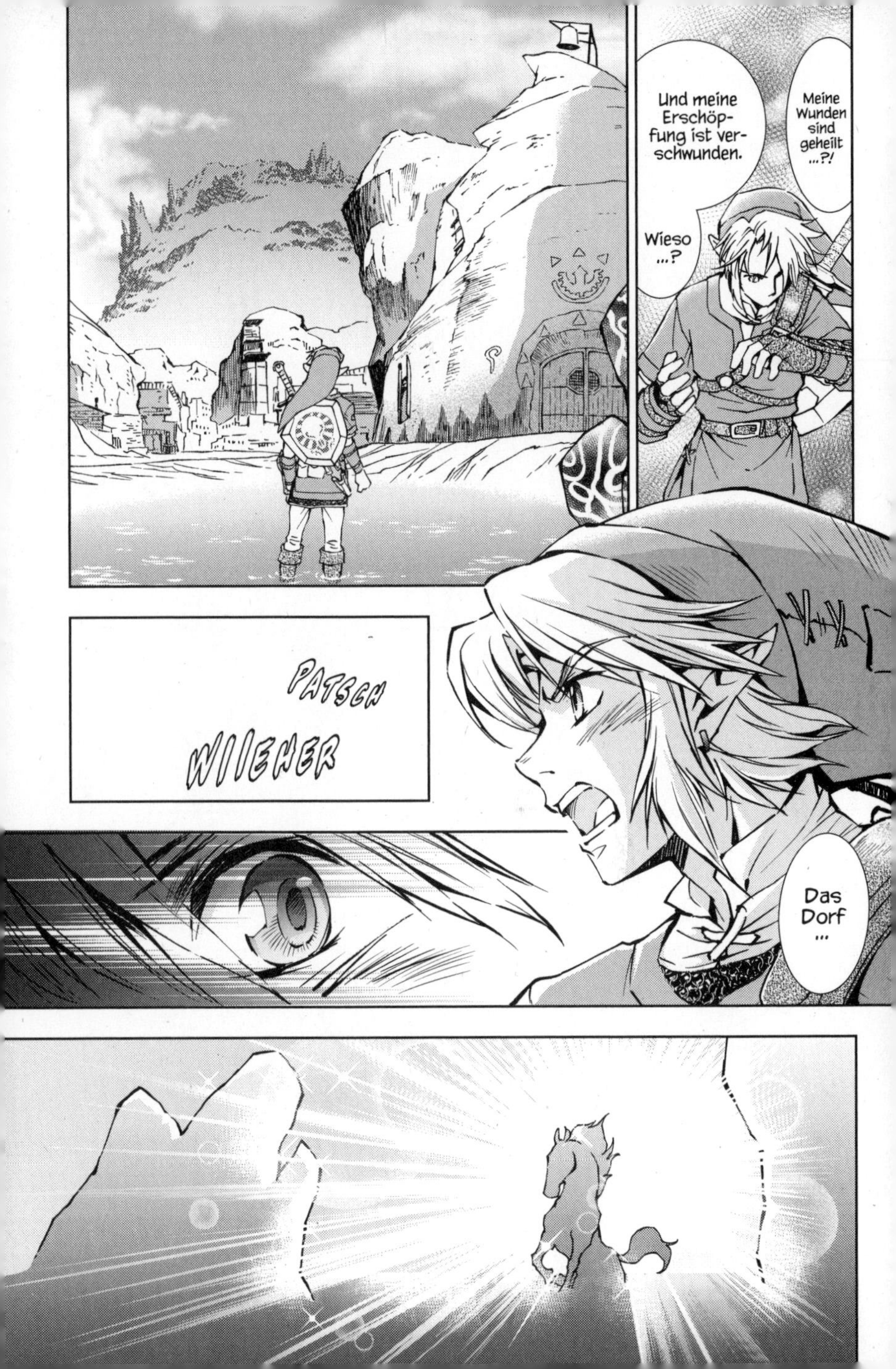

Meine Wunden sind geheilt ...?!
Und meine Erschöpfung ist verschwunden.
Wieso ...?
PATSCH
WIIEHER
Das Dorf ...

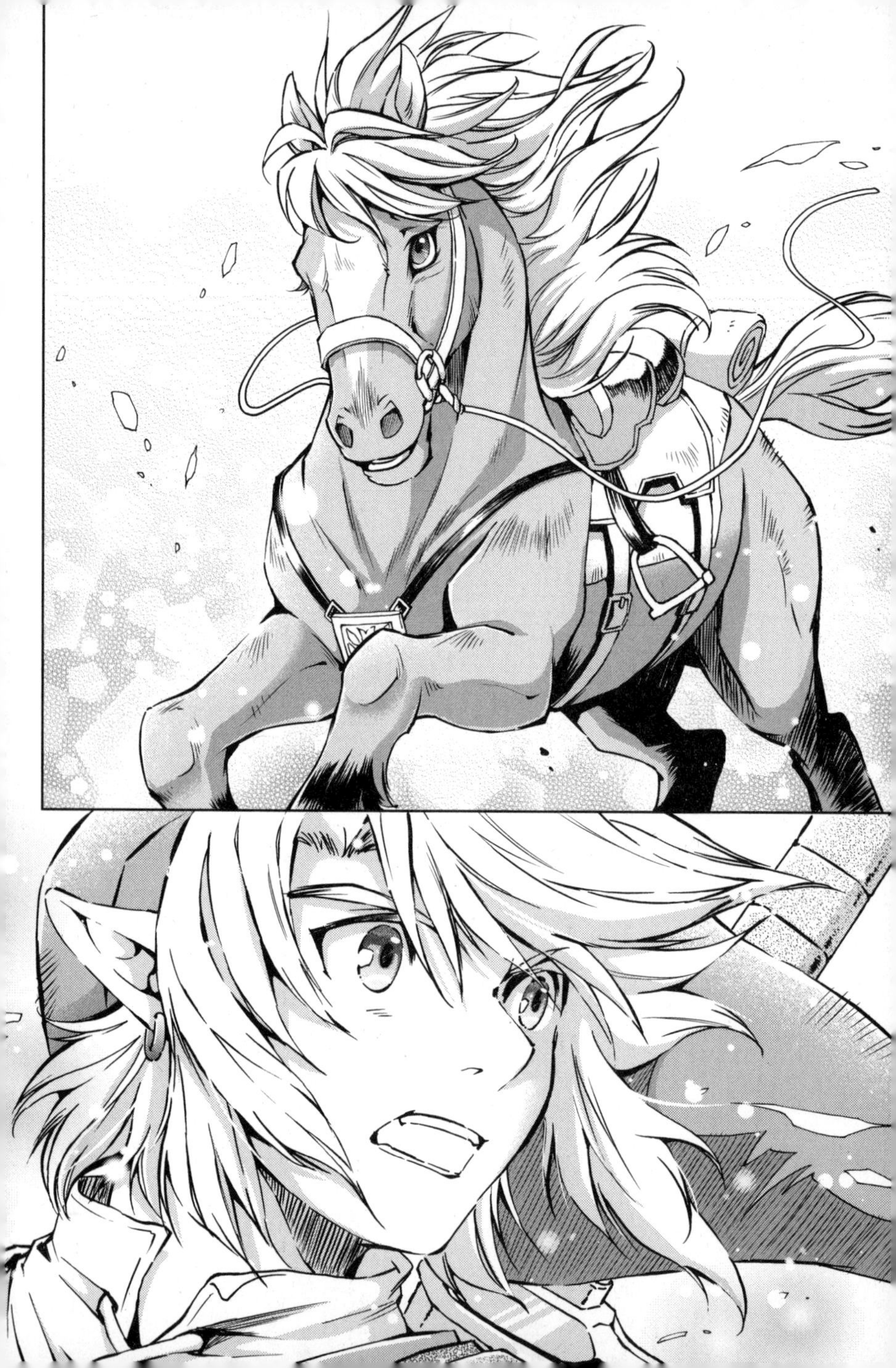

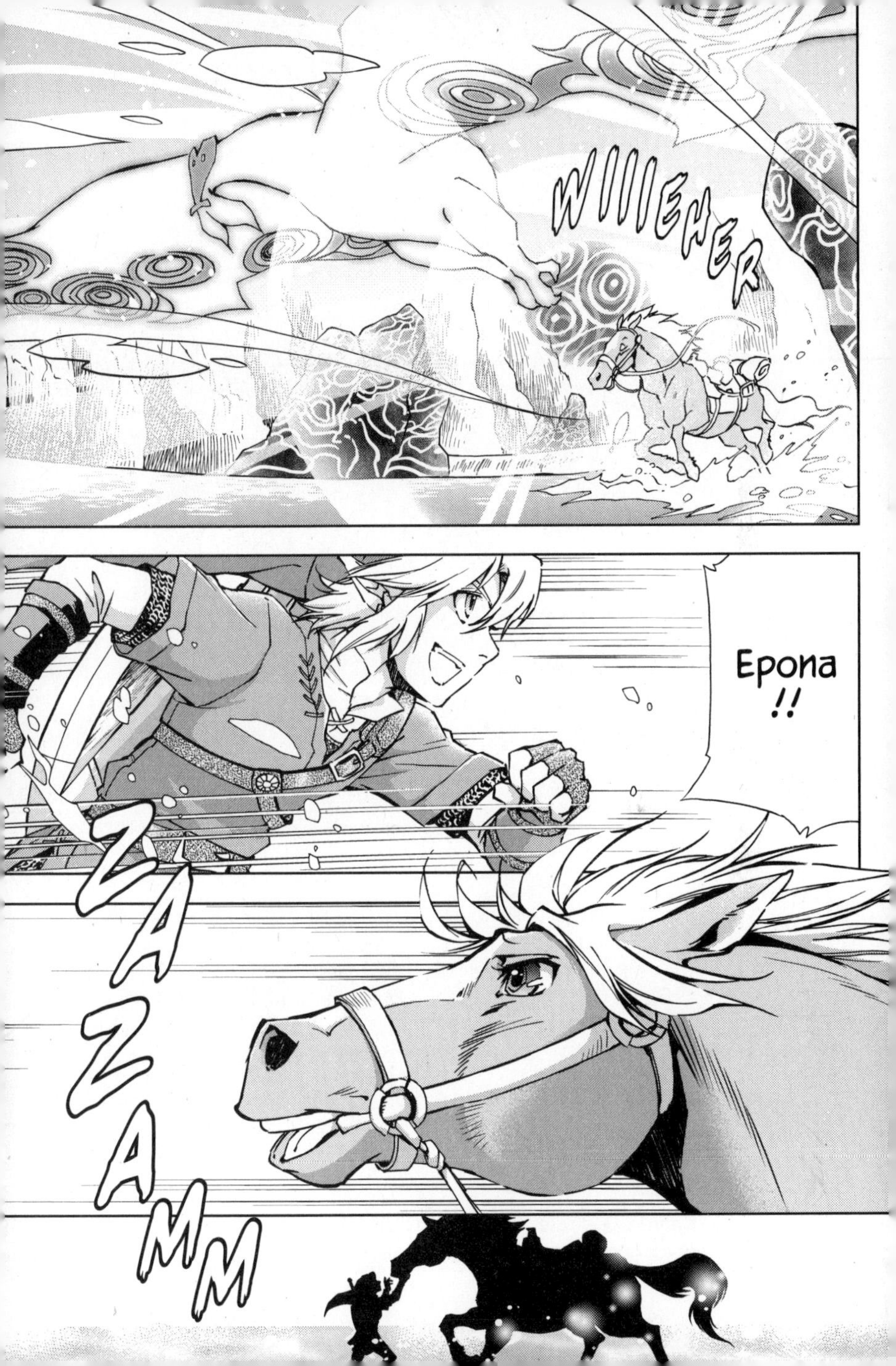
WIIIEHER
Epona
!!
ZAZZAMM

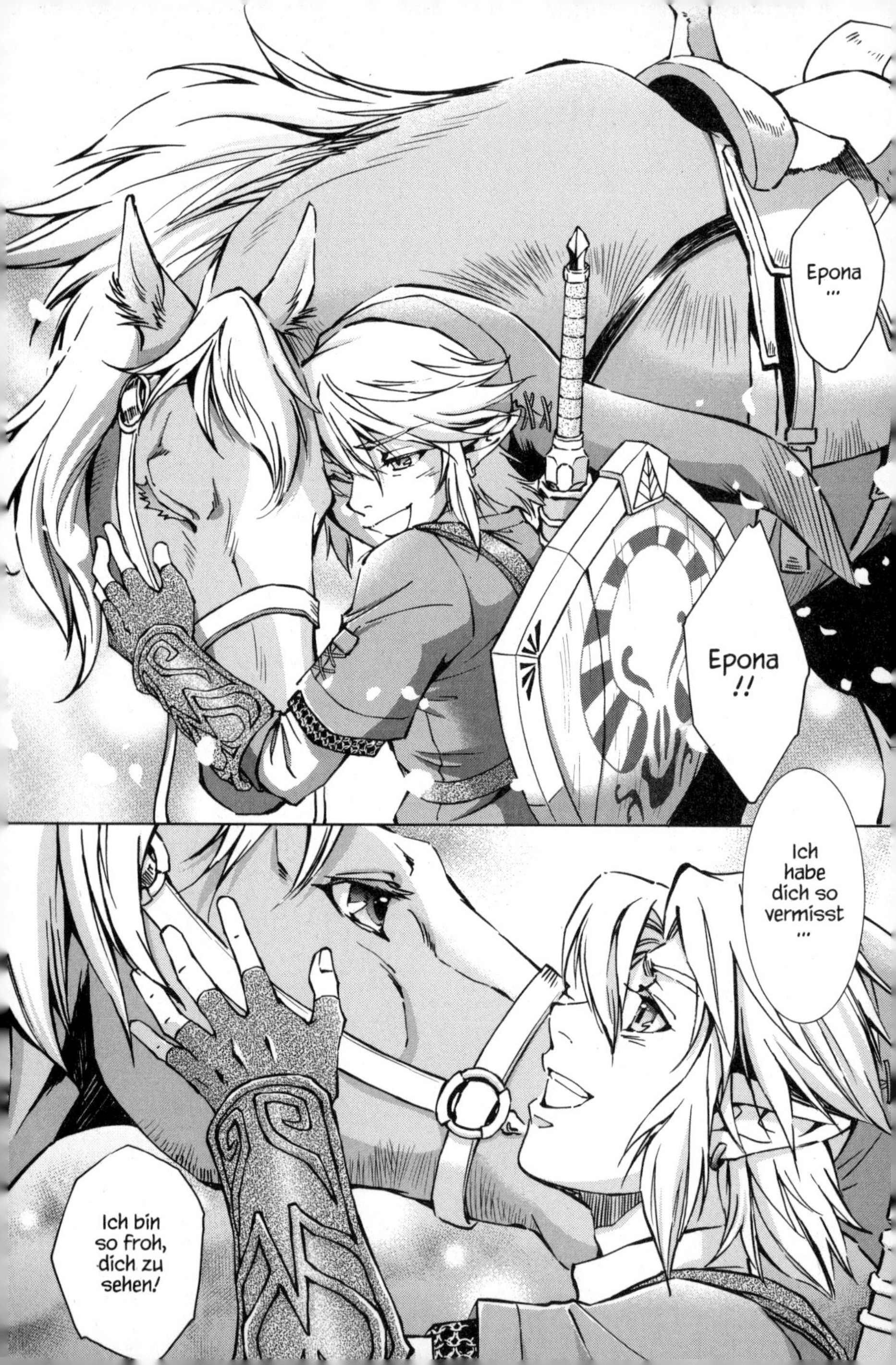
Epona ...
Epona !!
Ich habe dich so vermisst ...
Ich bin so froh, dich zu sehen!

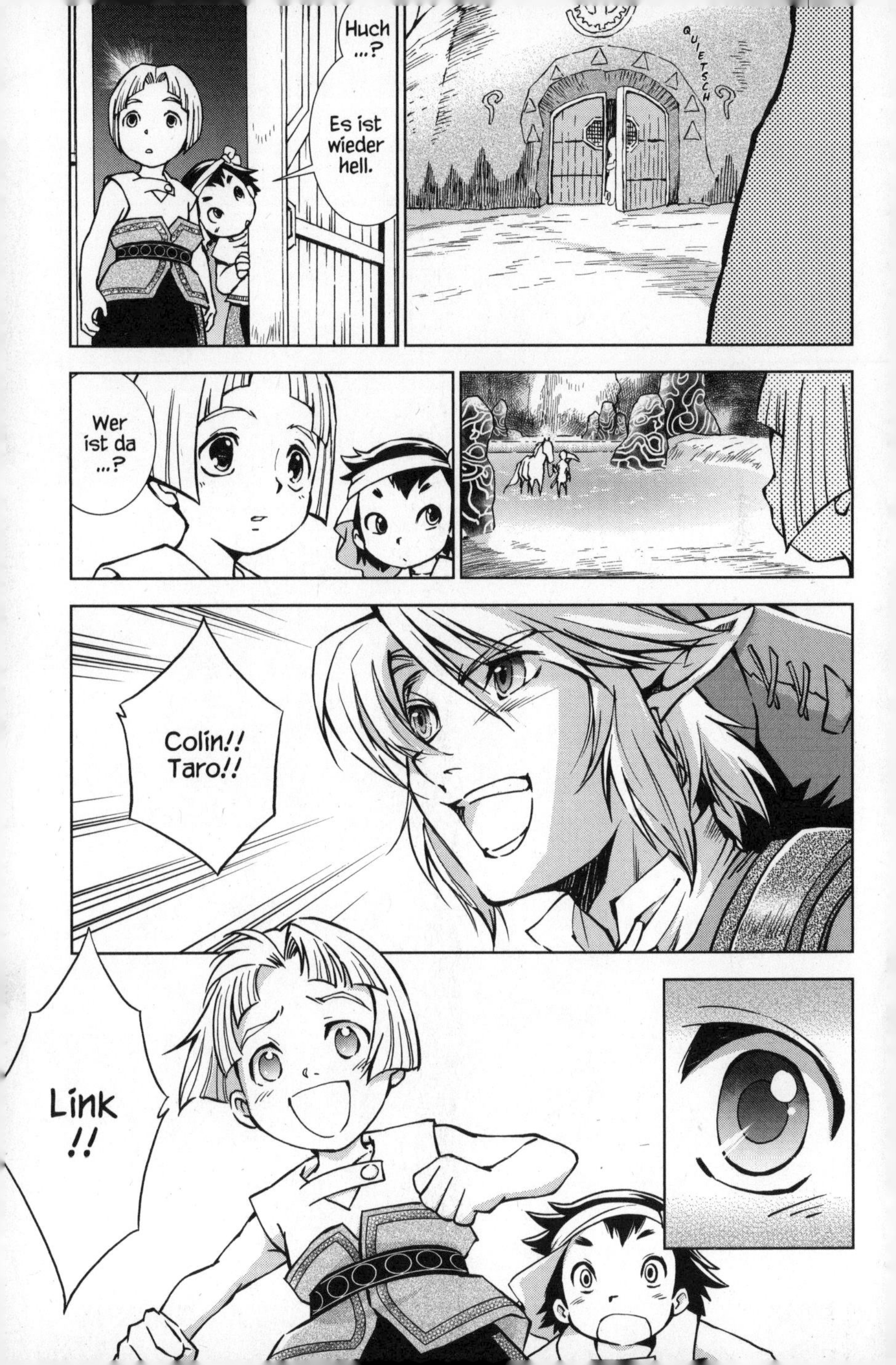
Huch ...?
Es ist wieder hell.
QUIETSCH
Wer ist da ...?
Colin!! Taro!!
Link !!

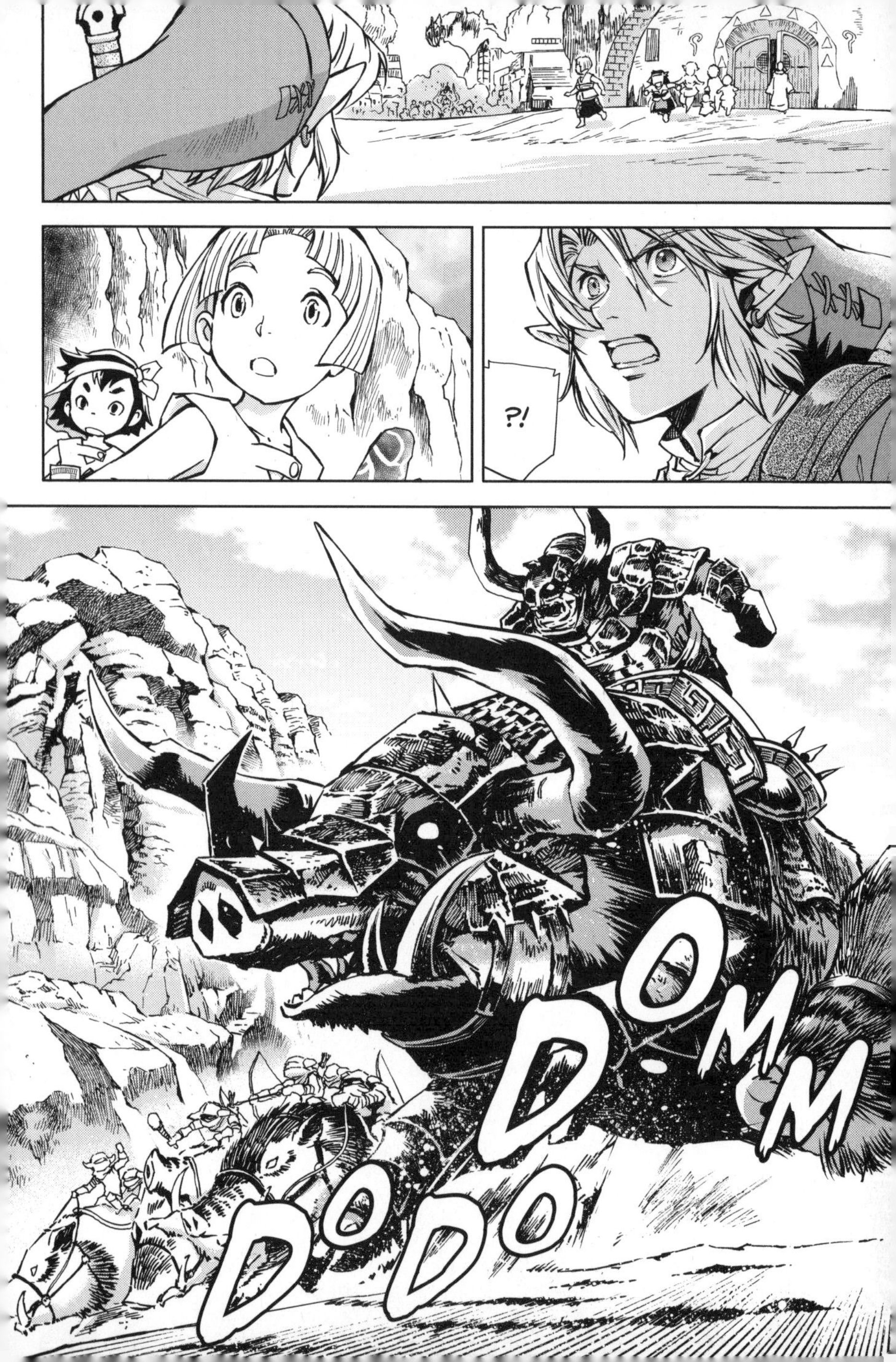
?!
DOMM
DOMM
DODO

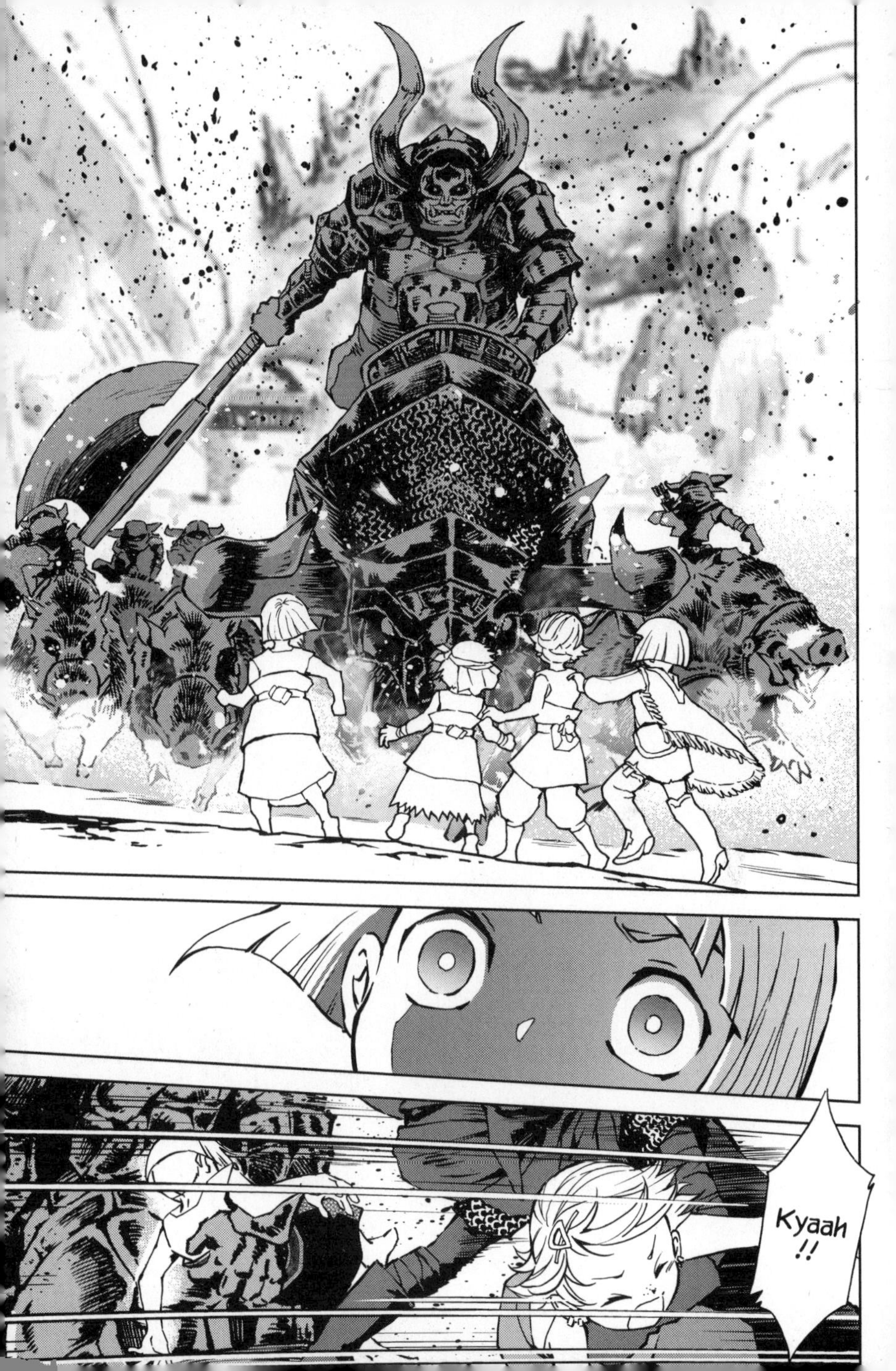
Kyaah
!!

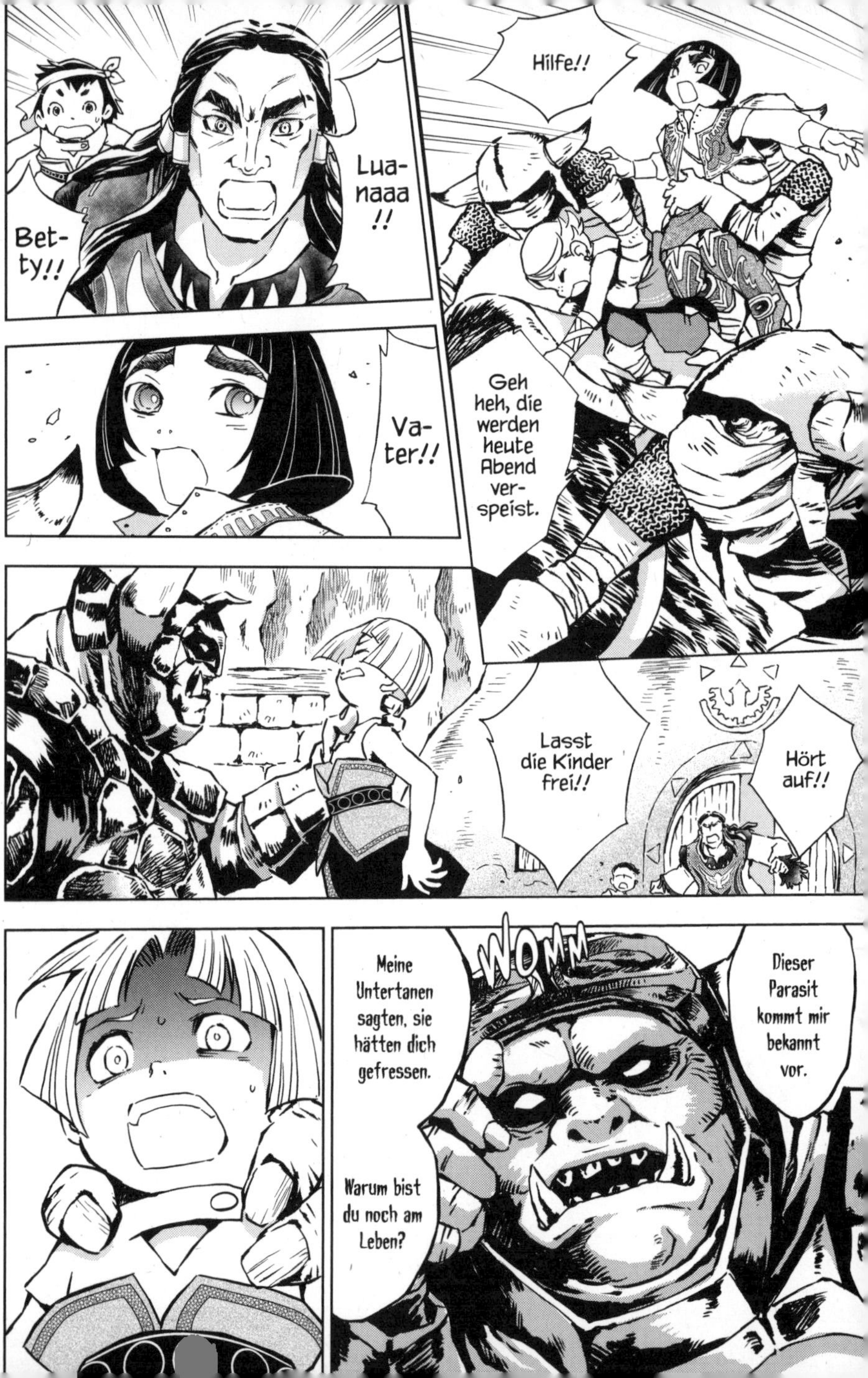

Hilfe!!
Geh heh, die werden heute Abend verspeist.
Lua-naaa!!
Bet-ty!!
Va-ter!!
Hört auf!!
Lasst die Kinder frei!!
WOMM
Dieser Parasit kommt mir bekannt vor.
Meine Untertanen sagten, sie hätten dich gefressen.
Warum bist du noch am Leben?

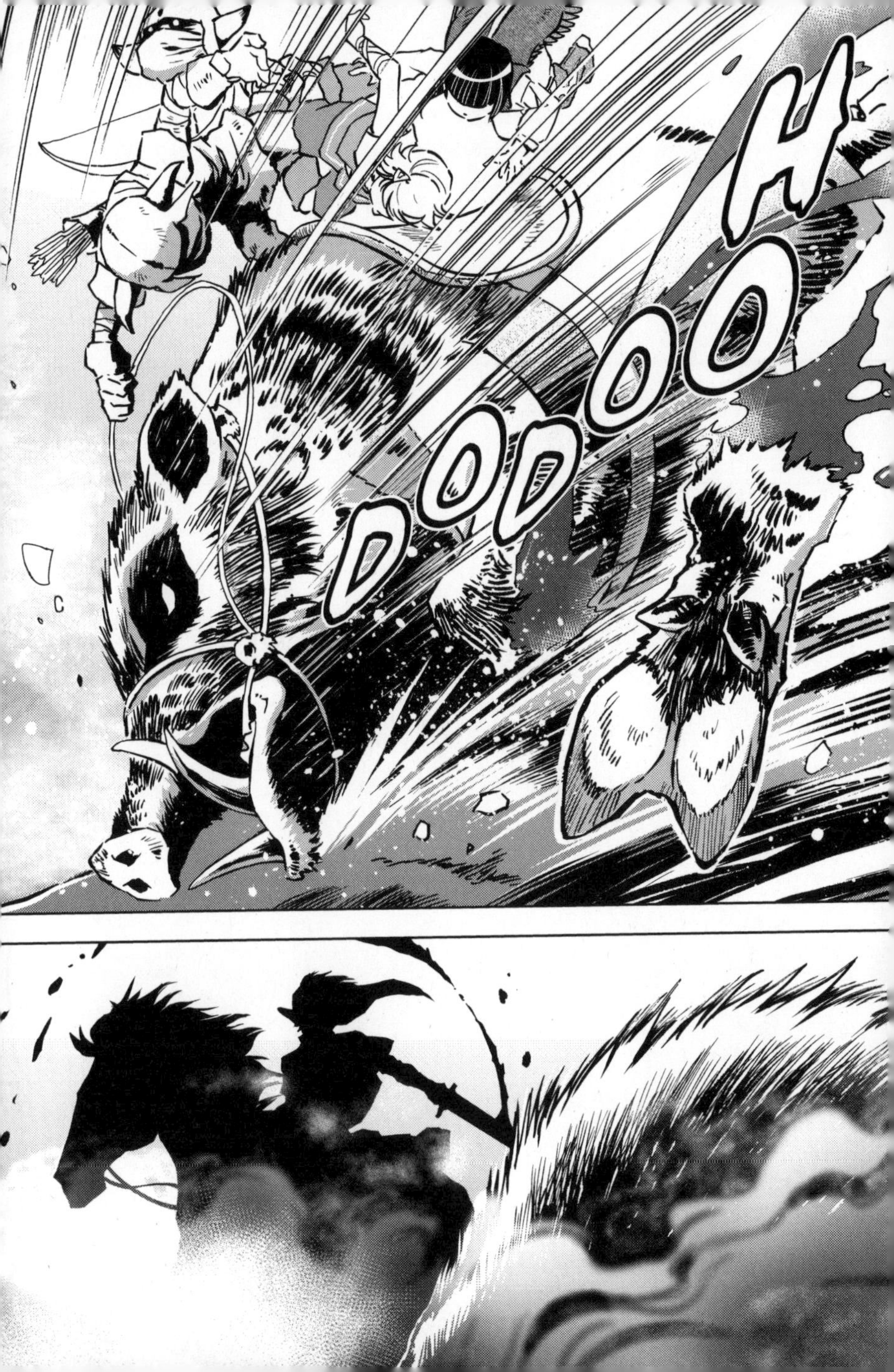
DODOOOH

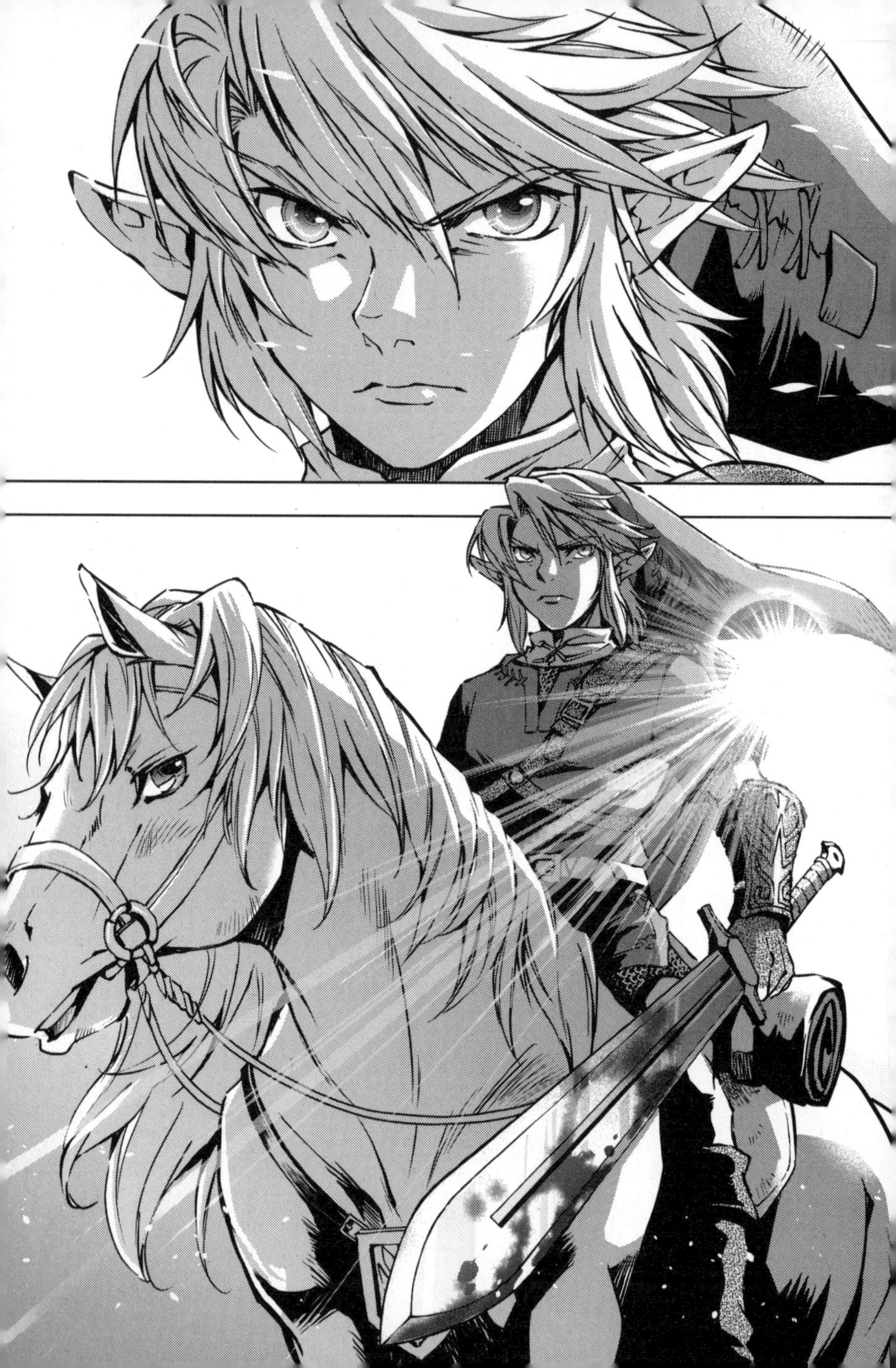

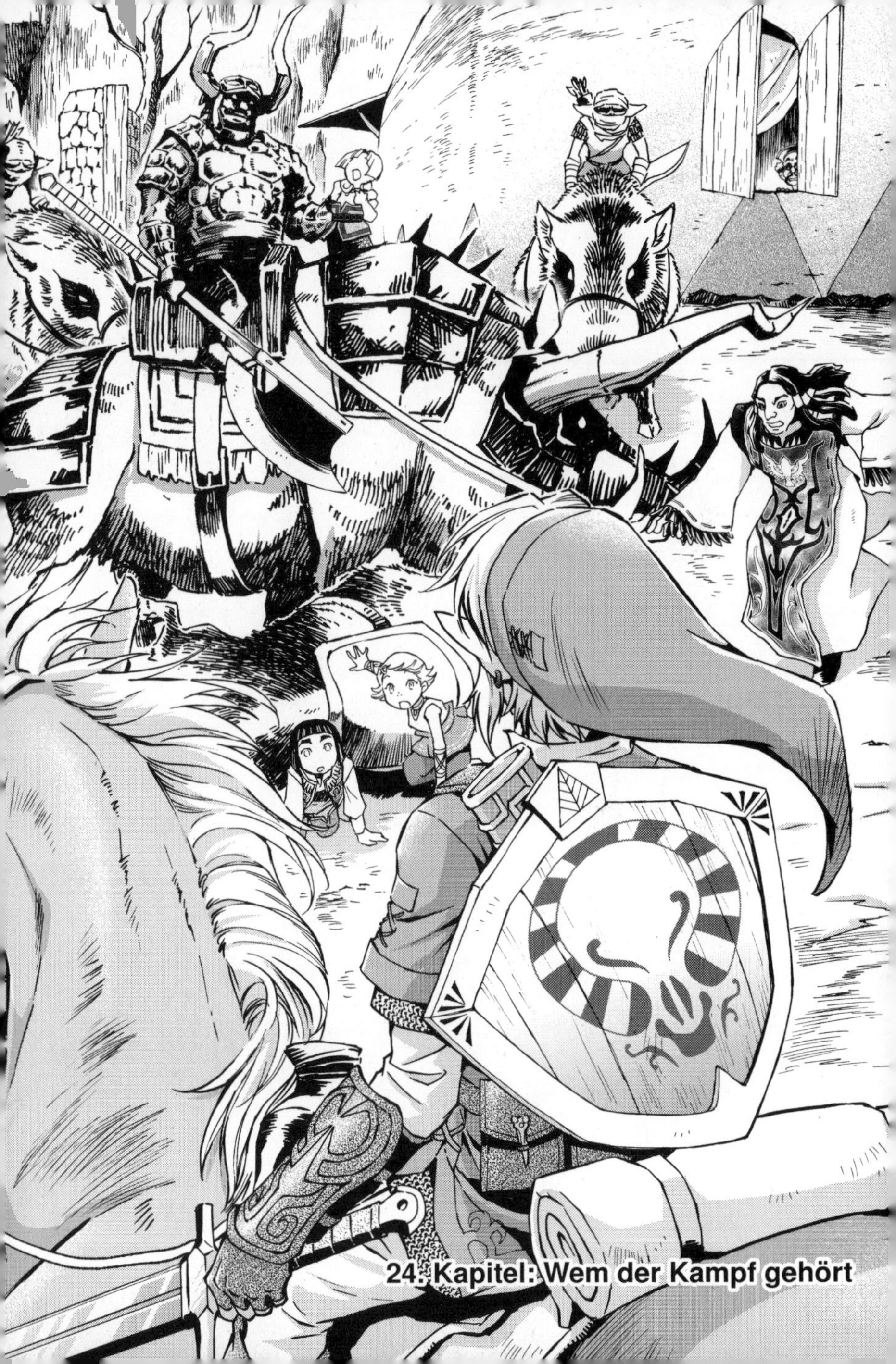
24. Kapitel: Wem der Kampf gehört

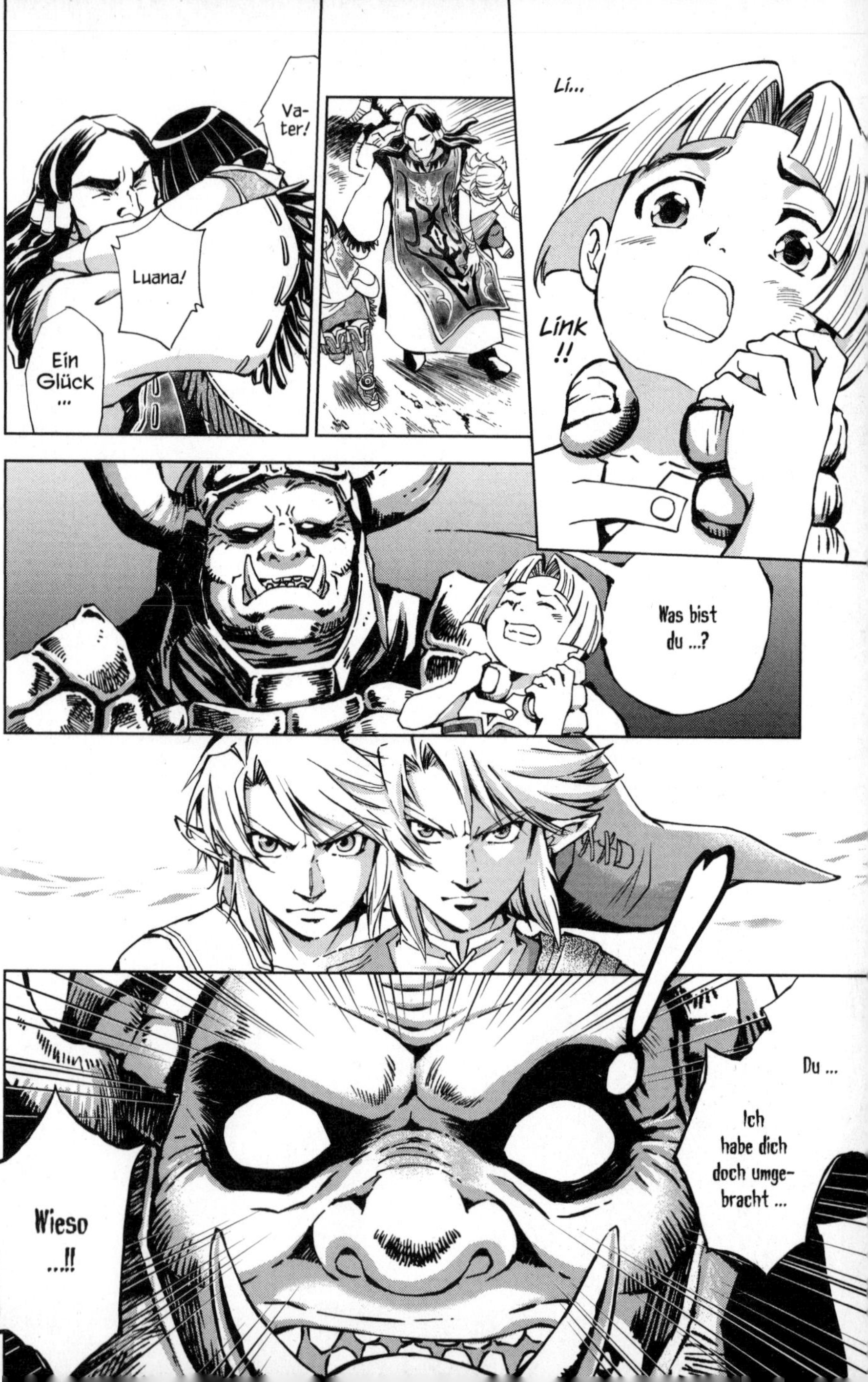
Li...
Link !!
Va-ter!
Luana!
Ein Glück ...
Was bist du ...?
Du ...
Ich habe dich doch umgebracht ...
Wieso ...!!

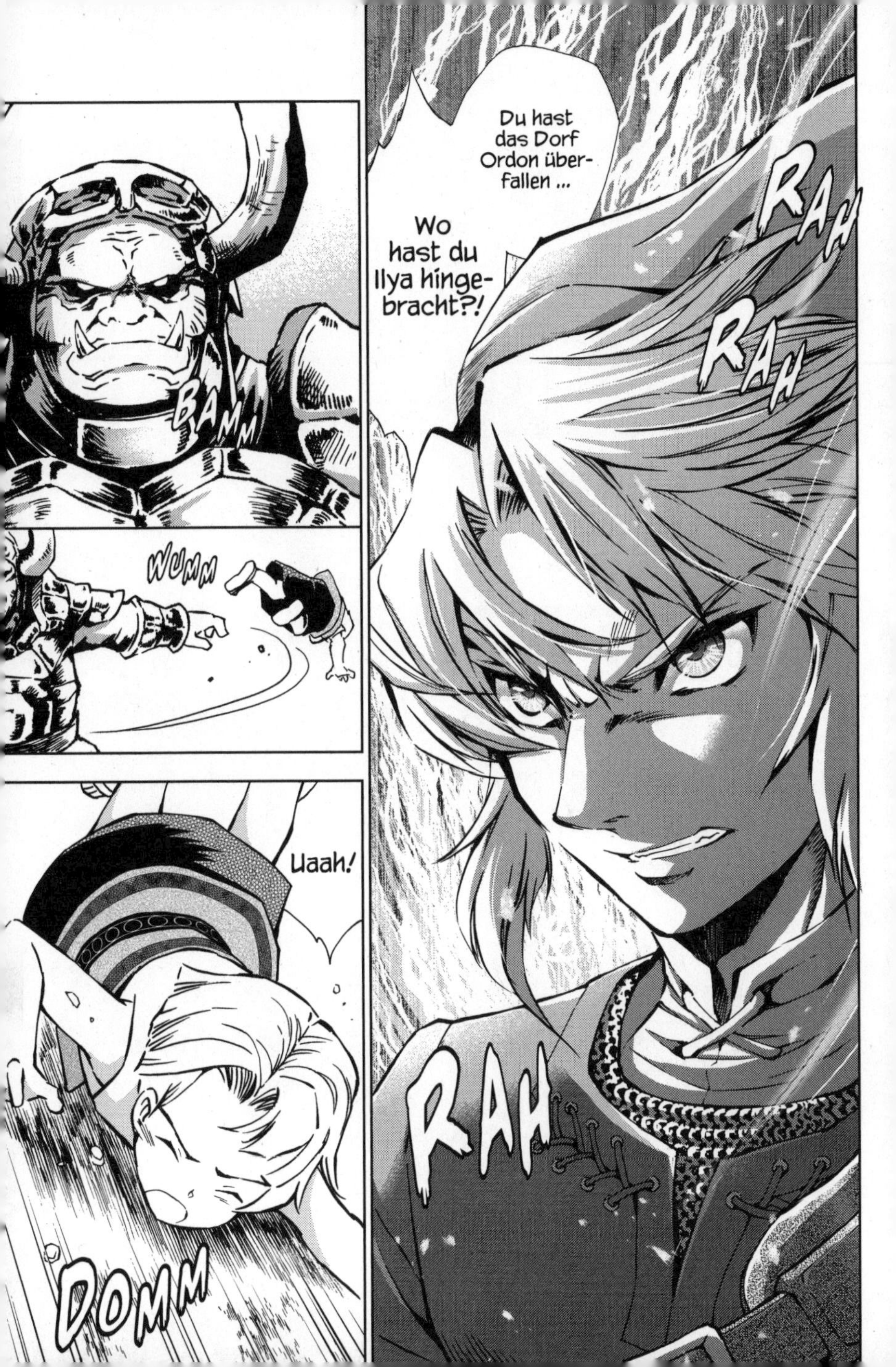
Du hast das Dorf Ordon überfallen ...
Wo hast du Ilya hingebracht?!
RAH
RAH
RAH
BAMM
WUMM
Uaah!
DOMM

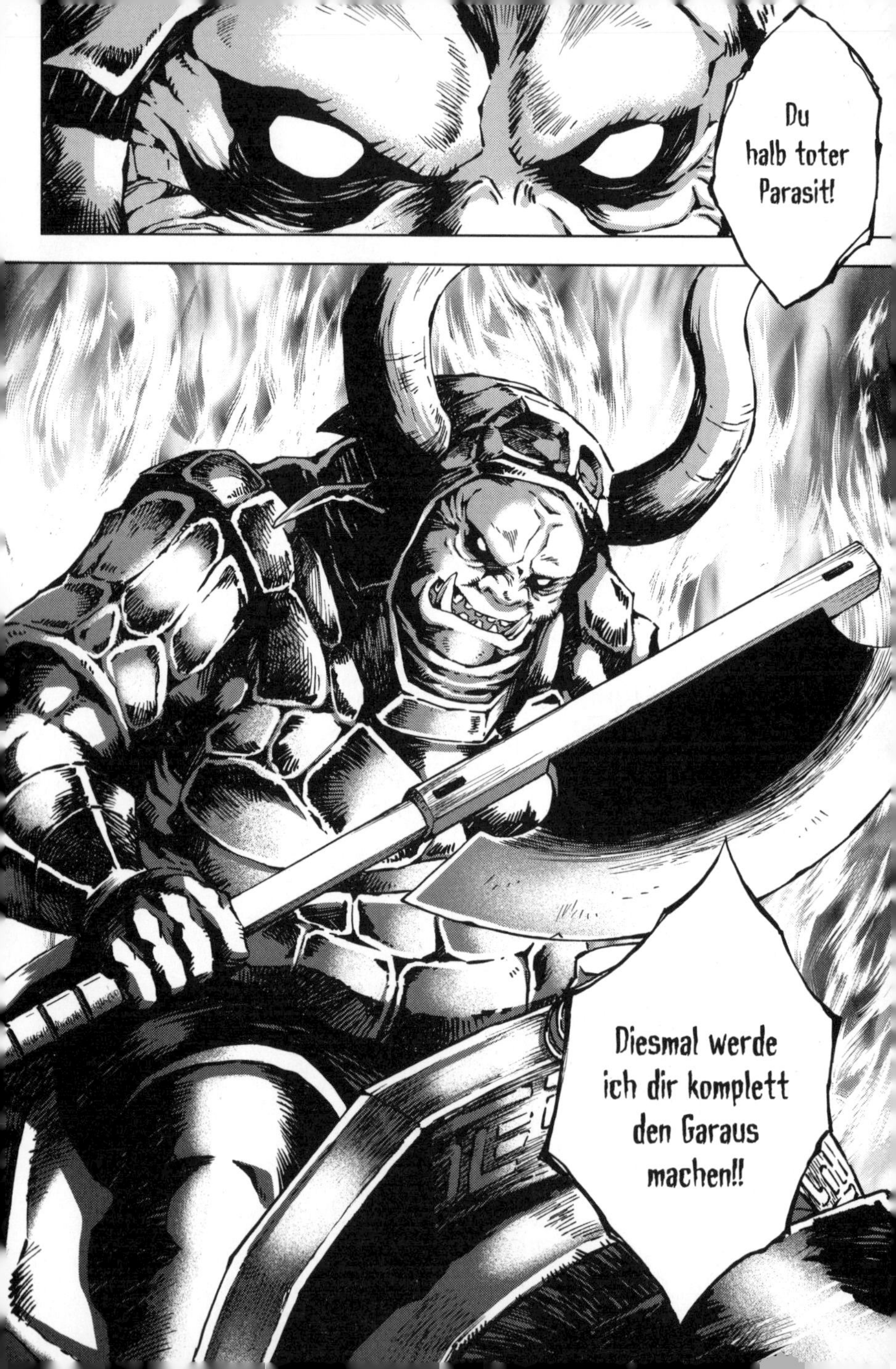
Du
halb toter
Parasit!
Diesmal werde
ich dir komplett
den Garaus
machen!!

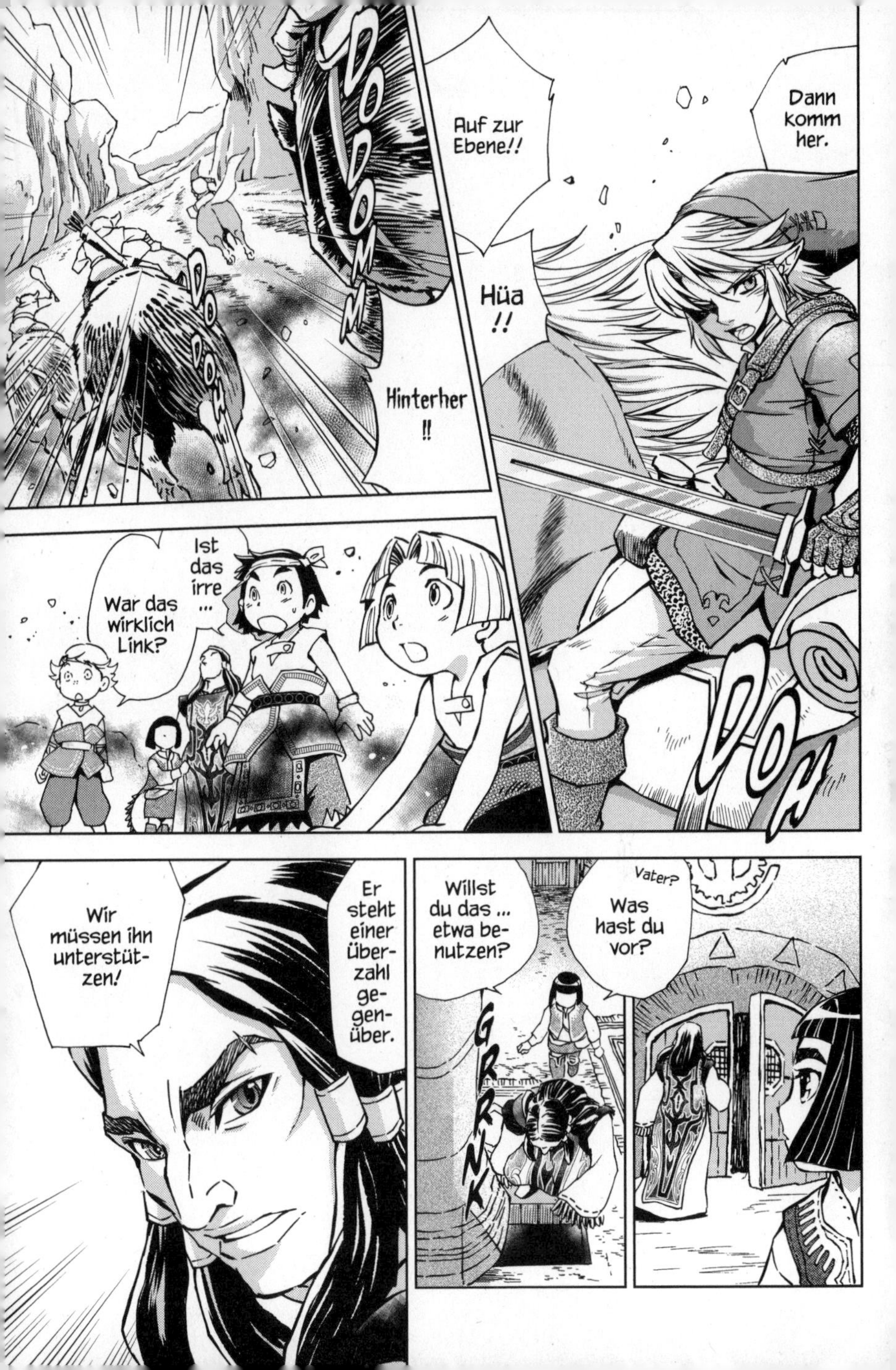
Dann komm her.
Auf zur Ebene!!
Hüa !!
DOH
DODOMM
DODODOM
Hinterher !!
Ist das irre ...
War das wirklich Link?
Vater?
Was hast du vor?
Willst du das ... etwa benutzen?
GRRNK
Er steht einer Überzahl gegenüber.
Wir müssen ihn unterstützen!

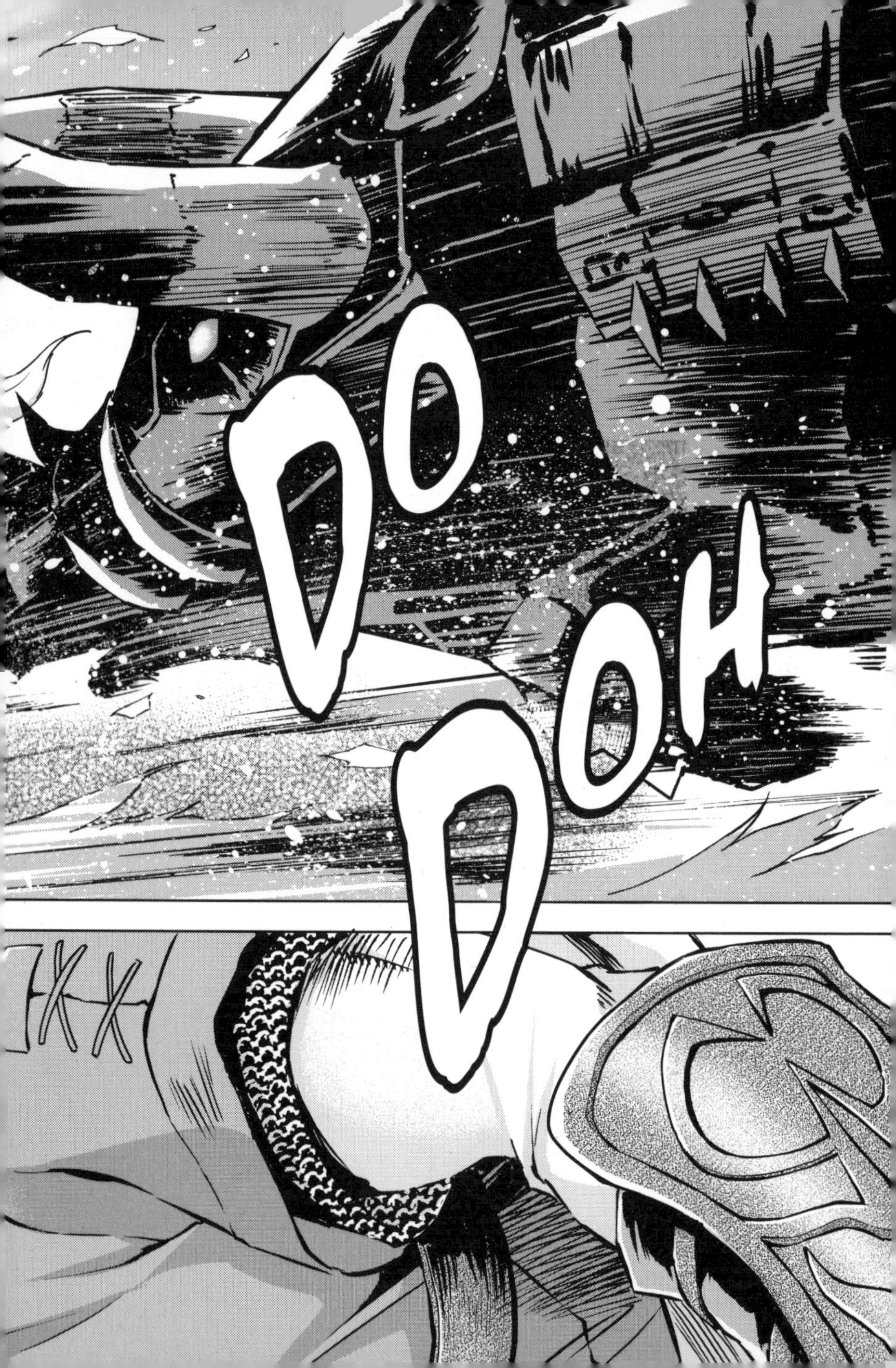
DO DOOH

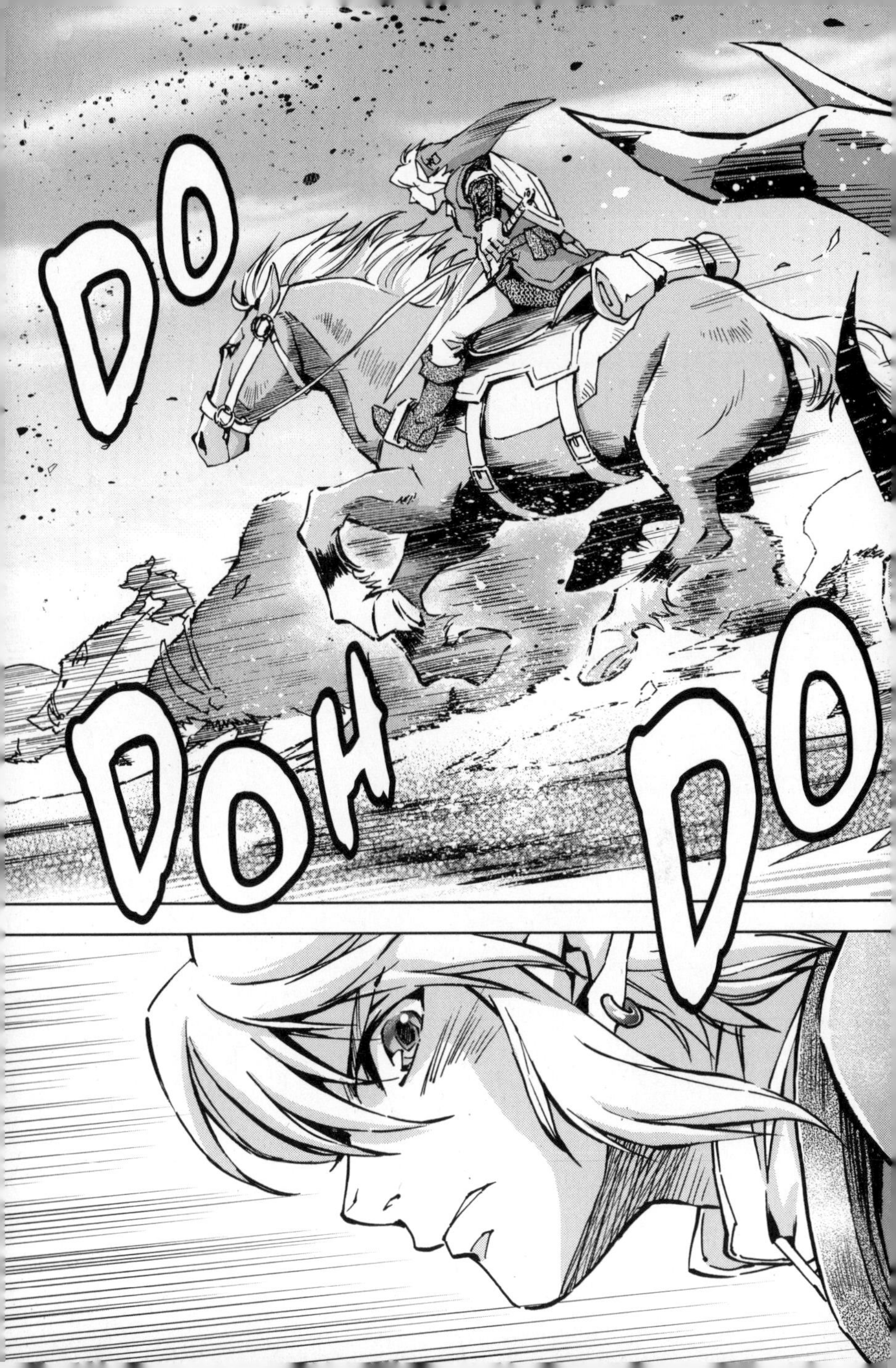
DO
DOH
DO

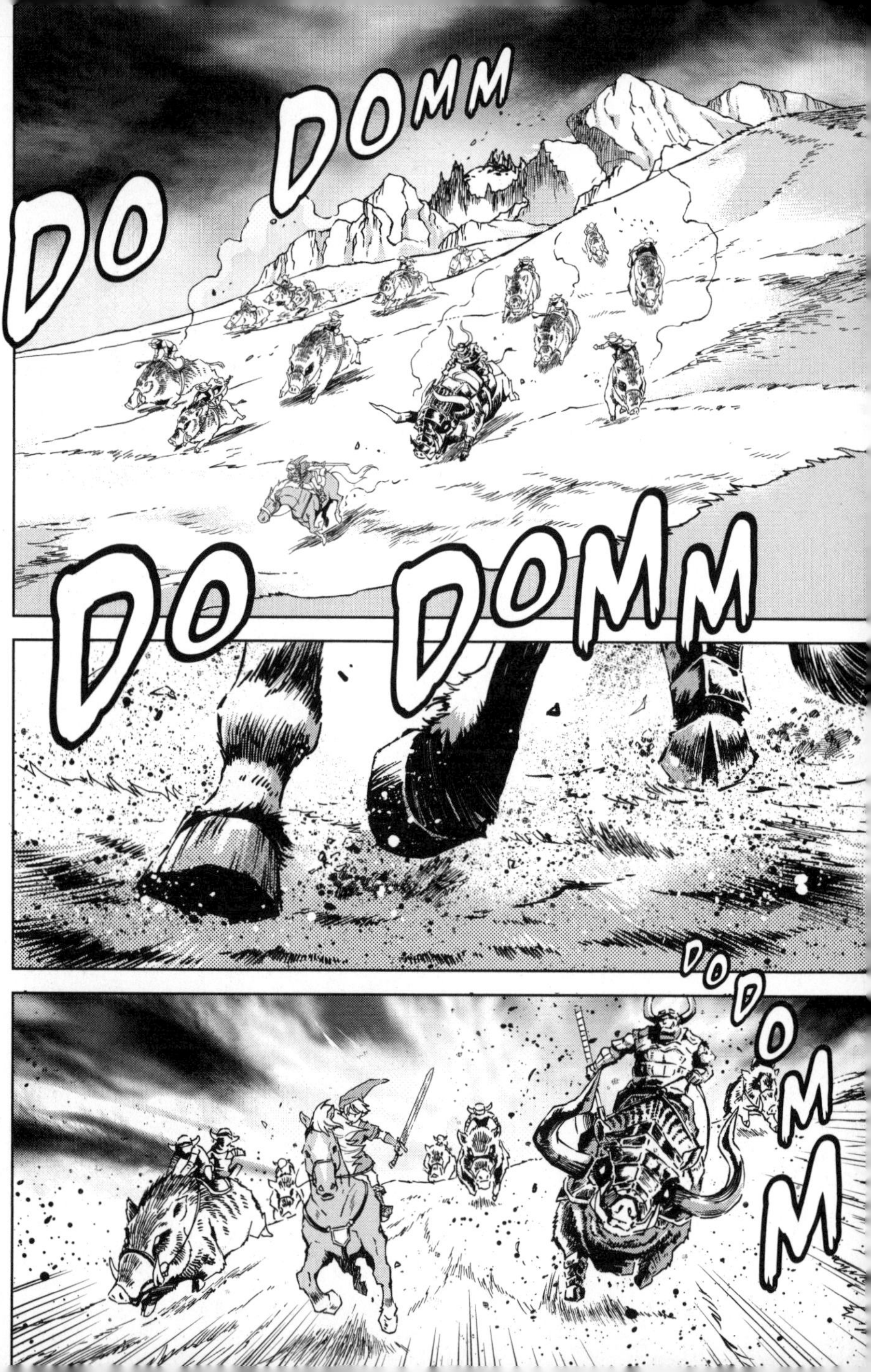
DO DOMM
DO DOMM
DODODOMM

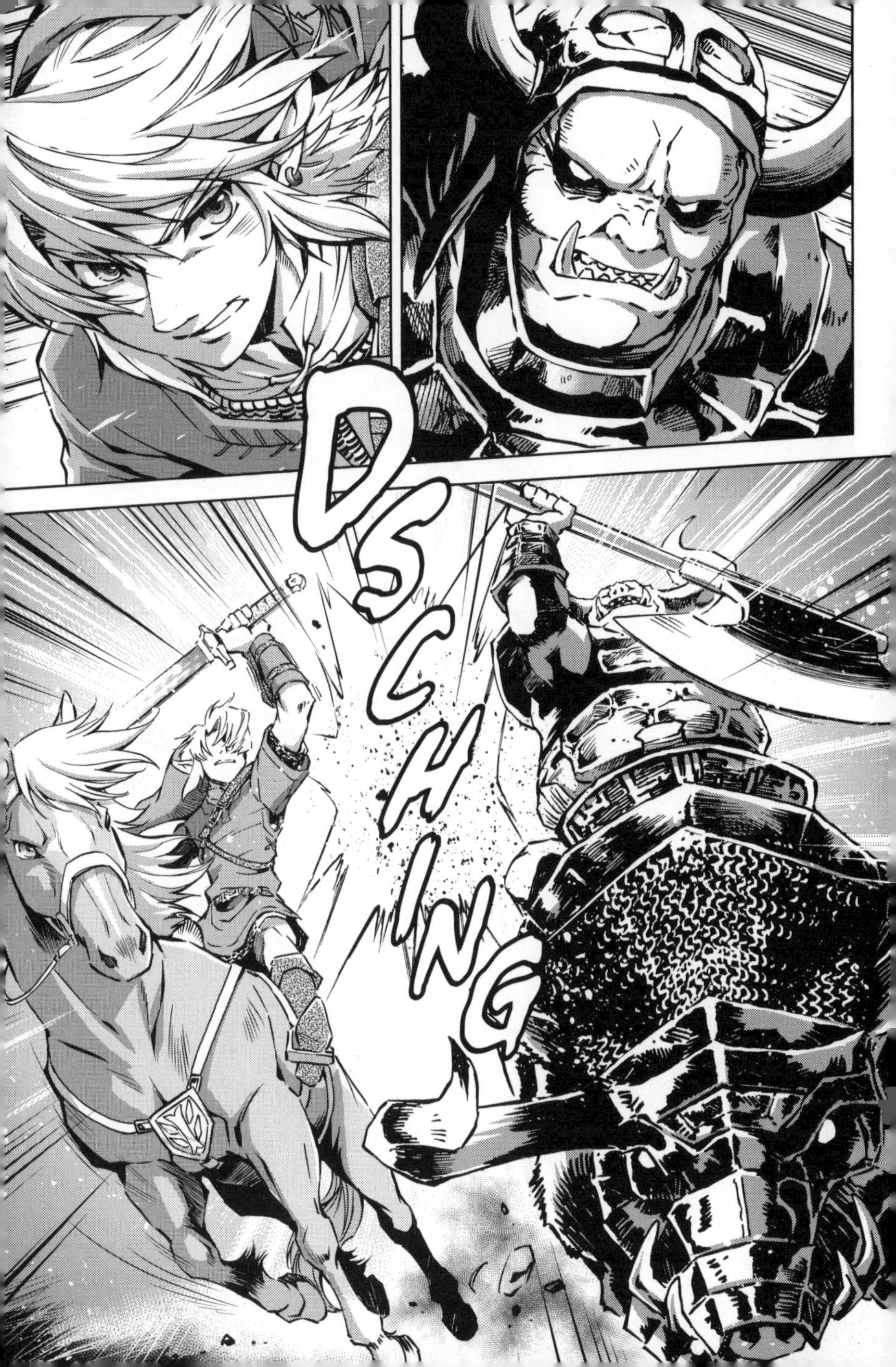
DSCHING

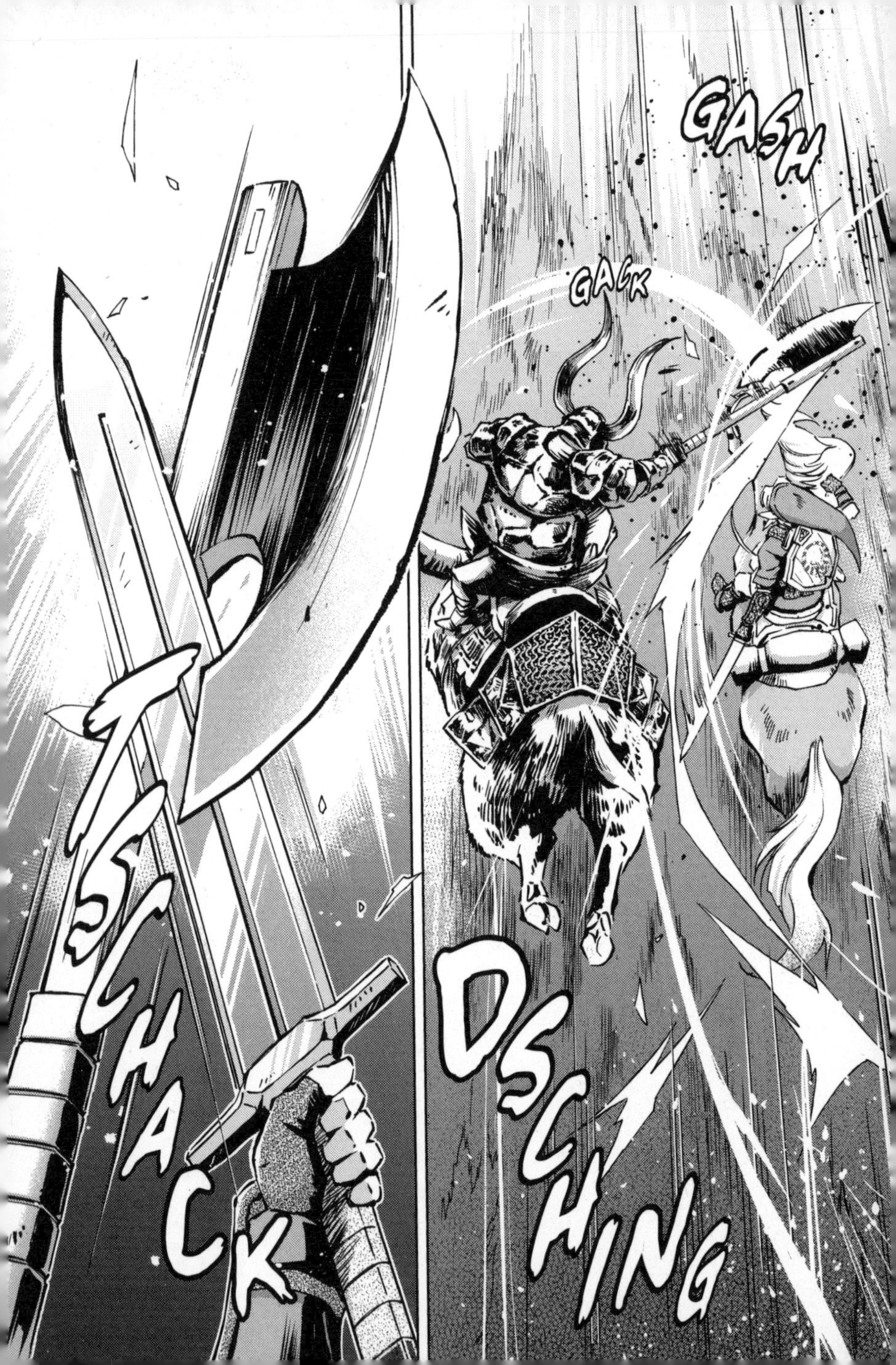
GASH
GACK
TSCHACK
DSCHING

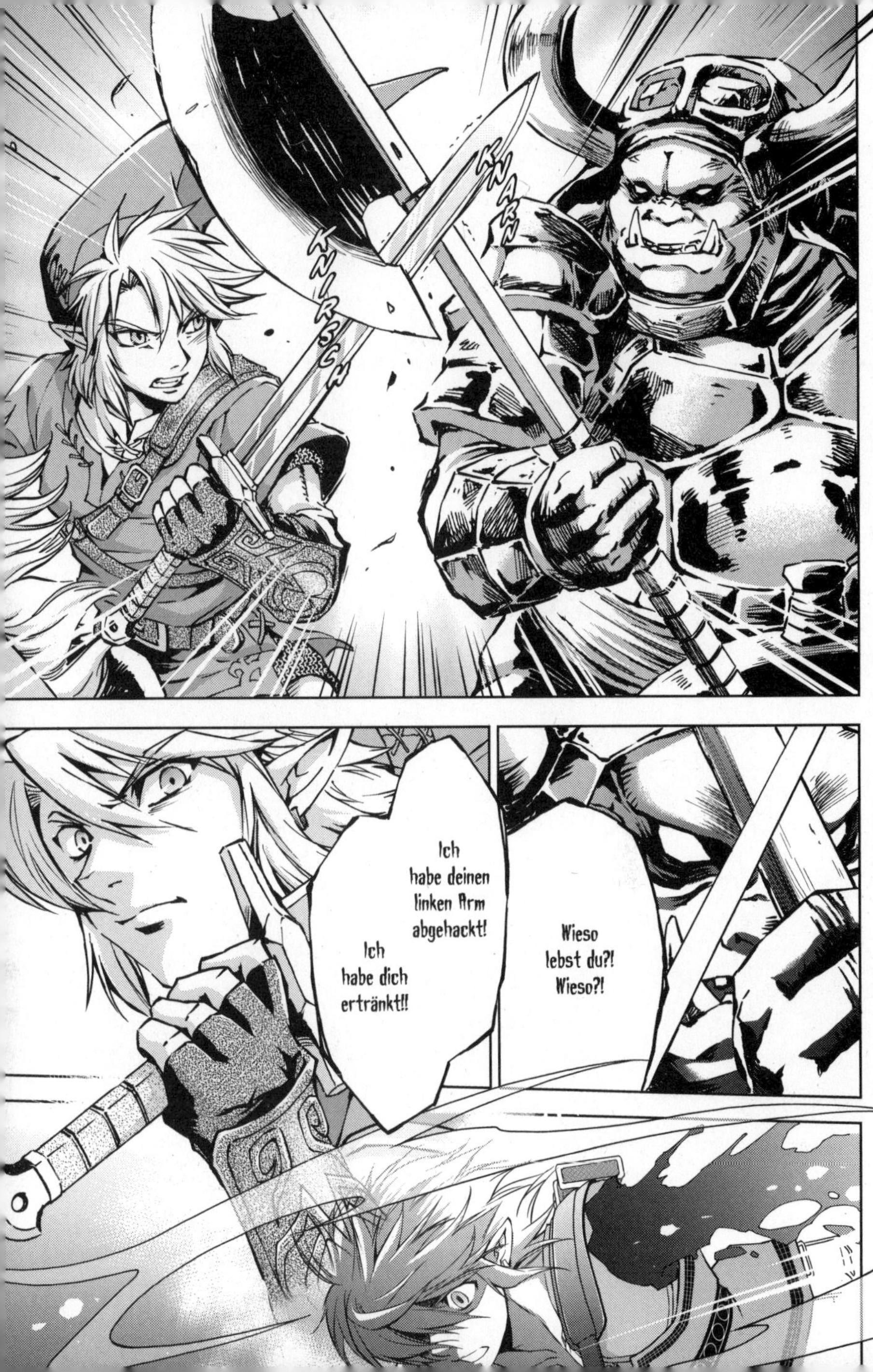
KNARR
KNIRSCH
Wieso lebst du?! Wieso?!
Ich habe deinen linken Arm abgehackt!
Ich habe dich ertränkt!!

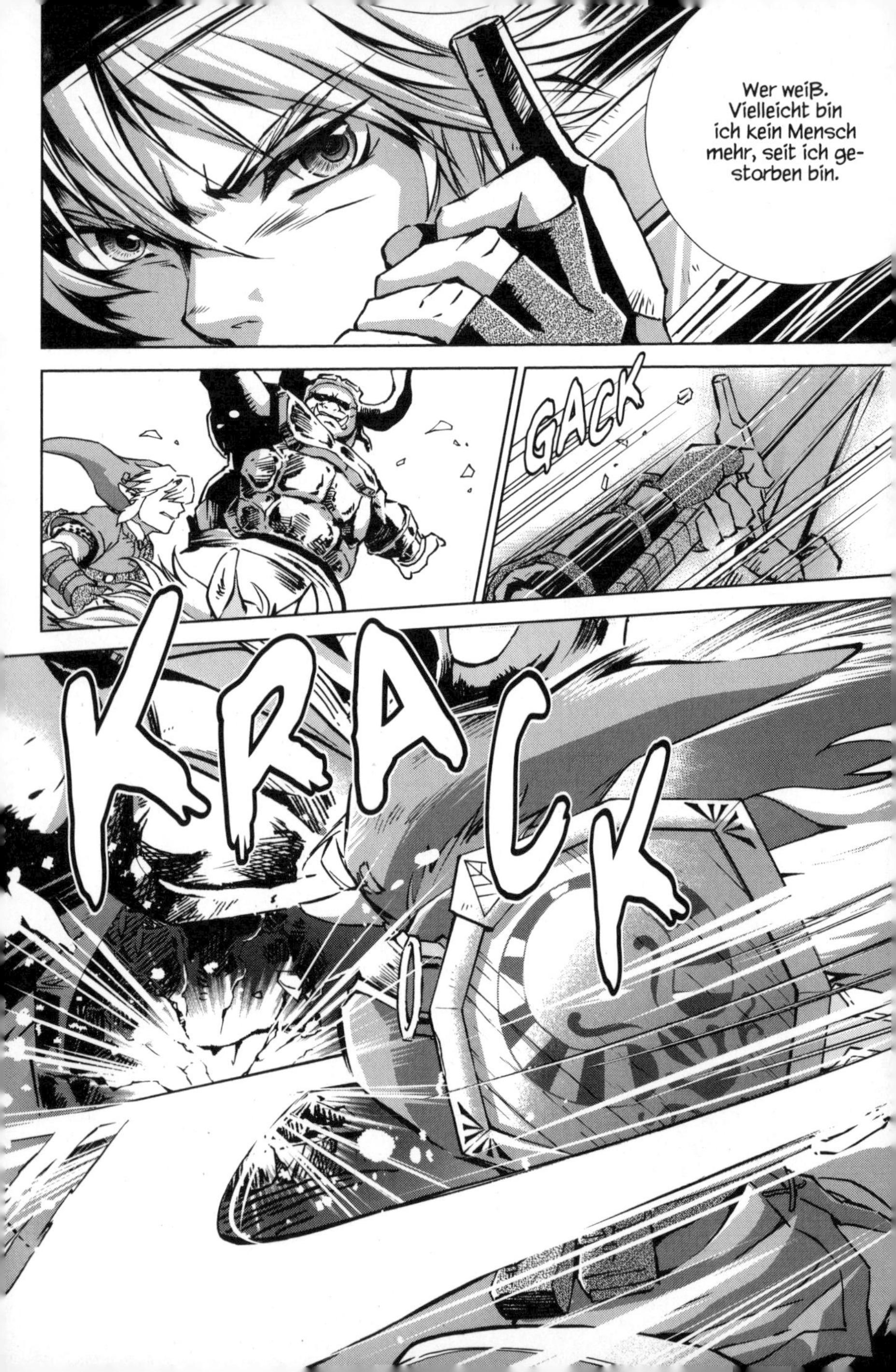
Wer weiß. Vielleicht bin ich kein Mensch mehr, seit ich gestorben bin.
GACK
KRACK

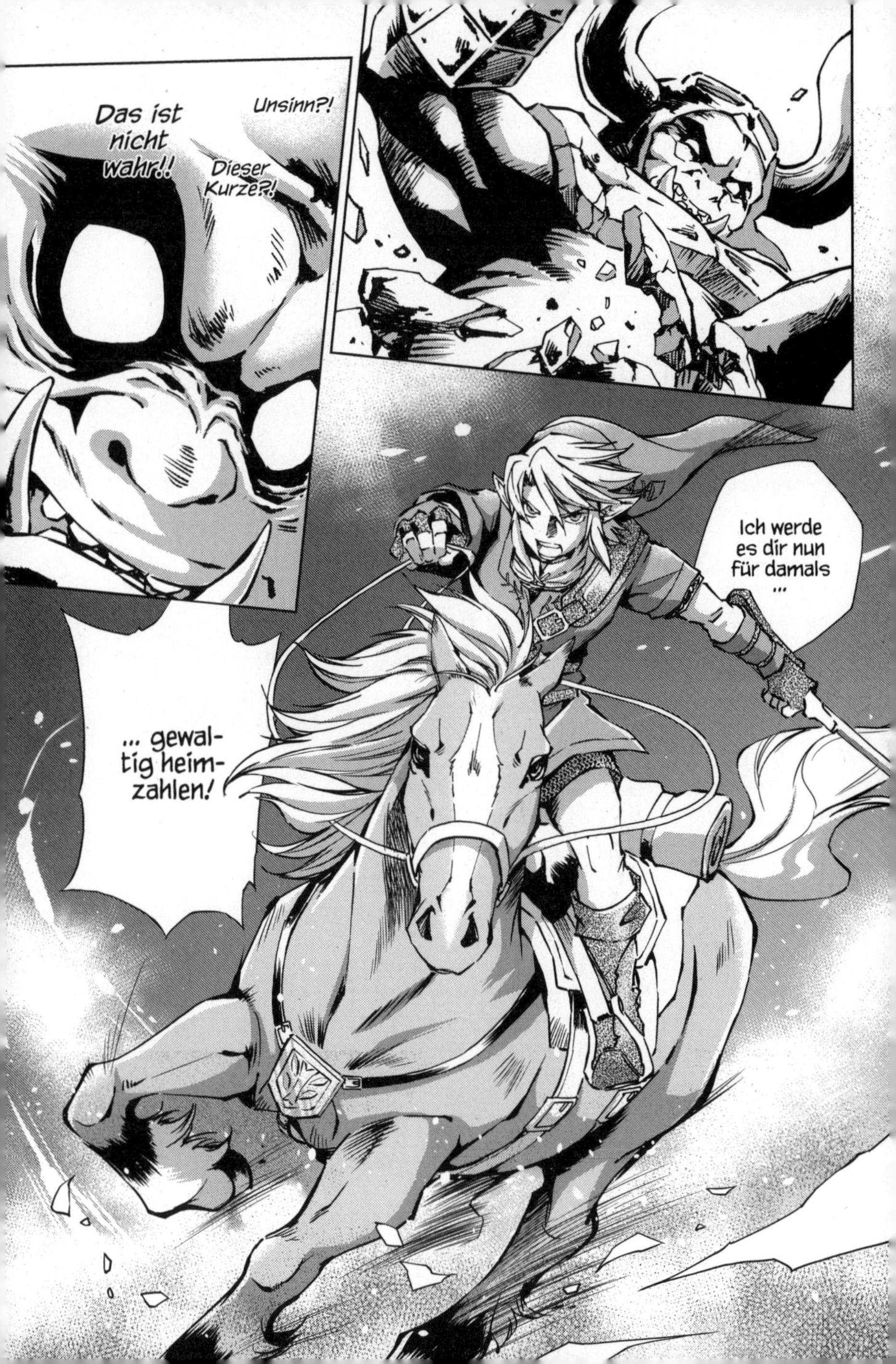
Unsinn?!
Dieser Kurze?!
Das ist nicht wahr!!
Ich werde es dir nun für damals ...
... gewal-tig heim-zahlen!

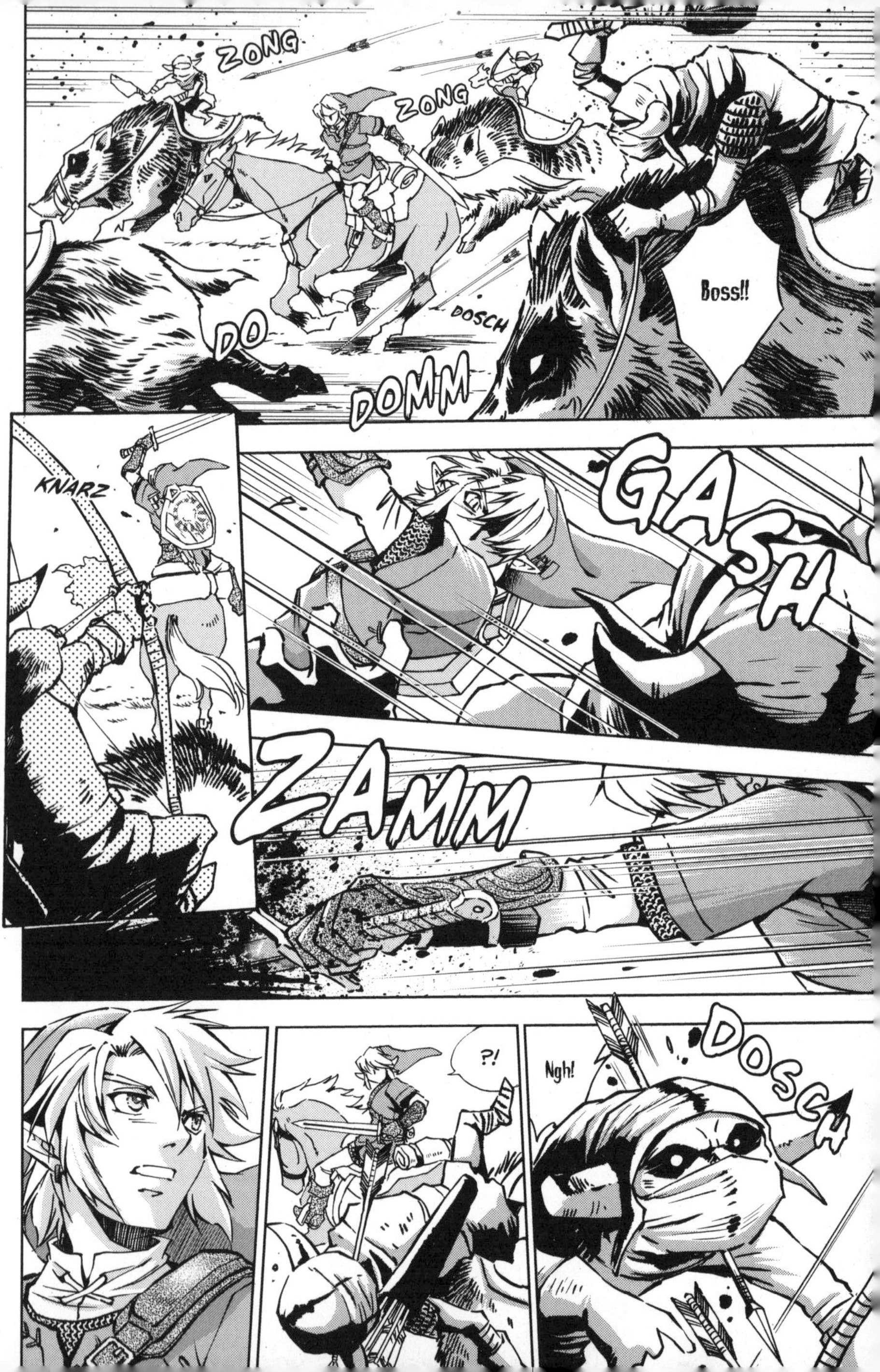
ZONG
ZONG
Boss!!
DOSCH
DO
DOMM
KNARZ
GASH
ZAMM
?!
Ngh!
DOSCH

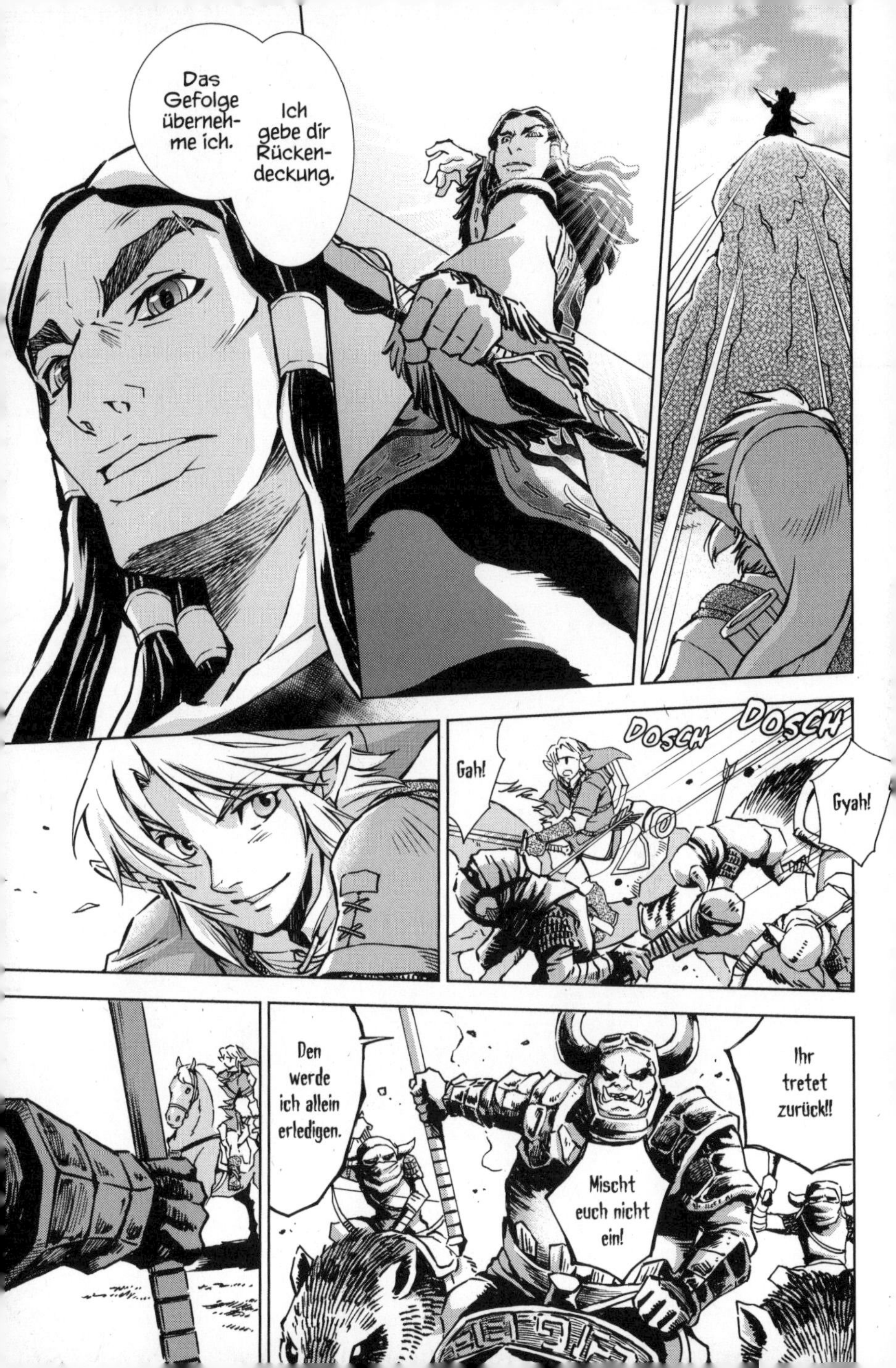
Das Gefolge überneh-me ich.
Ich gebe dir Rücken-deckung.
DOSCH DOSCH
Gah!
Gyah!
Den werde ich allein erledigen.
Ihr tretet zurück!!
Mischt euch nicht ein!

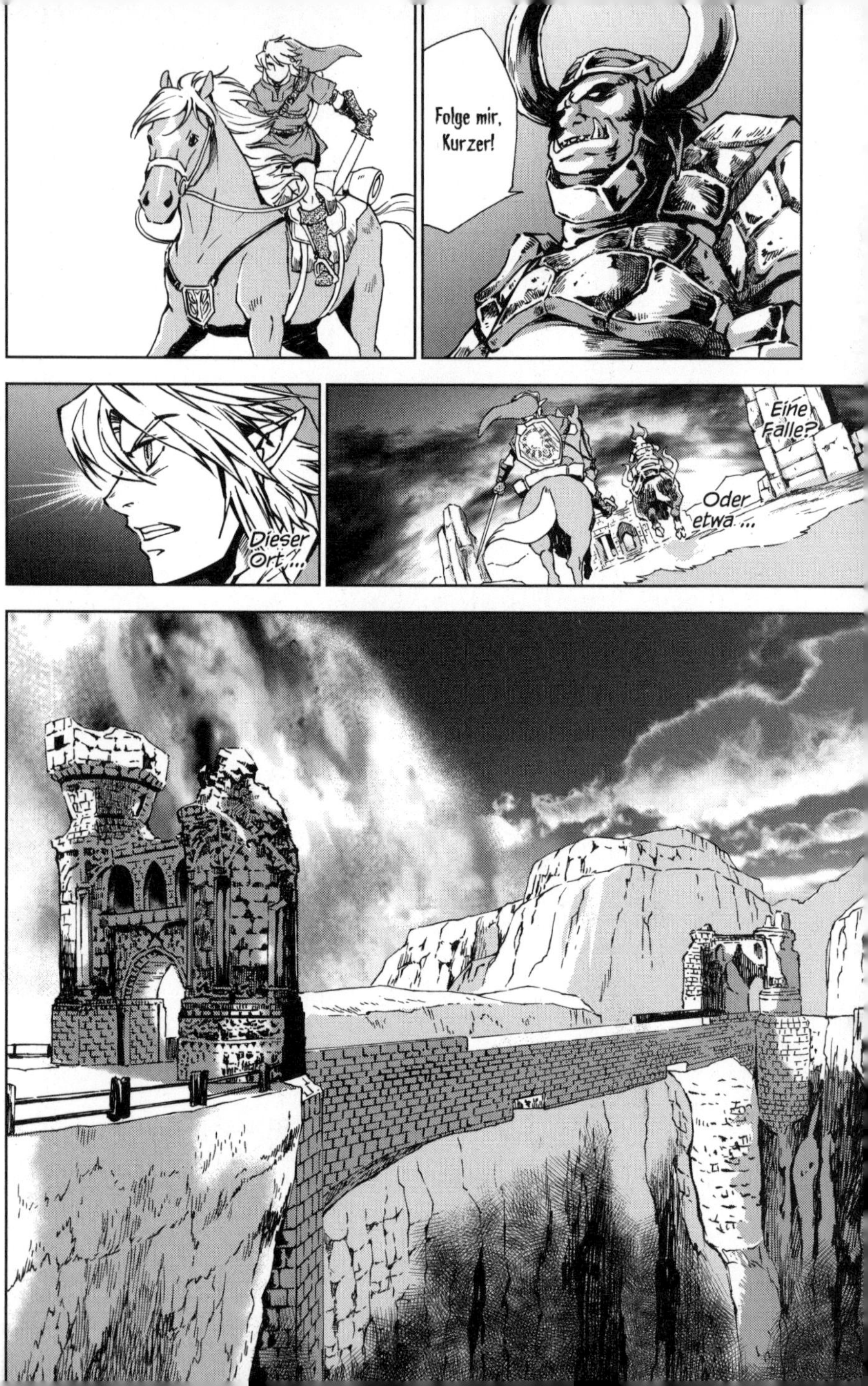
Folge mir, Kurzer!
Dieser Ort ...
Eine Falle?
Oder etwa ...

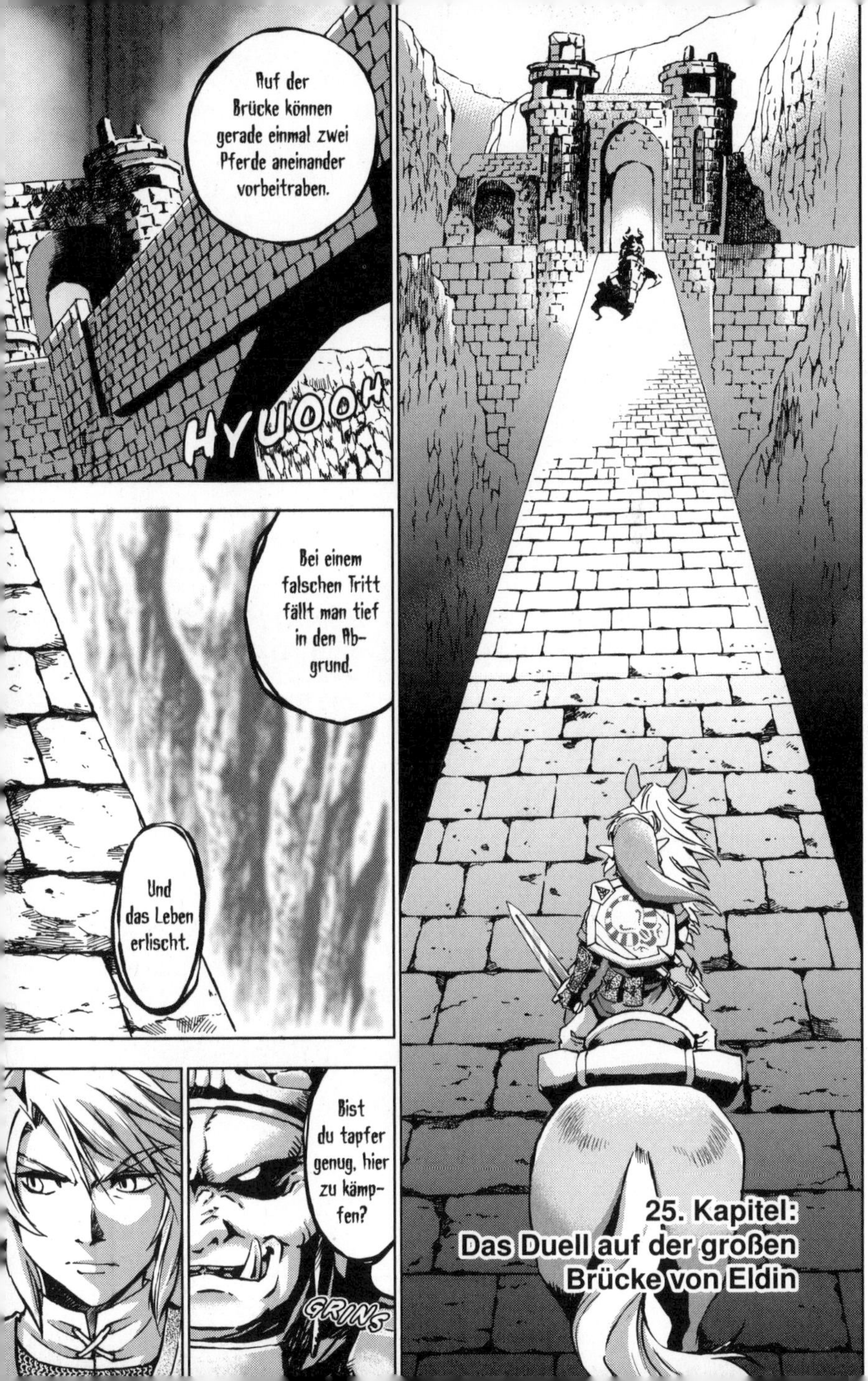

Auf der Brücke können gerade einmal zwei Pferde aneinander vorbeitraben.
HYUOOH
Bei einem falschen Tritt fällt man tief in den Abgrund.
Und das Leben erlischt.
Bist du tapfer genug, hier zu kämpfen?
GRINS
25. Kapitel:
Das Duell auf der großen Brücke von Eldin

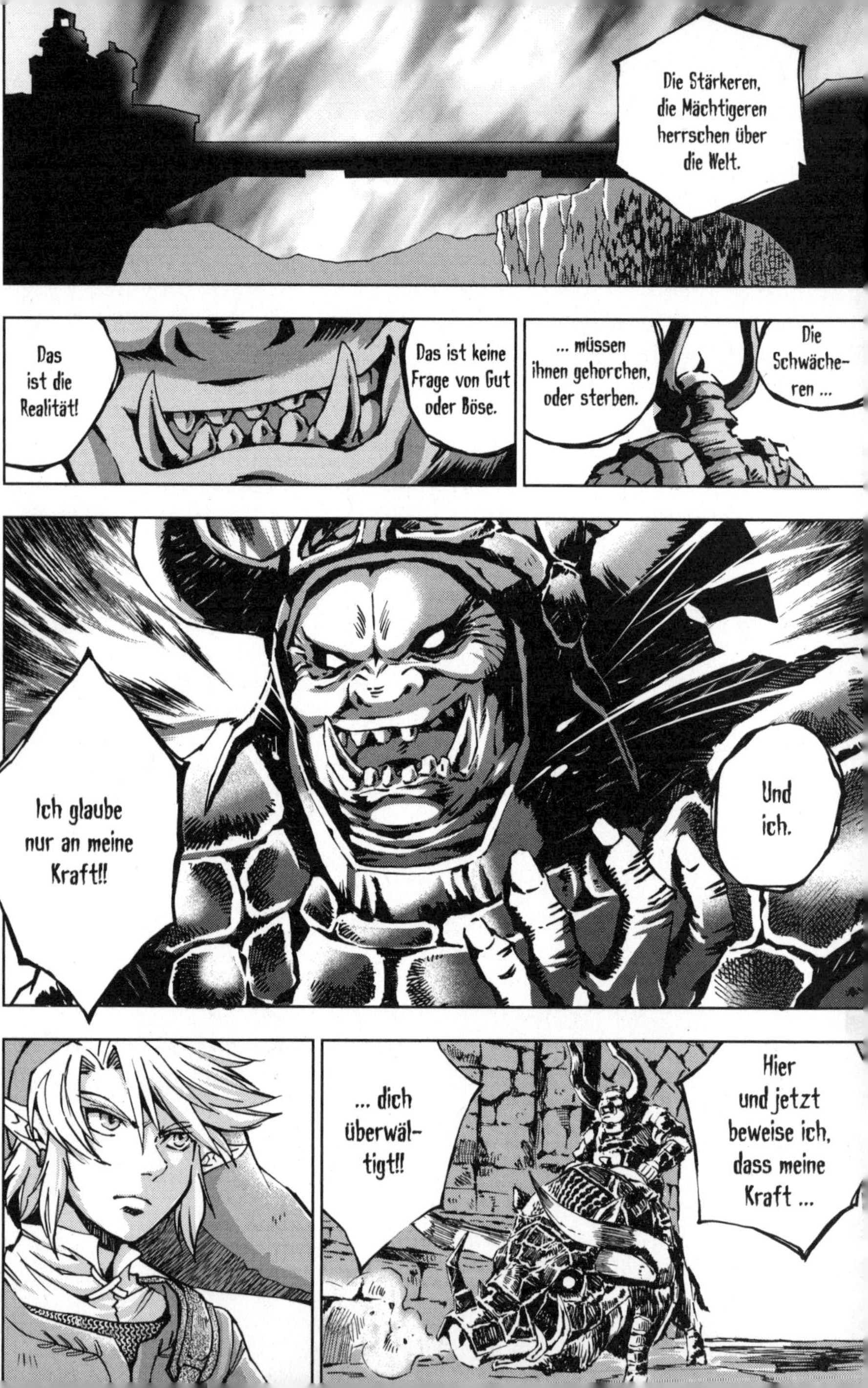
Die Stärkeren, die Mächtigeren herrschen über die Welt.
Die Schwäche-ren ...
... müssen ihnen gehorchen, oder sterben.
Das ist keine Frage von Gut oder Böse.
Das ist die Realität!
Und ich.
Ich glaube nur an meine Kraft!!
Hier und jetzt beweise ich, dass meine Kraft ...
... dich überwäl-tigt!!

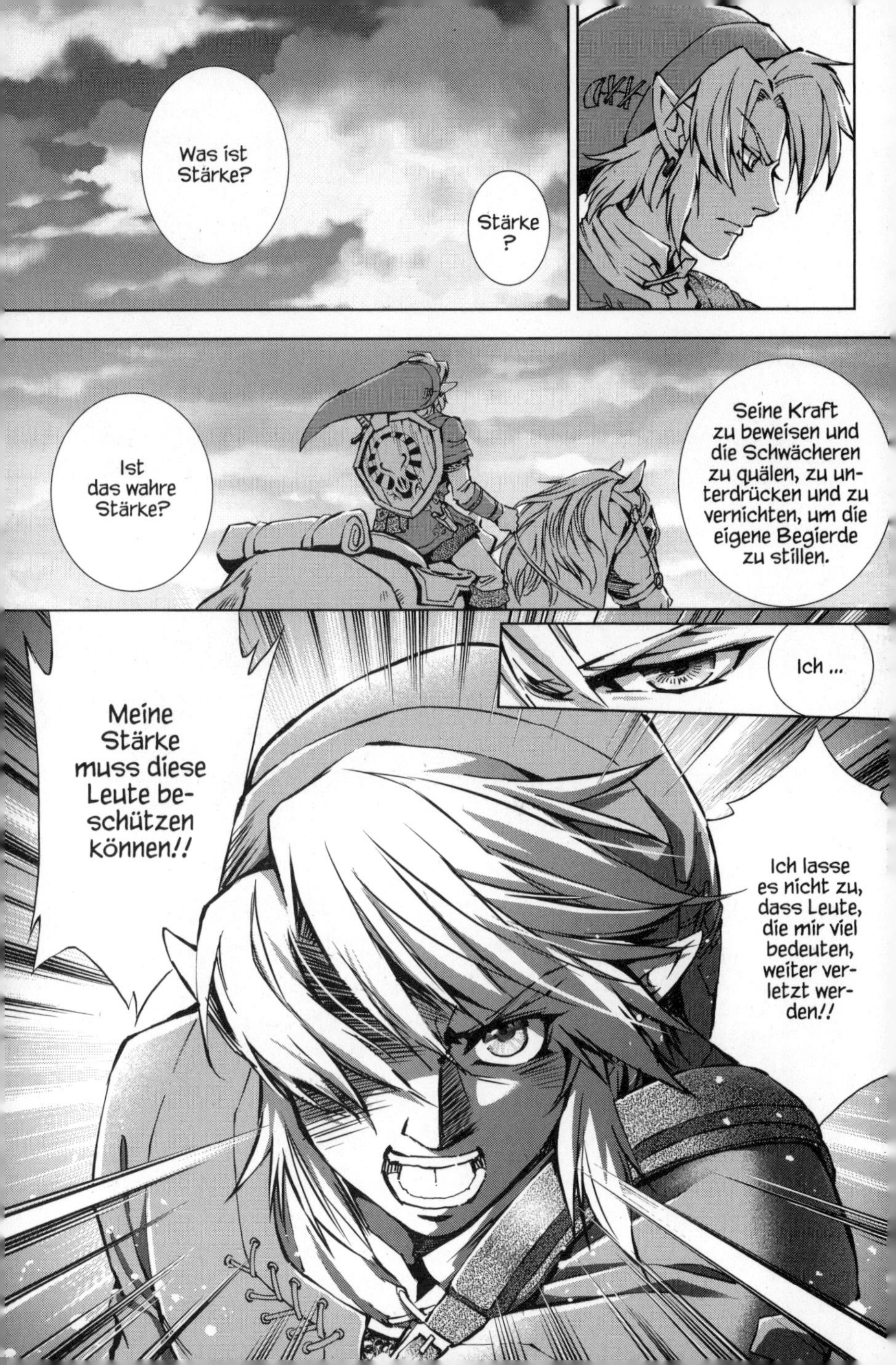
Was ist Stärke?
Stärke ?
Seine Kraft zu beweisen und die Schwächeren zu quälen, zu unterdrücken und zu vernichten, um die eigene Begierde zu stillen.
Ist das wahre Stärke?
Ich ...
Meine Stärke muss diese Leute beschützen können!!
Ich lasse es nicht zu, dass Leute, die mir viel bedeuten, weiter verletzt werden!!

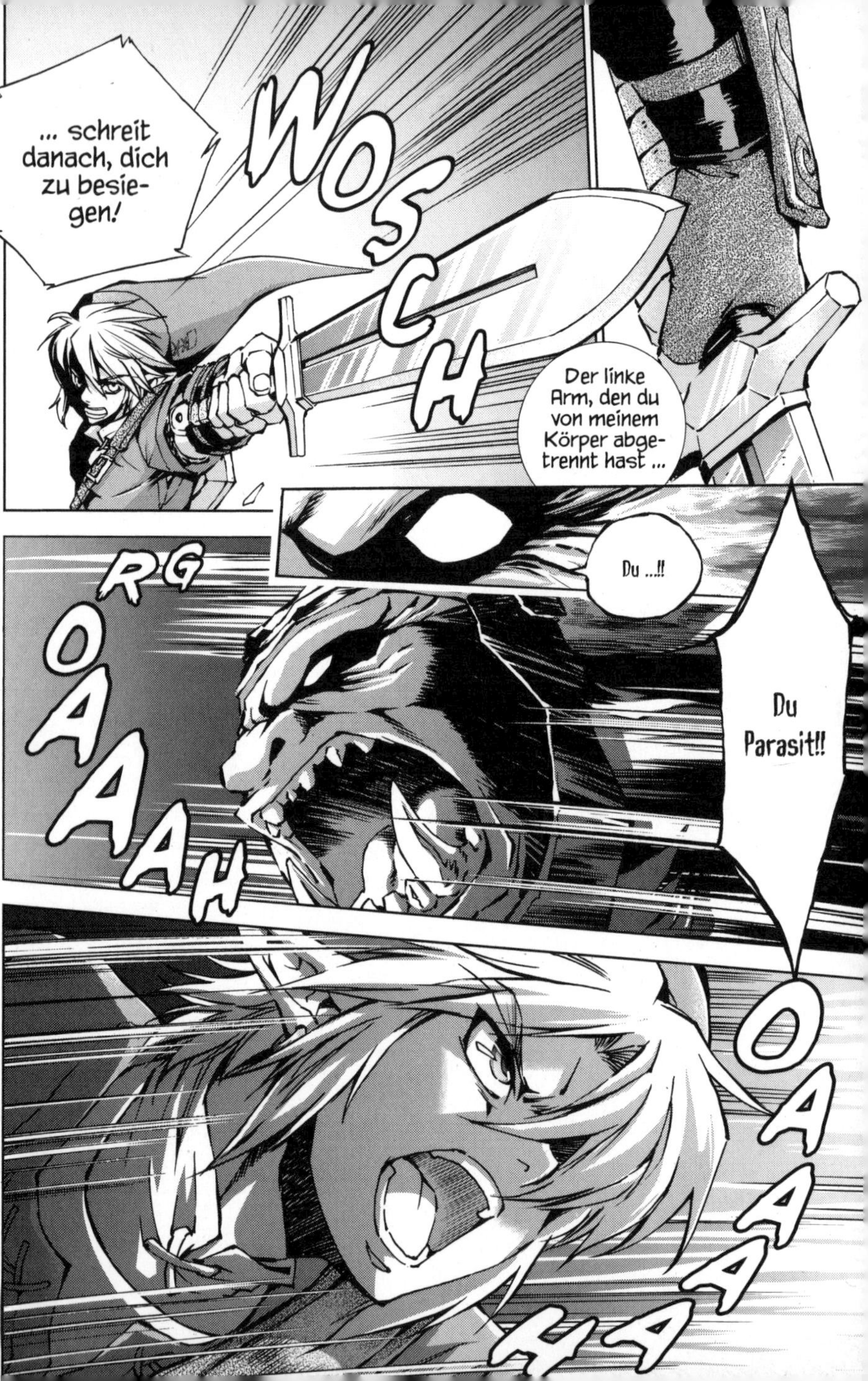
Der linke Arm, den du von meinem Körper abgetrennt hast ...
... schreit danach, dich zu besiegen!
WOSCH
Du ...!!
RGOAAAAH
Du Parasit!!
OAAAAAH

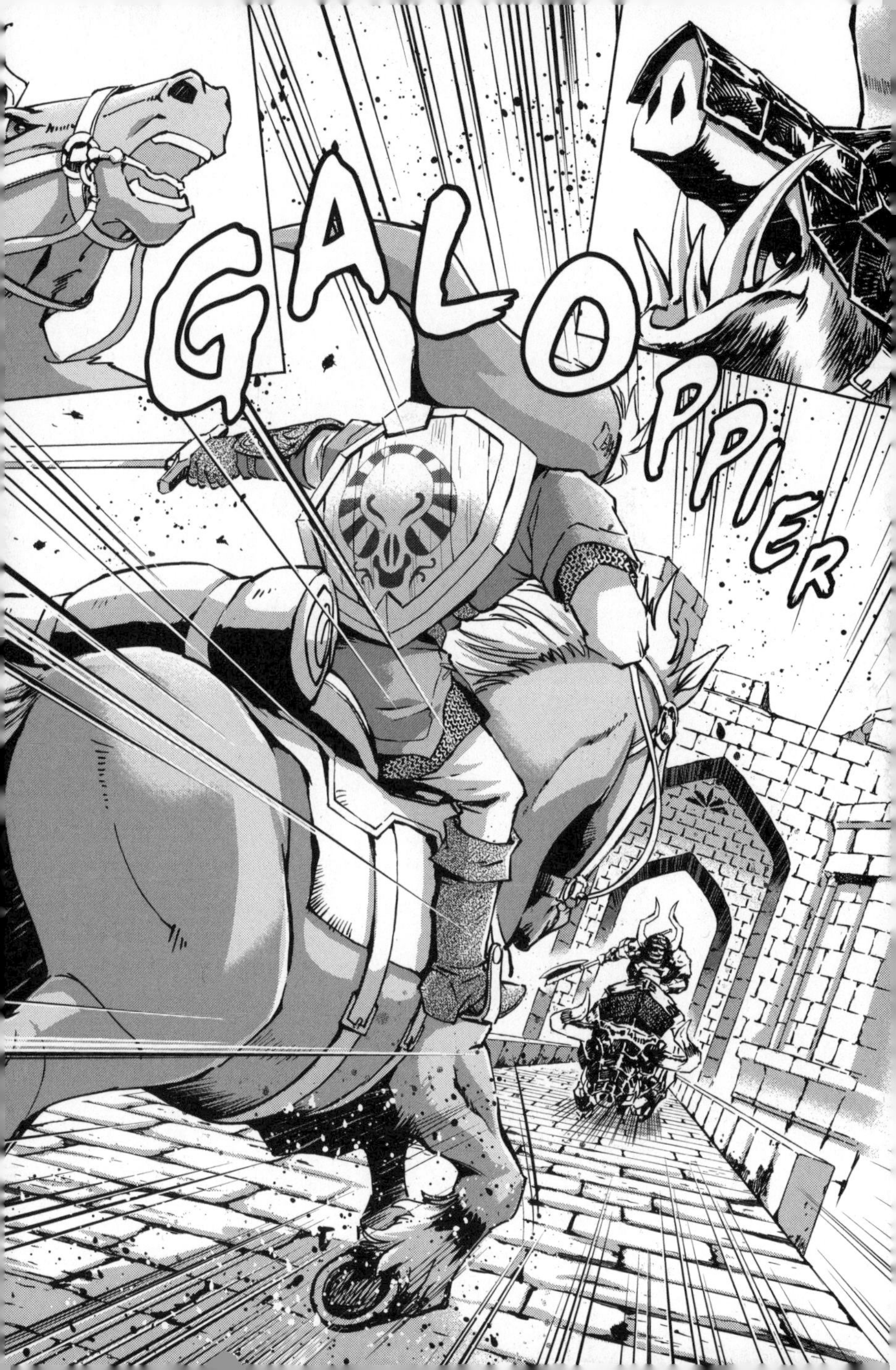
GALOPPIER

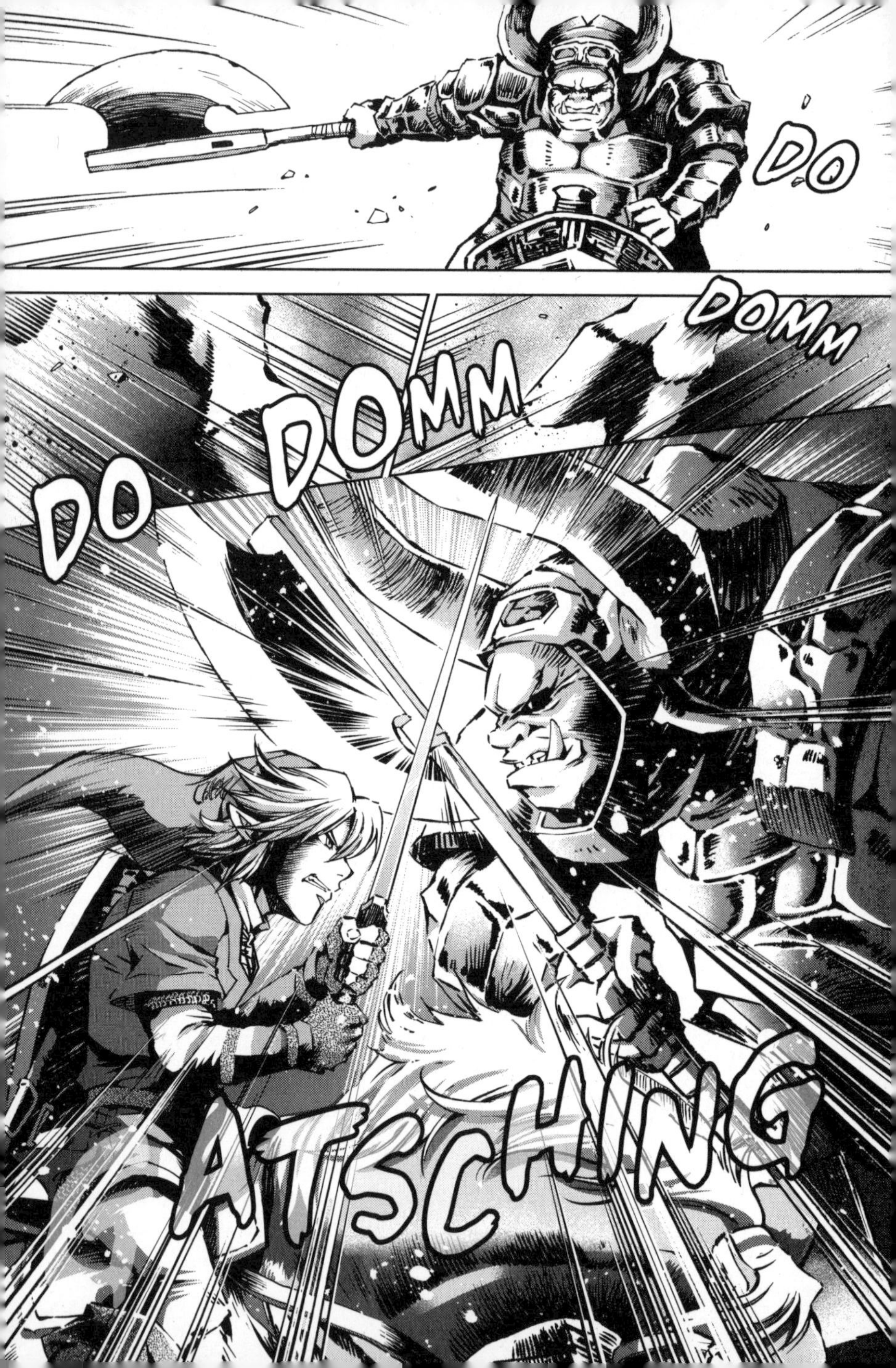
DO
DOMM
DOMM
DO
ATSCHING

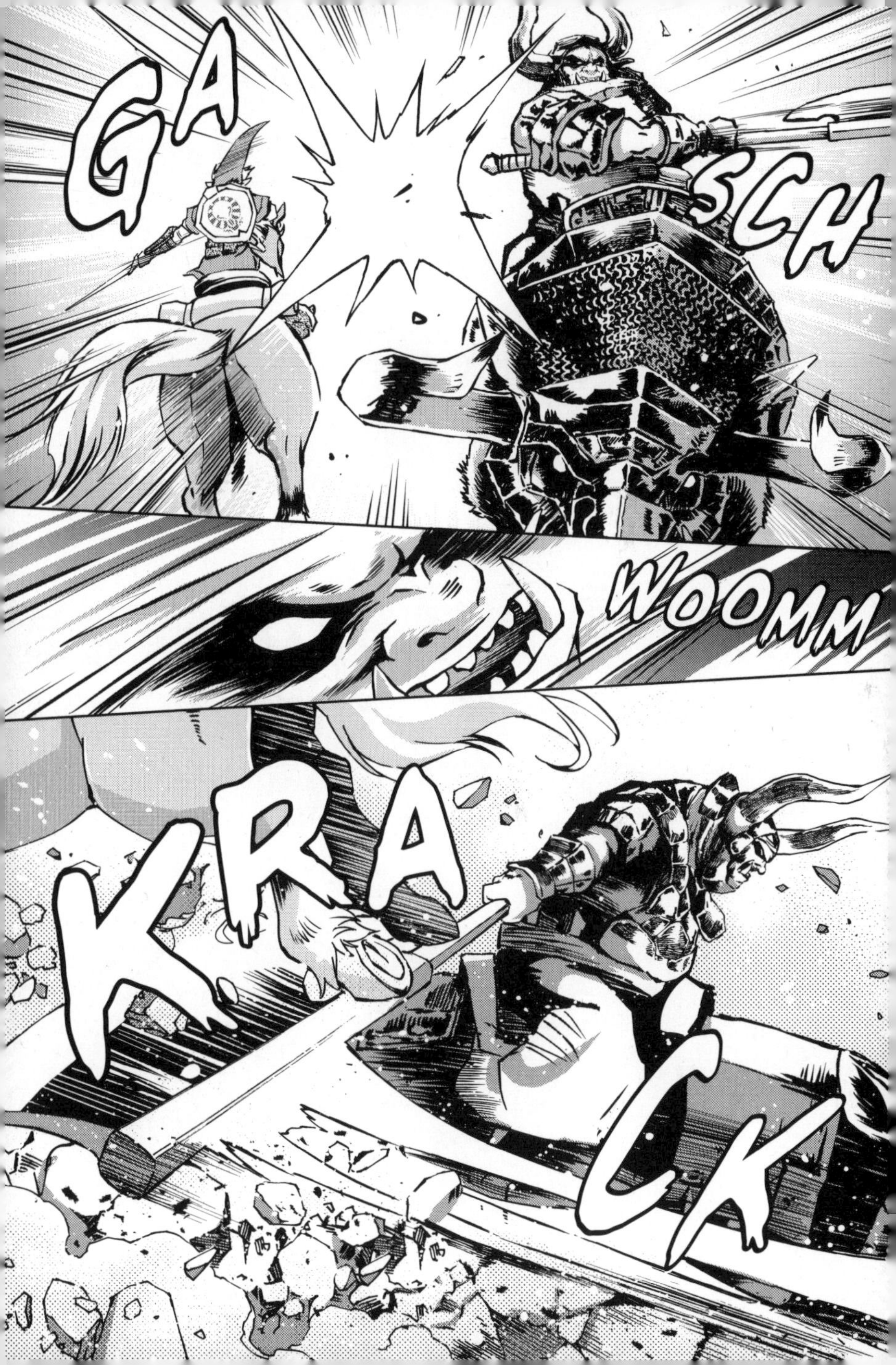
GA
SCH
WOOMM
KRA
CK

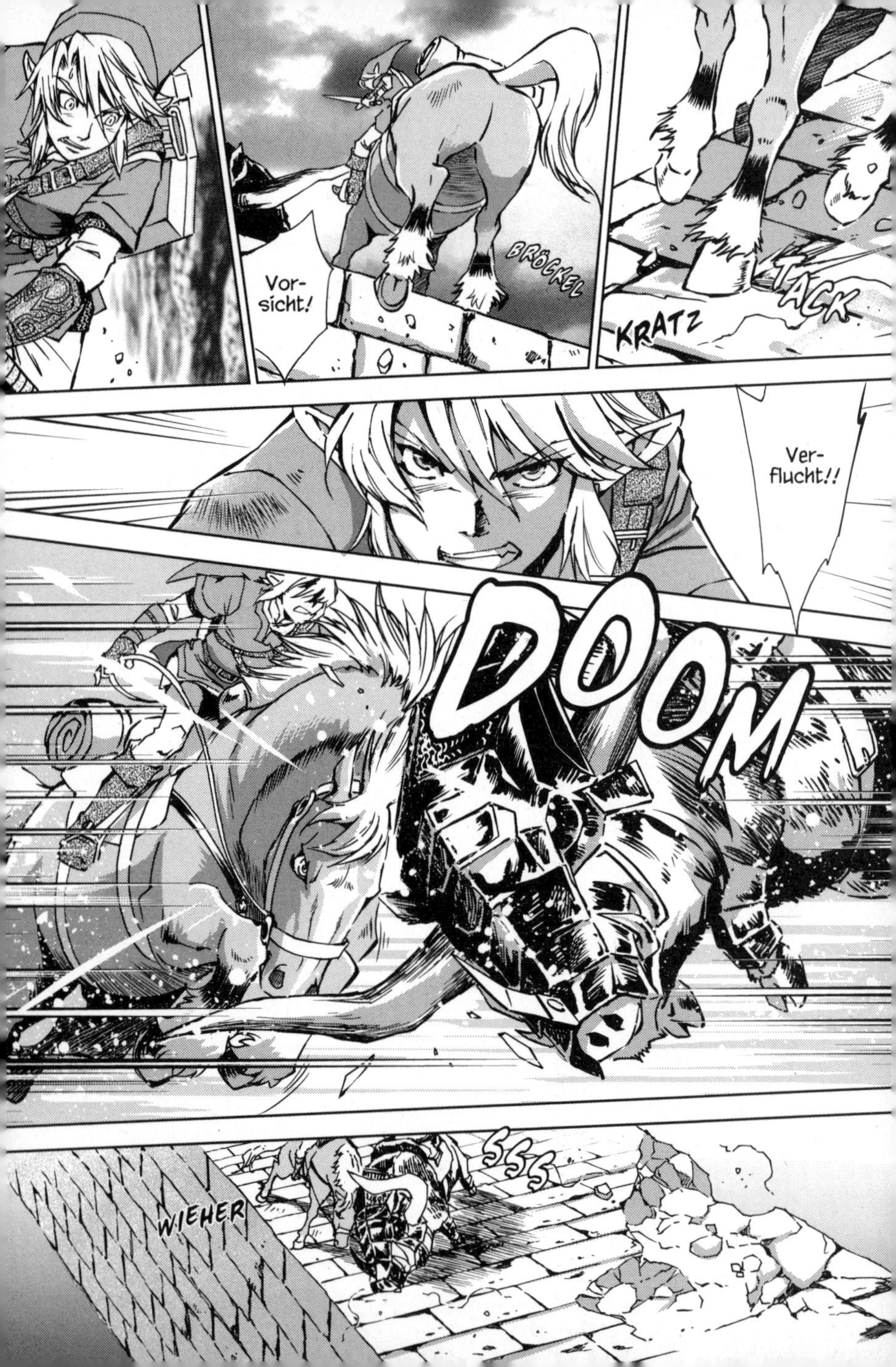
TACK
KRATZ
BRÖCKEL
Vor-
sicht!
Ver-
flucht!!
DOOM
SSS
WIEHER

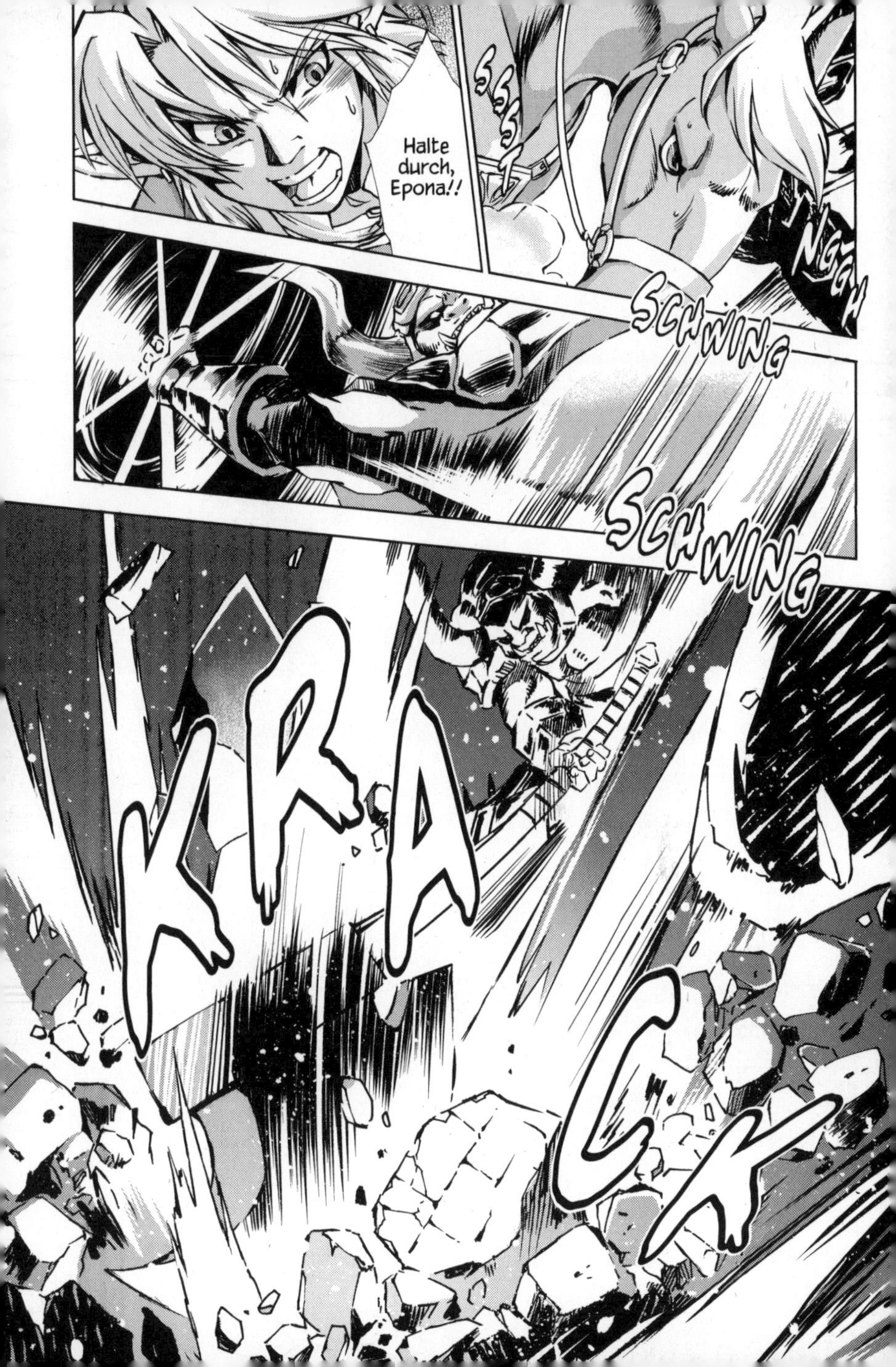

NGGH
SSST
Halte durch, Epona!!
SCHWING
SCHWING
KRACK

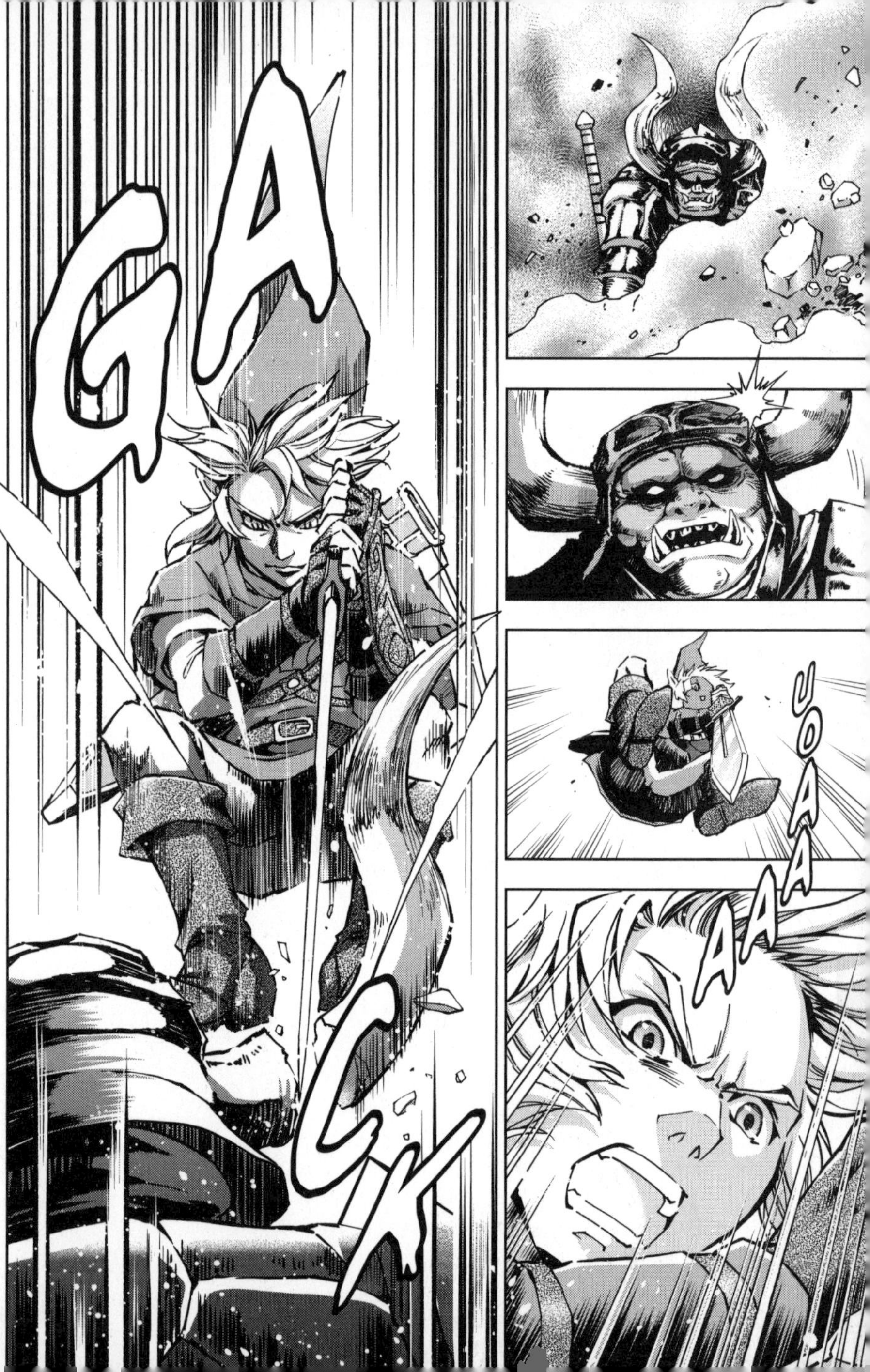

GA
CK
UOAAAAAA

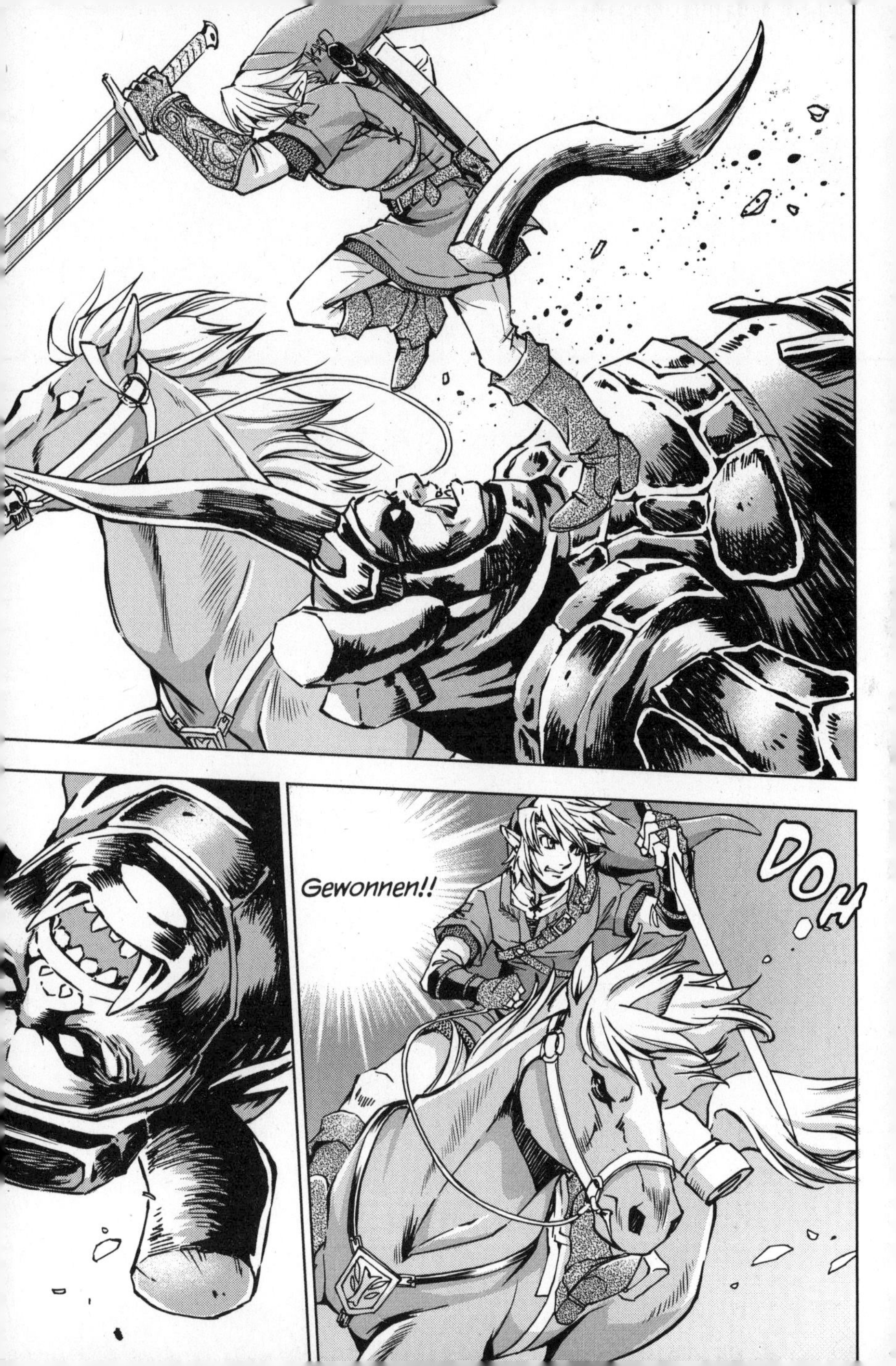
Gewonnen!!
DOH

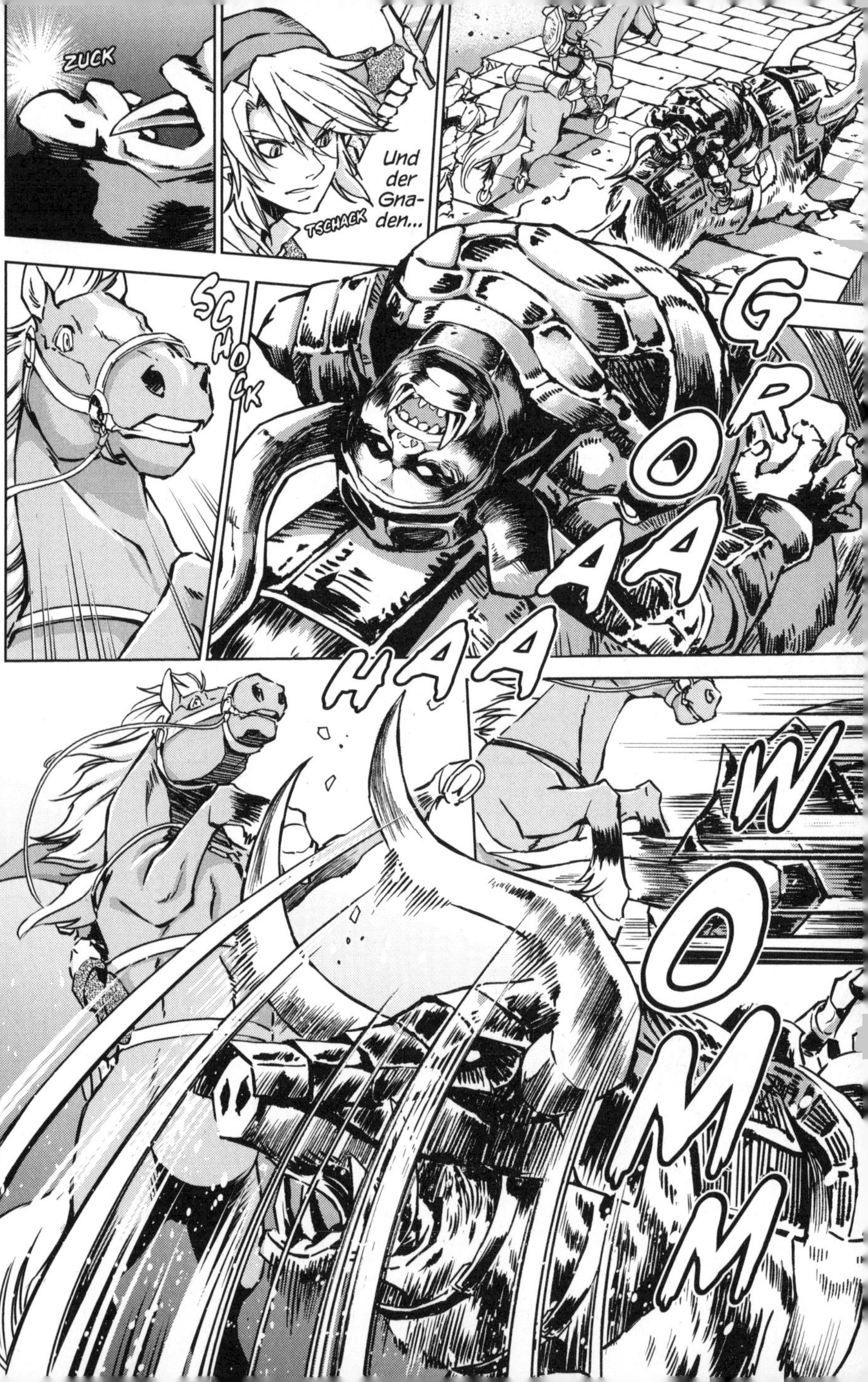

ZUCK
Und der Gnaden...
TSCHACK
SCHOCK
GROOAAAHAA
WOOMMM

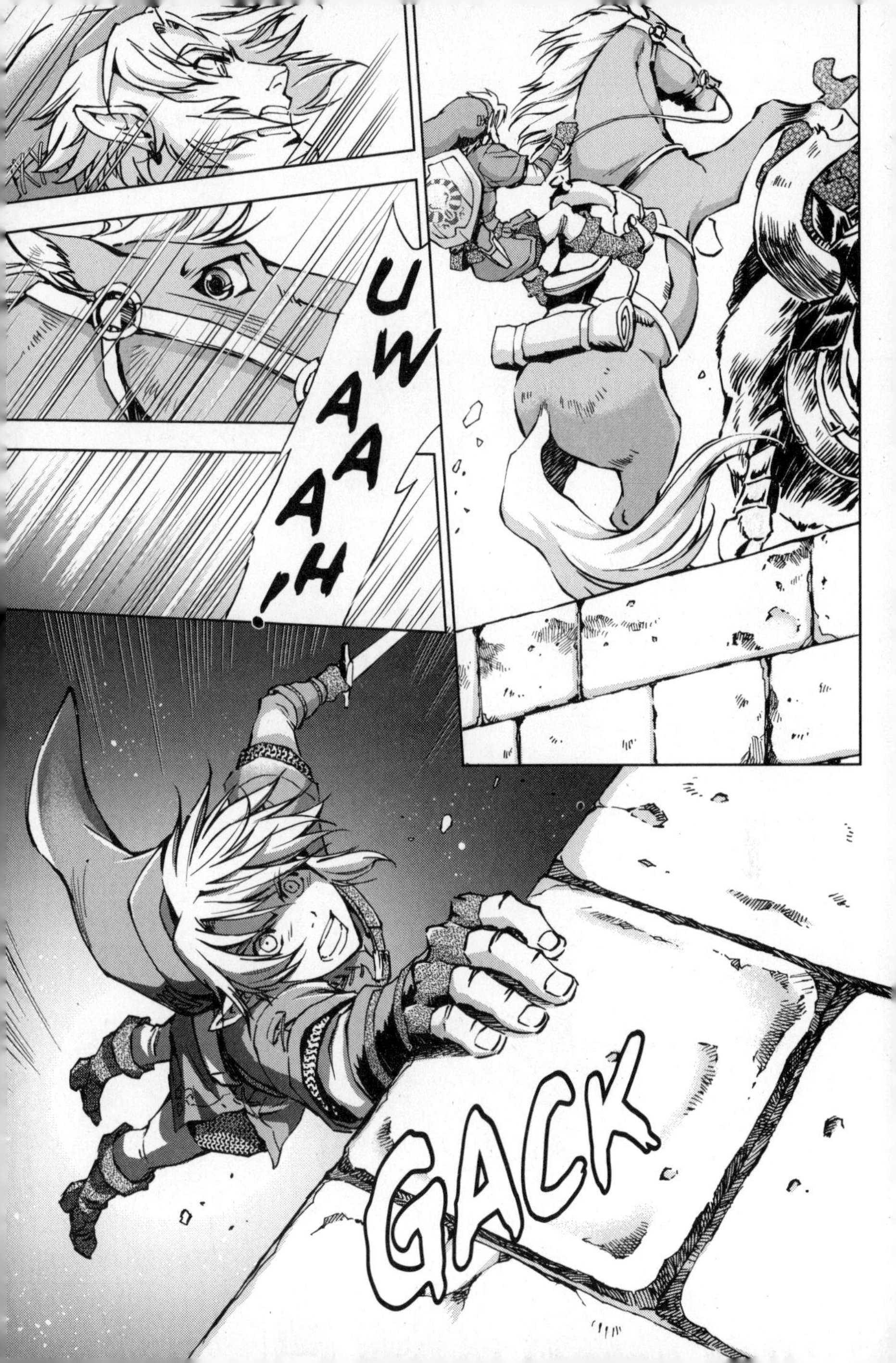
UWAAAH!
GACK

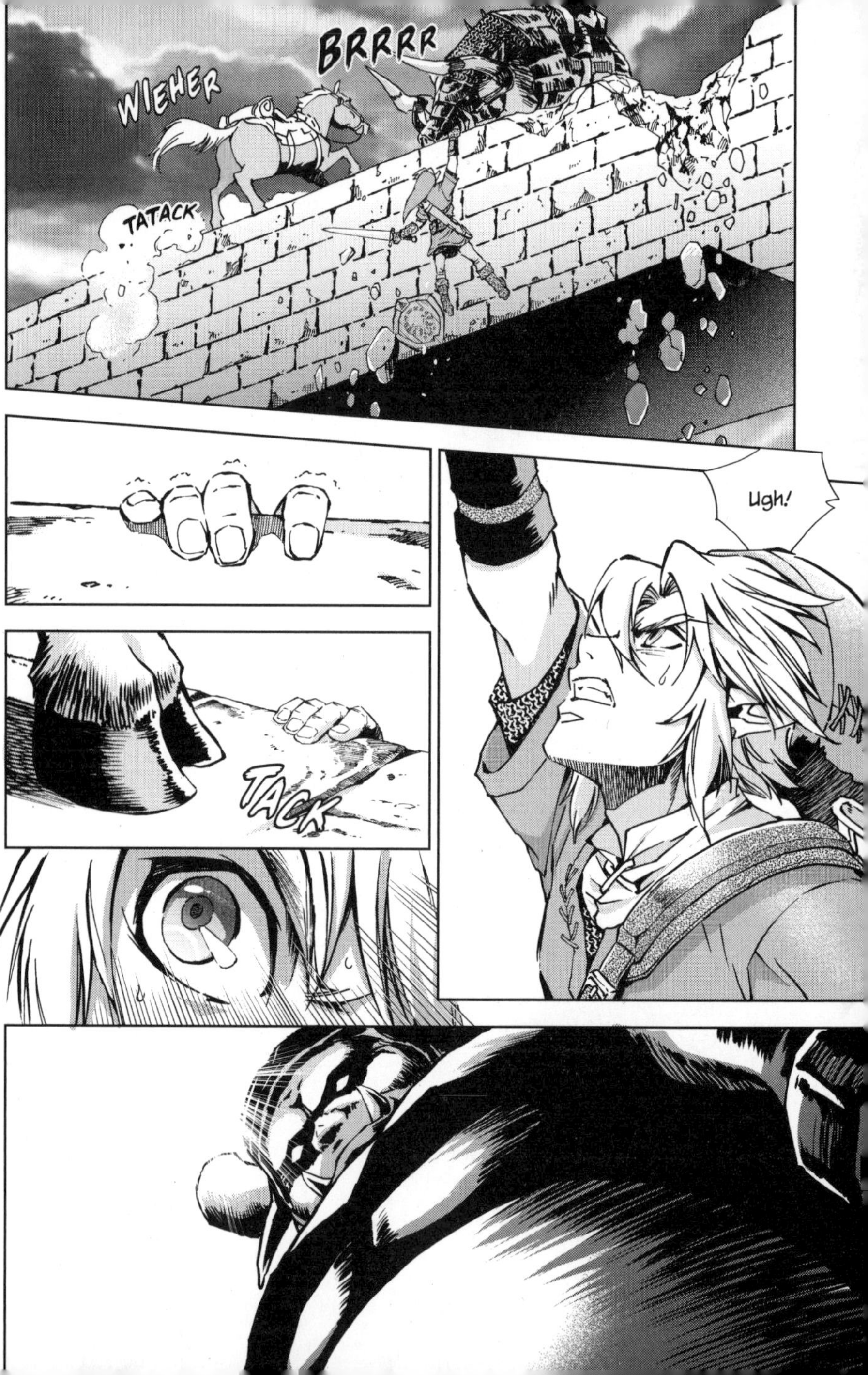
BRRRR
WIEHER
TATACK
Ugh!
TACK

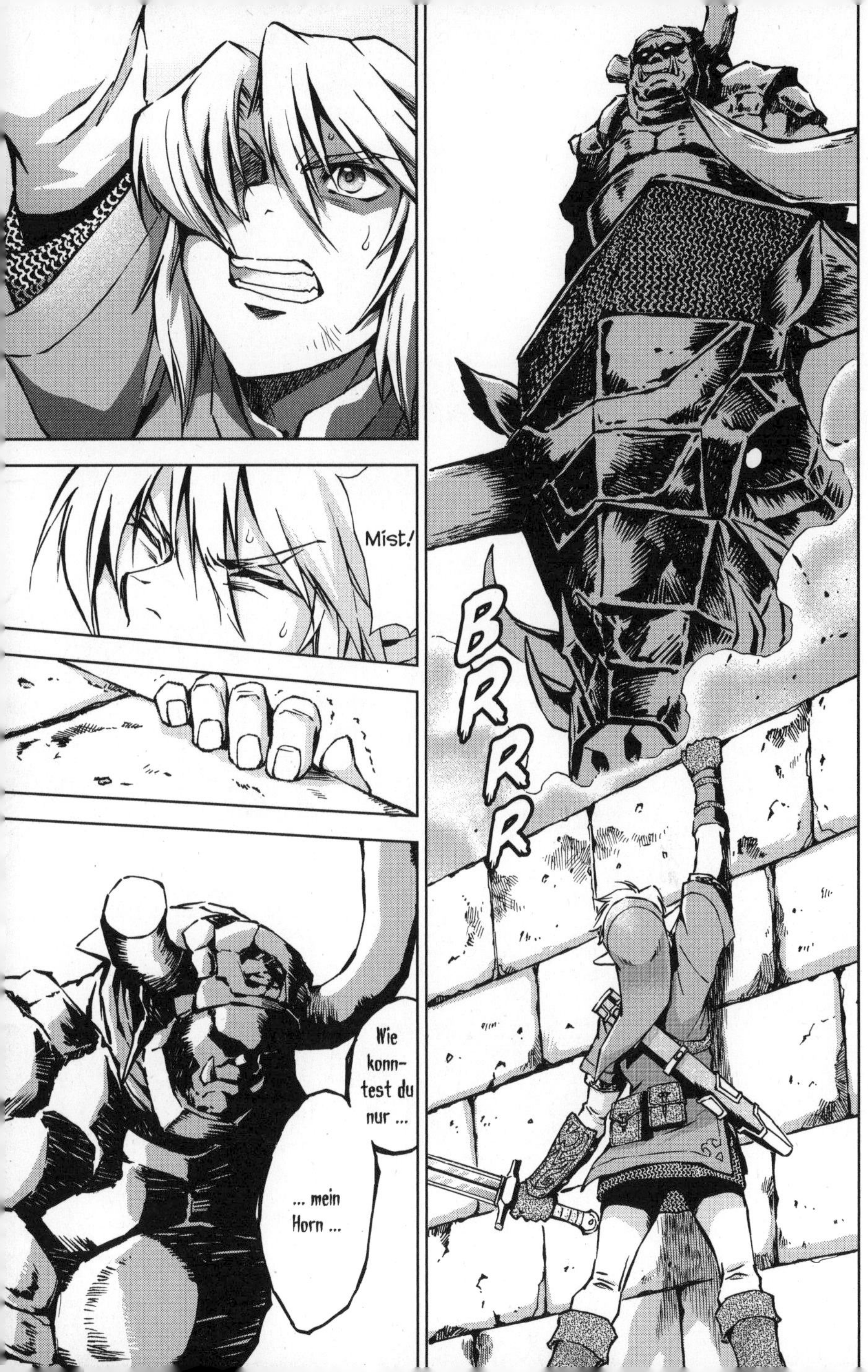
BRRRR
Mist!
Wie konn-test du nur ...
... mein Horn ...

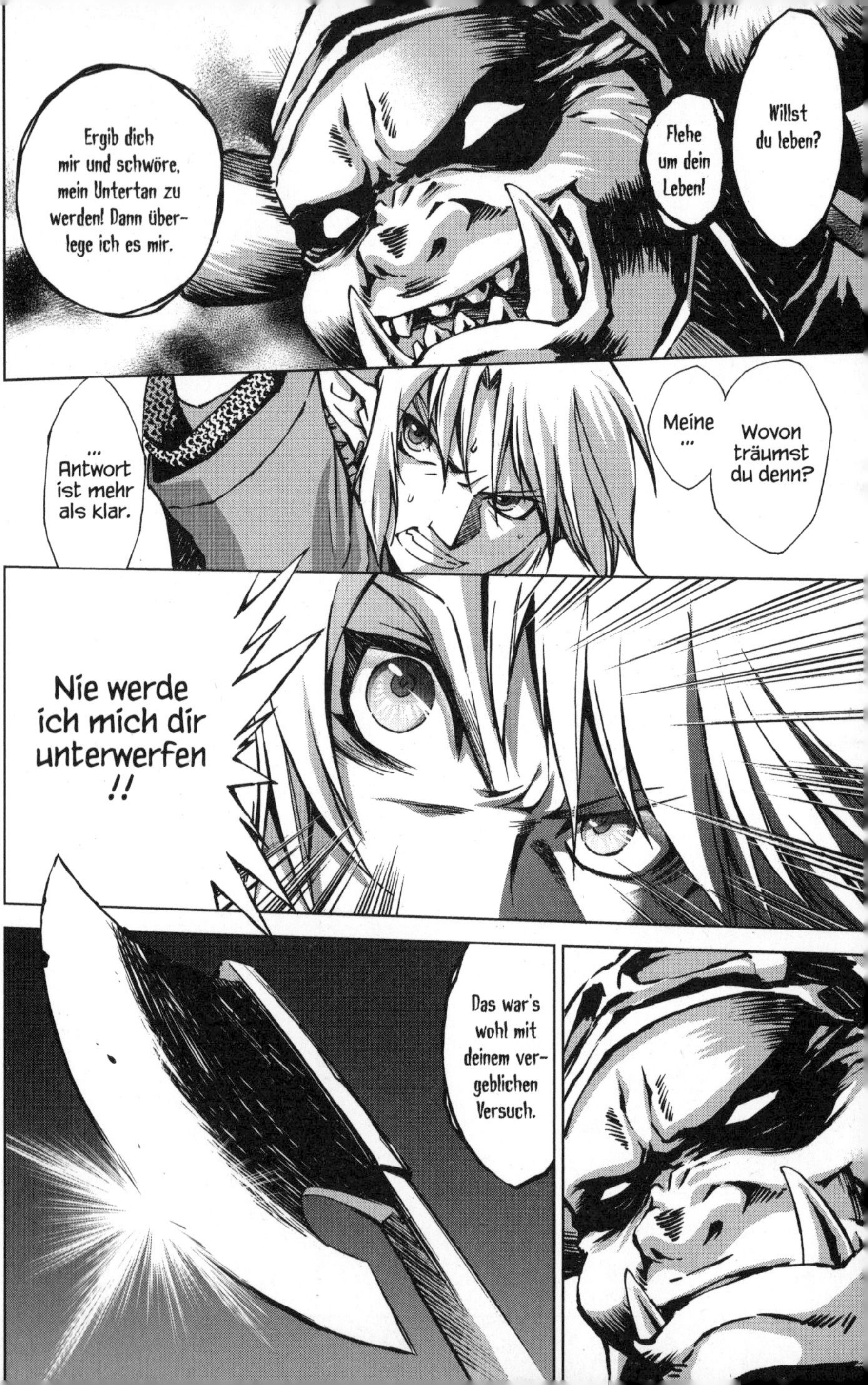

Willst du leben?
Flehe um dein Leben!
Ergib dich mir und schwöre, mein Untertan zu werden! Dann überlege ich es mir.
Wovon träumst du denn?
Meine ...
... Antwort ist mehr als klar.
Nie werde ich mich dir unterwerfen !!
Das war's wohl mit deinem vergeblichen Versuch.

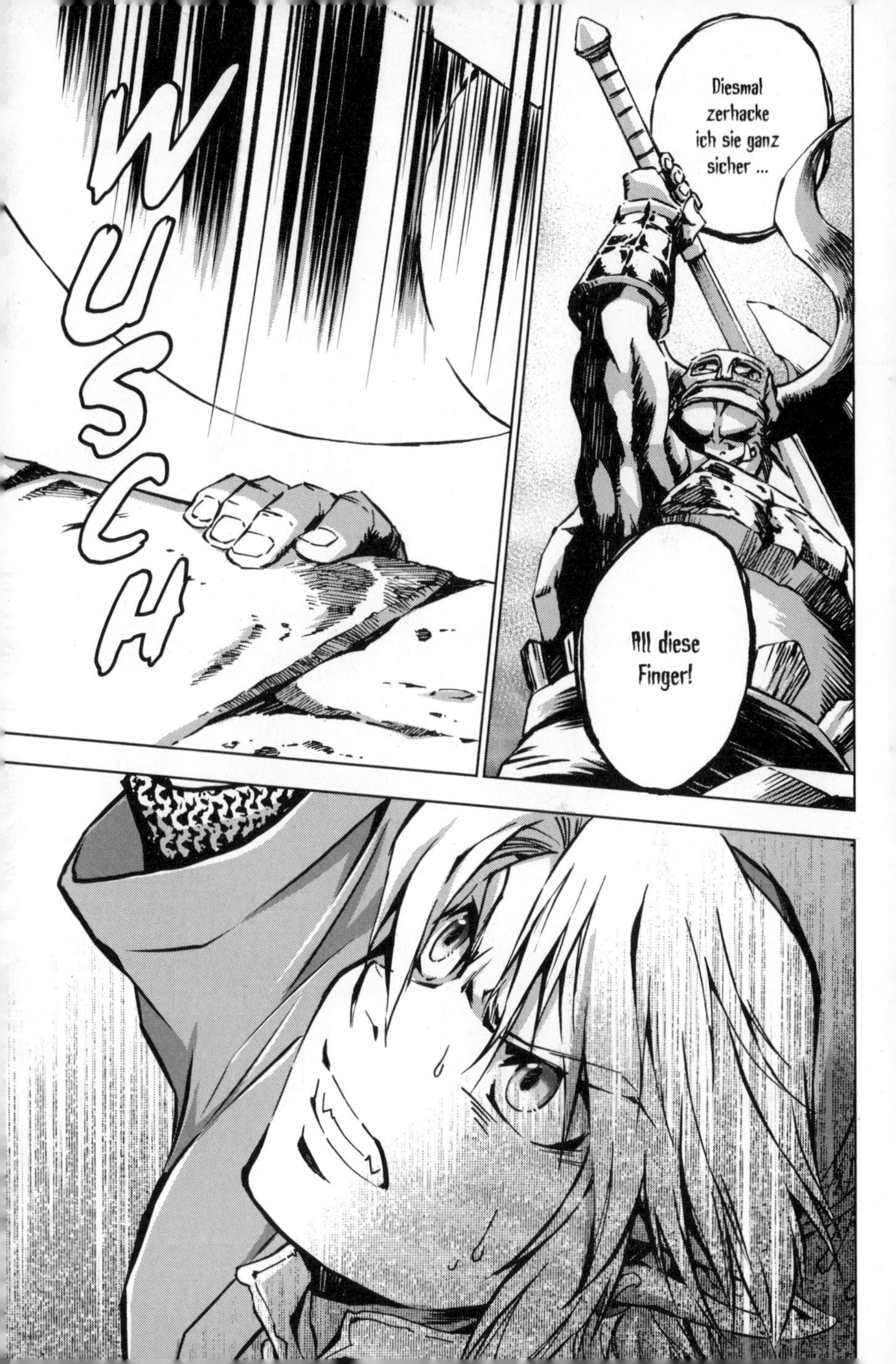
Diesmal zerhacke ich sie ganz sicher ...
All diese Finger!
WUSCH

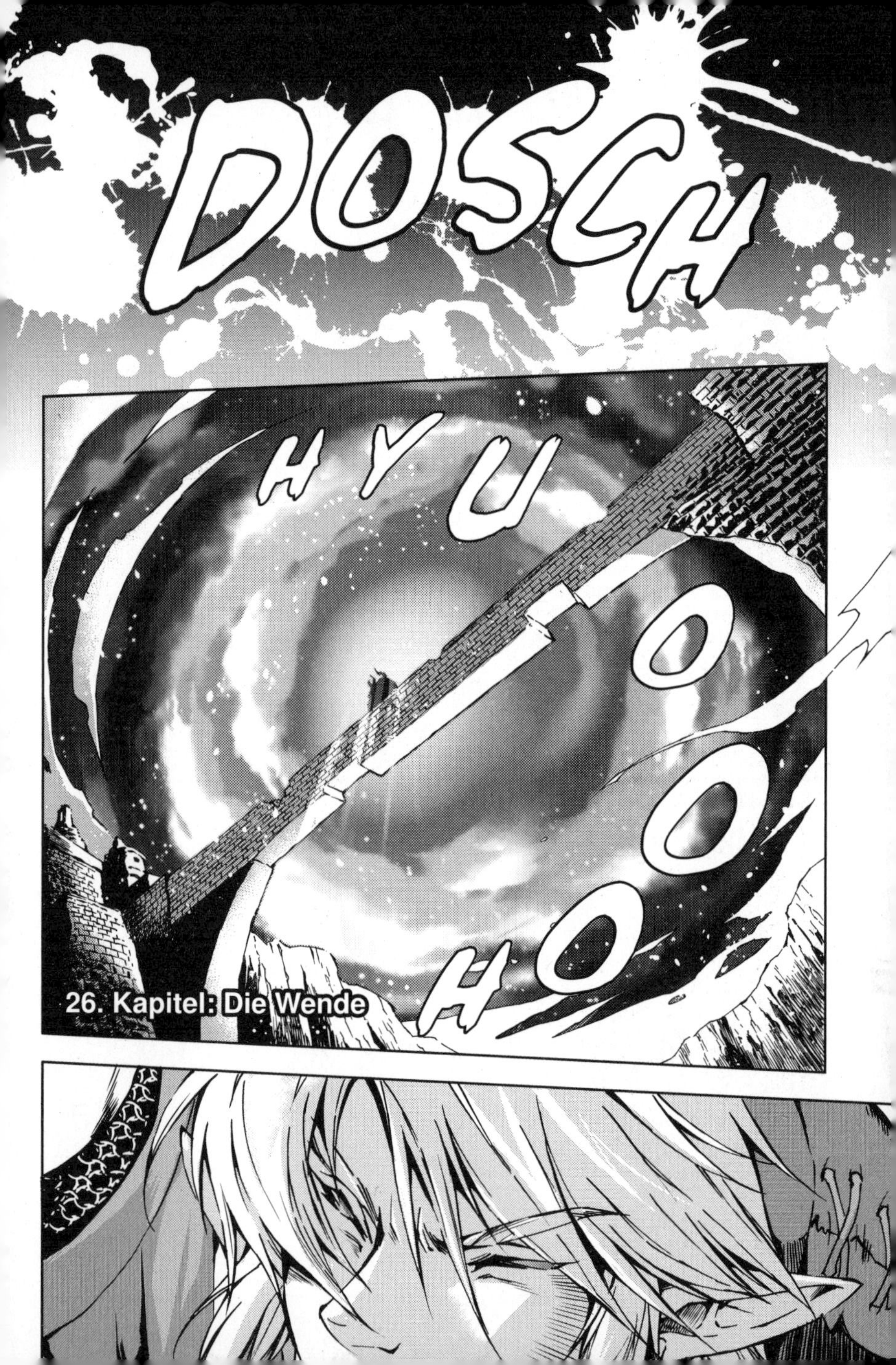
DOSCH
HYUOOOHO
26. Kapitel: Die Wende

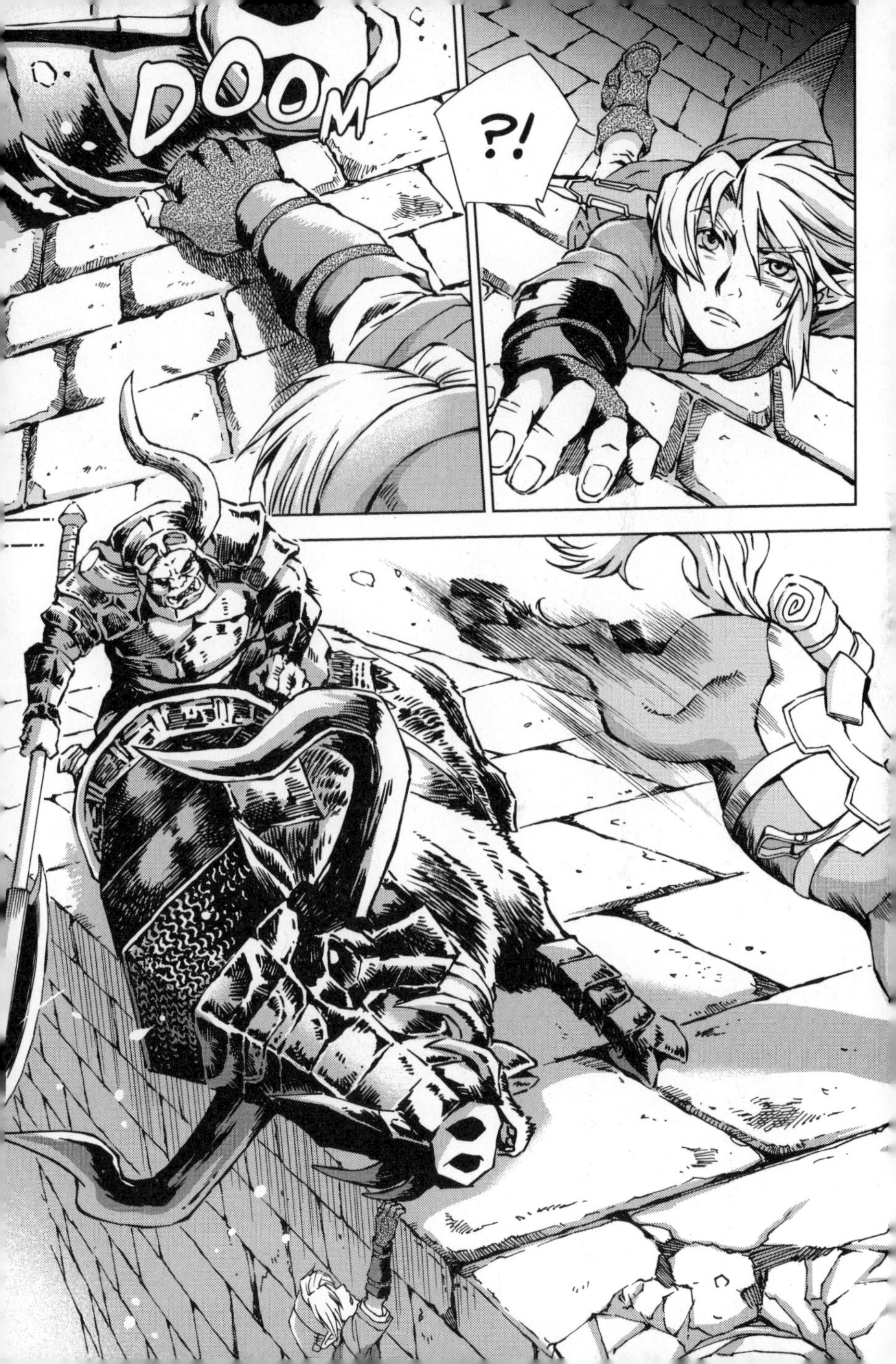

DOOM
?!

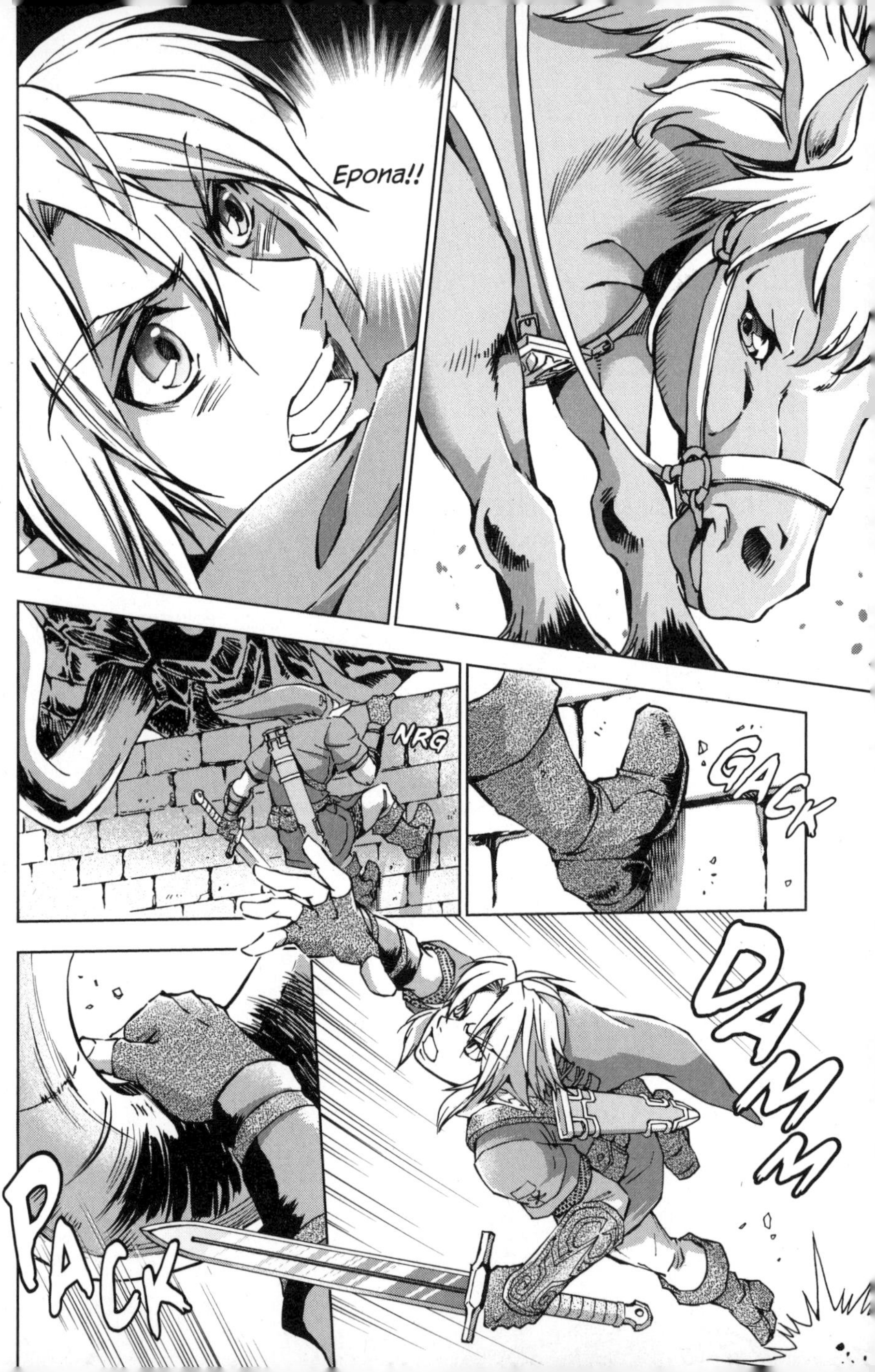
Epona!!
NRG
GACK
DAMMM
PACK

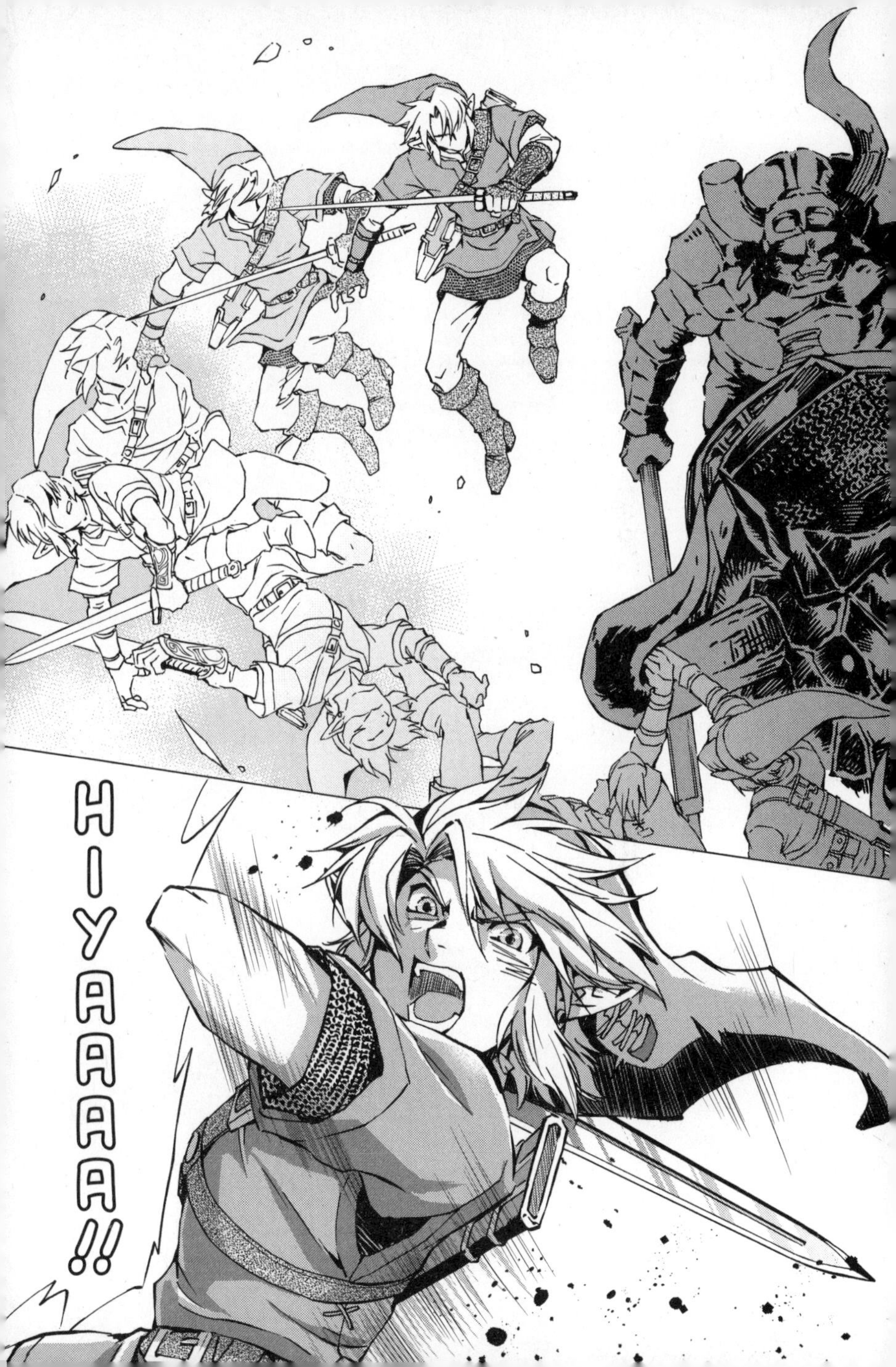
HIYAAAAA!!

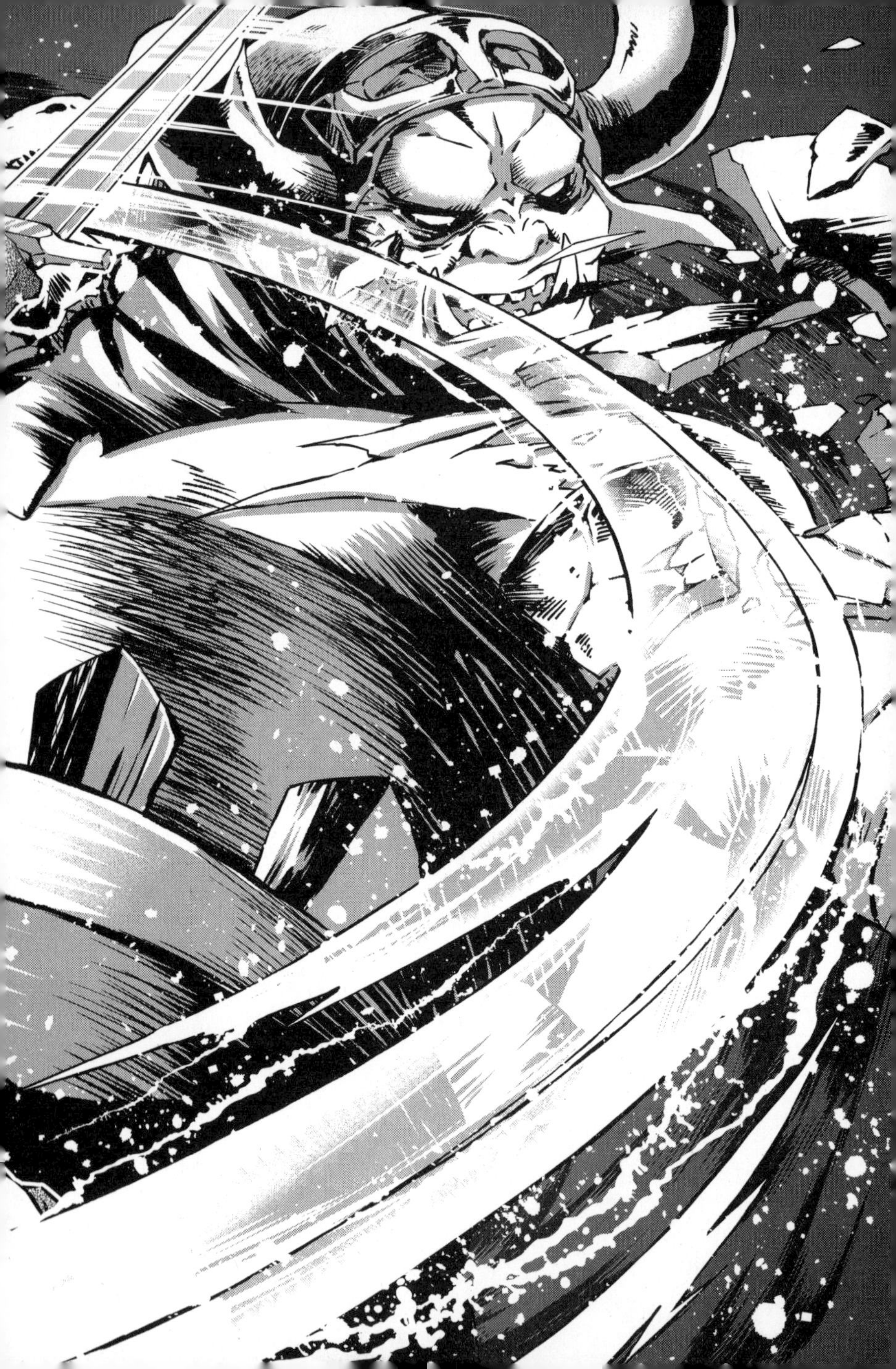

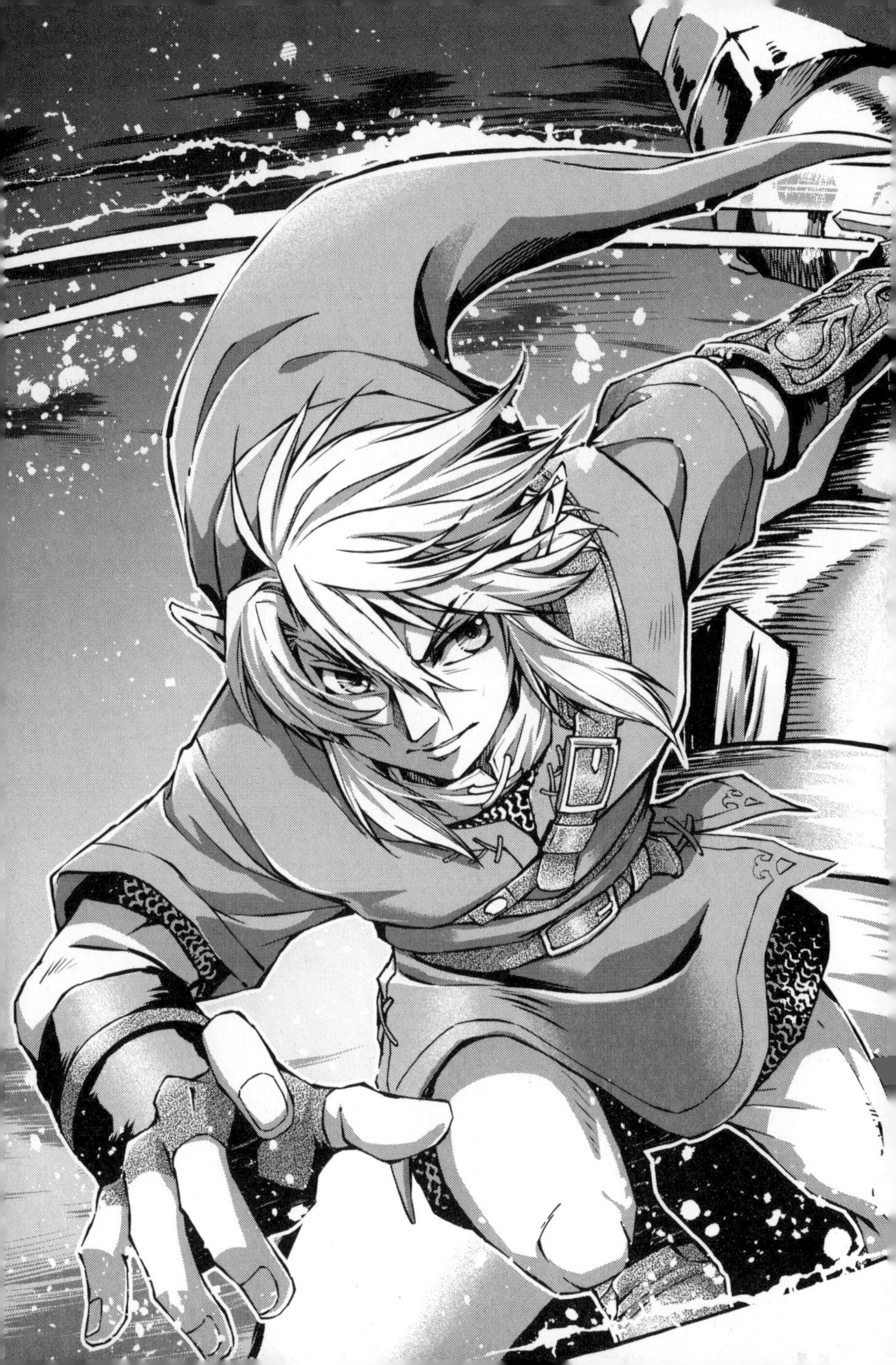

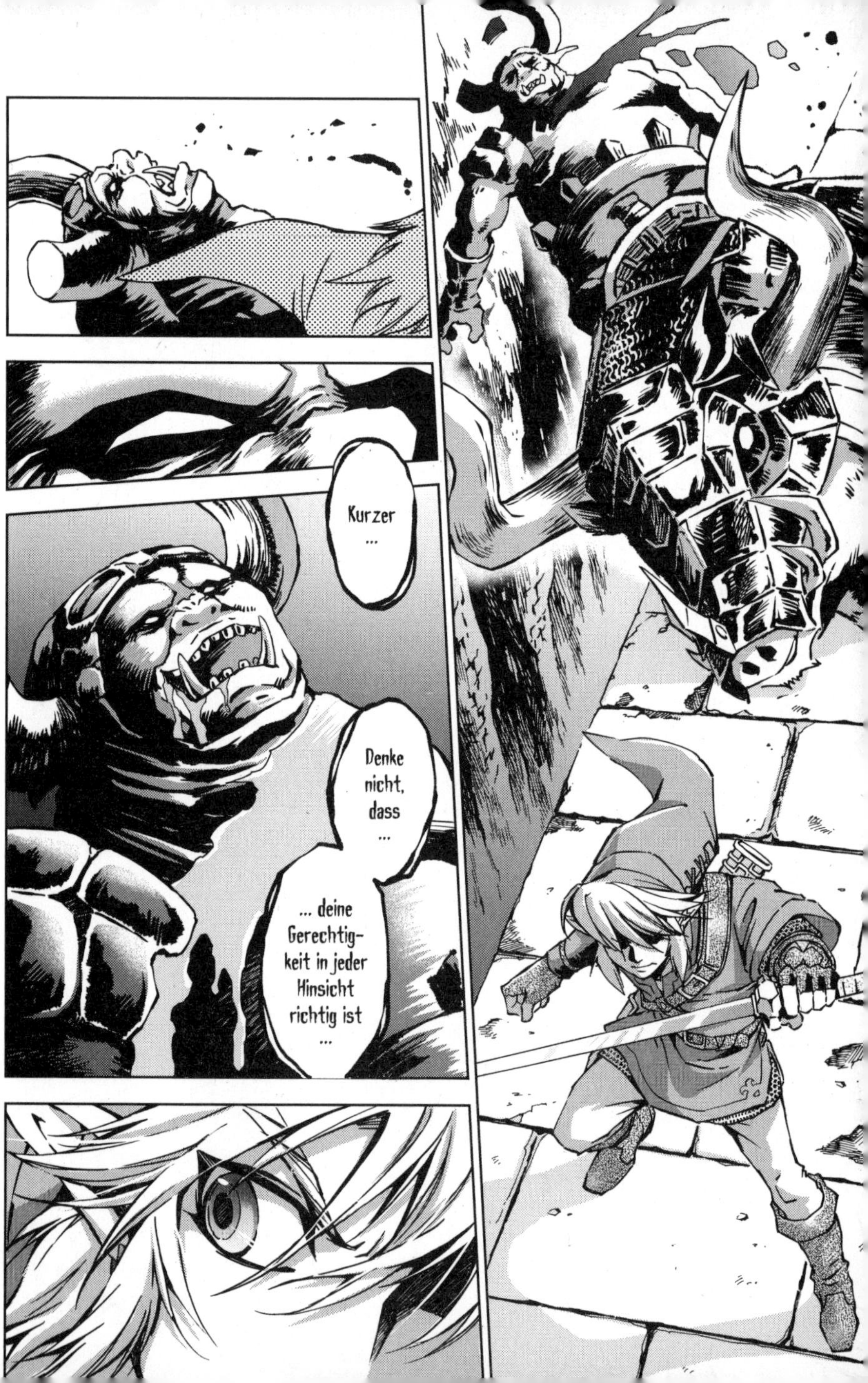
Kurzer …
Denke nicht, dass …
… deine Gerechtigkeit in jeder Hinsicht richtig ist …

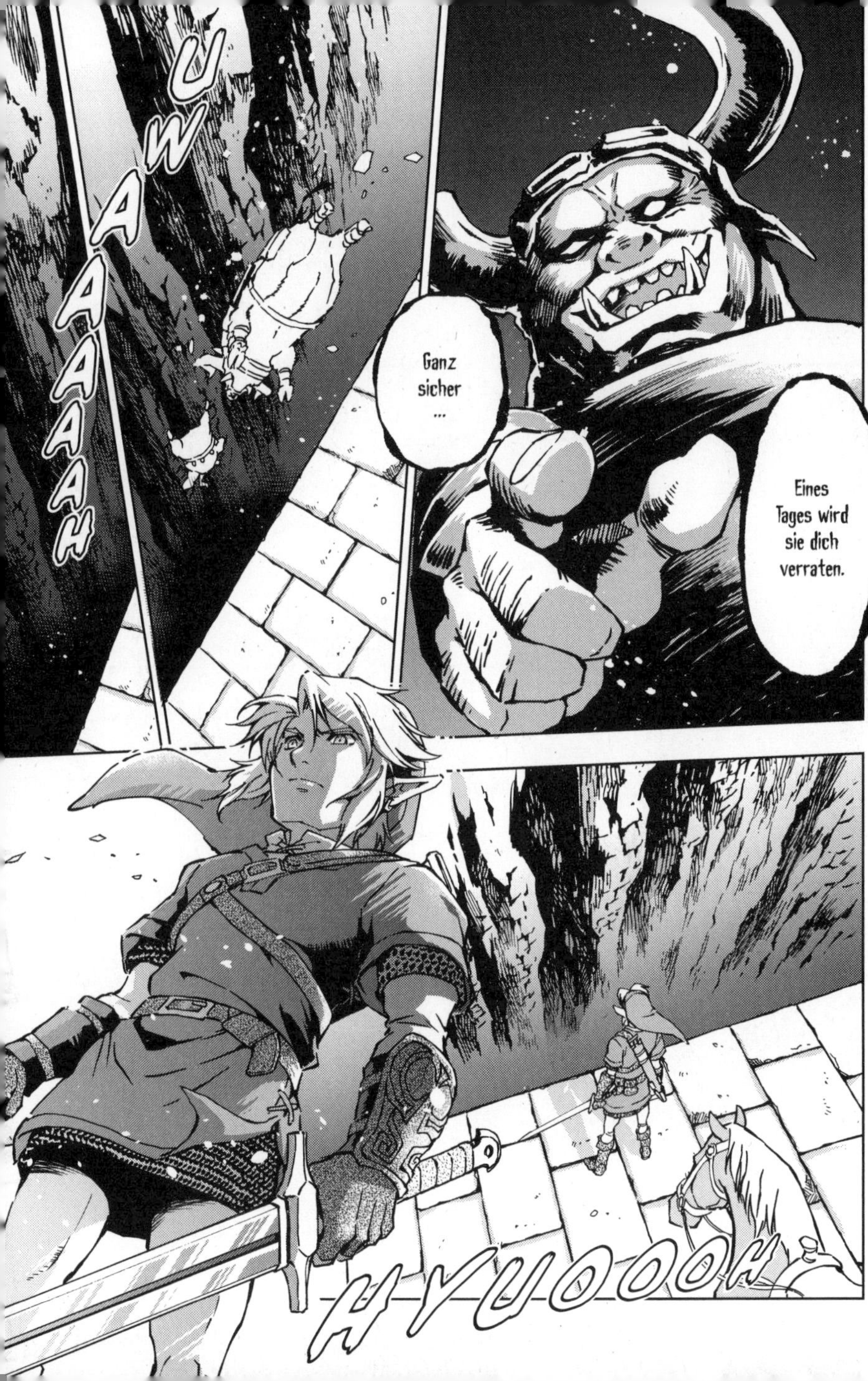
Eines Tages wird sie dich verraten.
Ganz sicher …
UWAAAAAAAH
HYUOOOOH

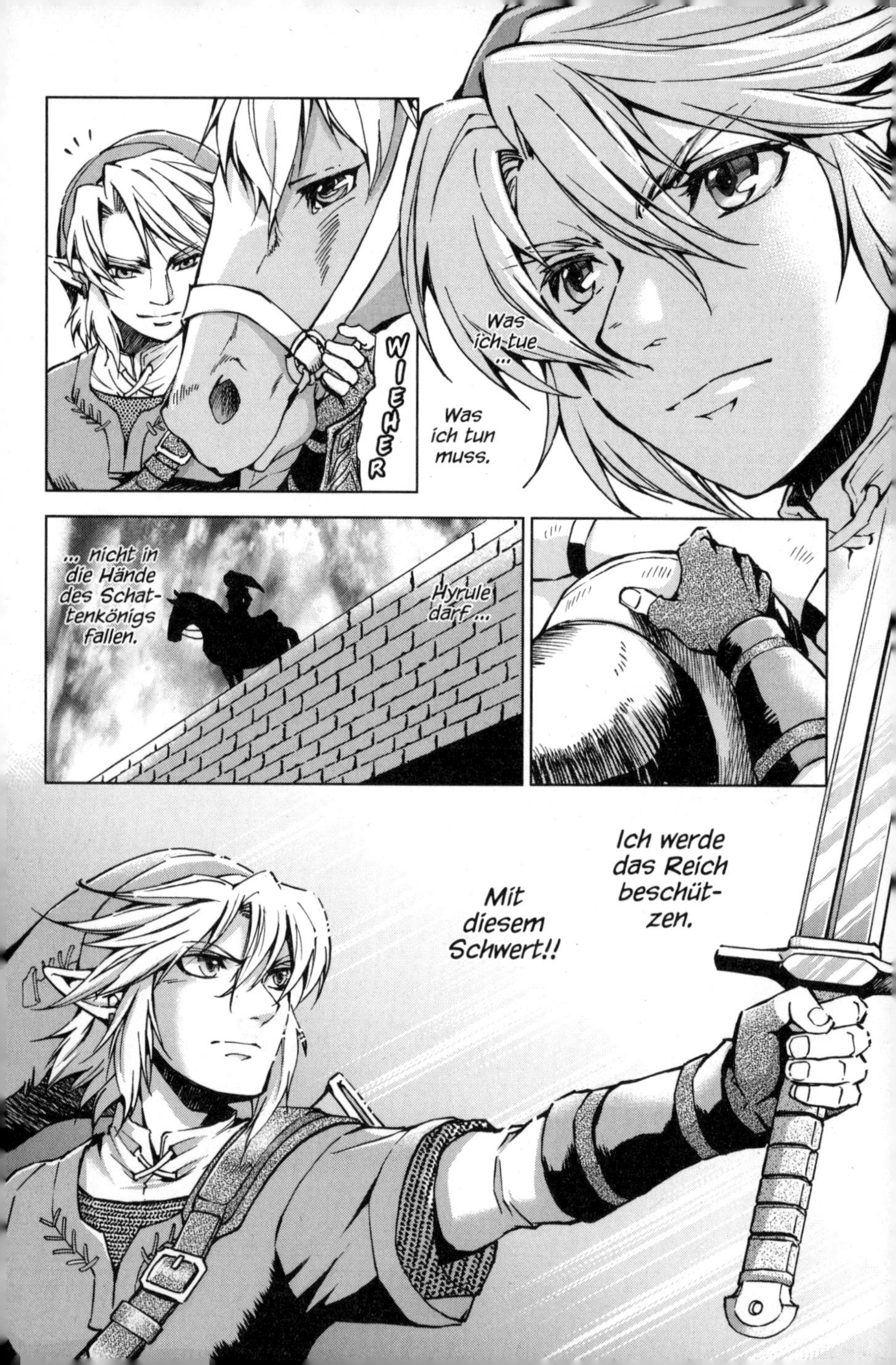
Was ich tue ...
Was ich tun muss.
WIEHER
Hyrule darf ...
... nicht in die Hände des Schattenkönigs fallen.
Ich werde das Reich beschützen.
Mit diesem Schwert!!

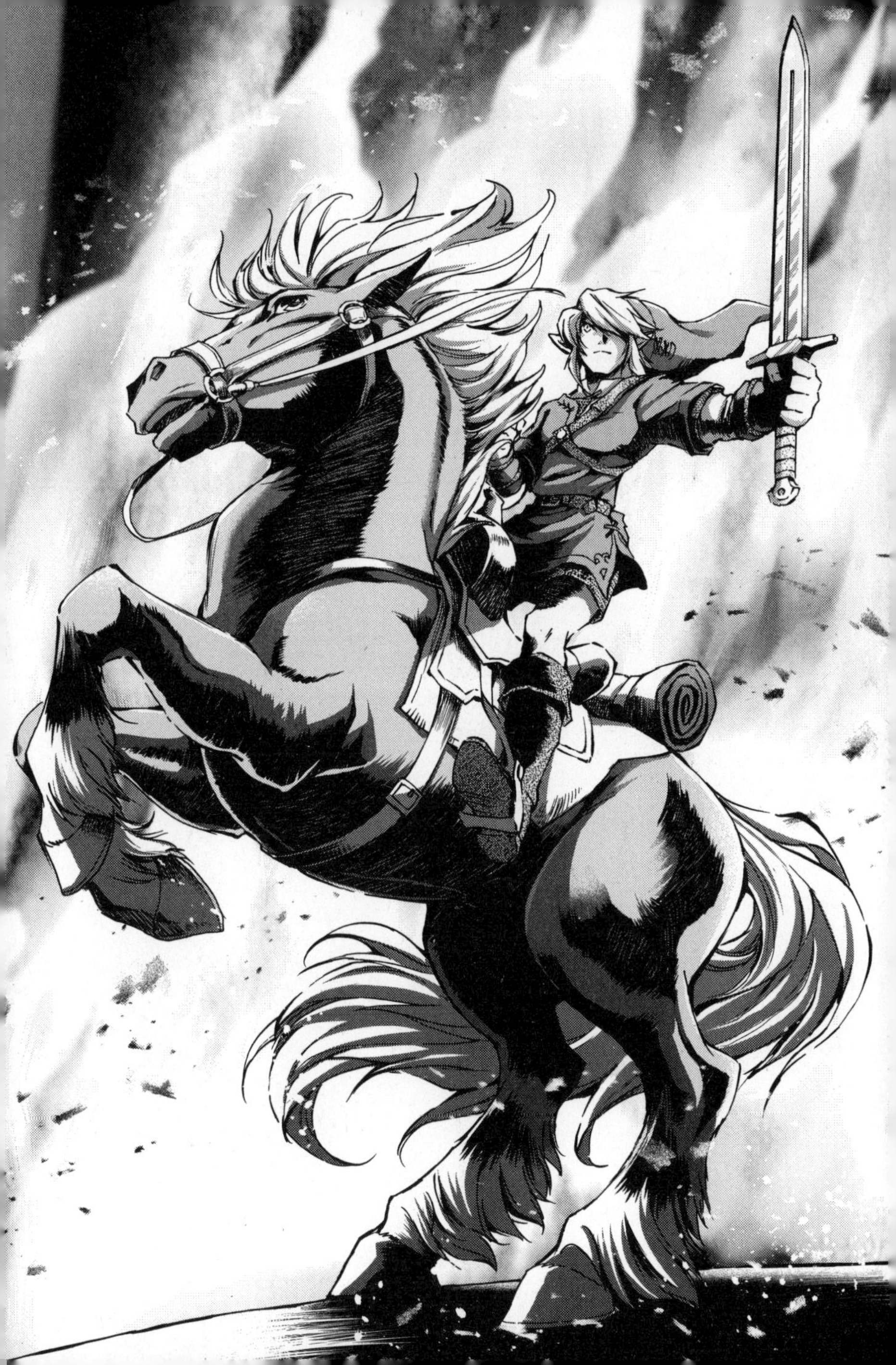

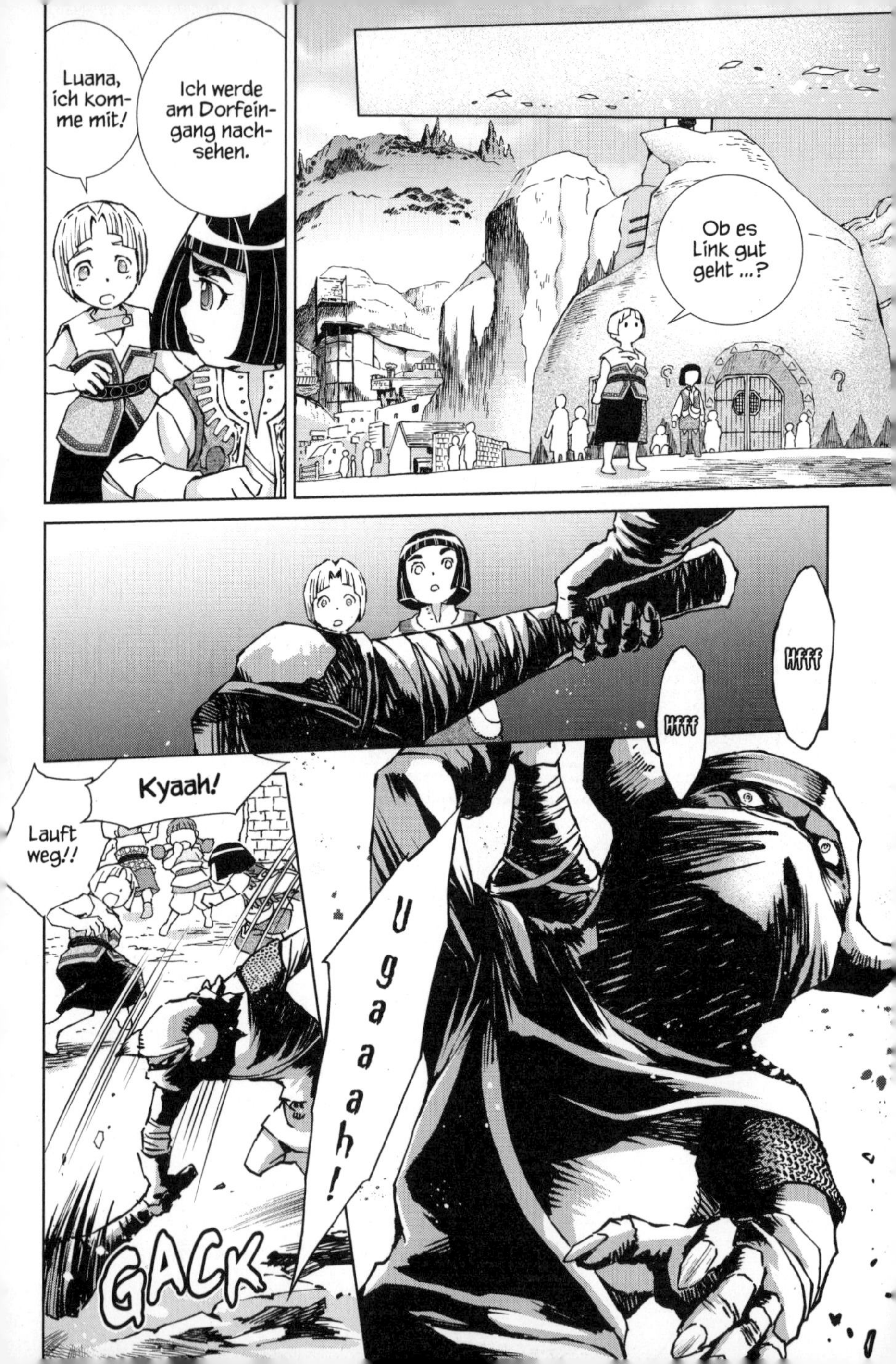
Luana, ich komme mit!
Ich werde am Dorfeingang nachsehen.
Ob es Link gut geht ...?
Hfff
Hfff
Kyaah!
Lauft weg!!
Ugaaaah!
GACK

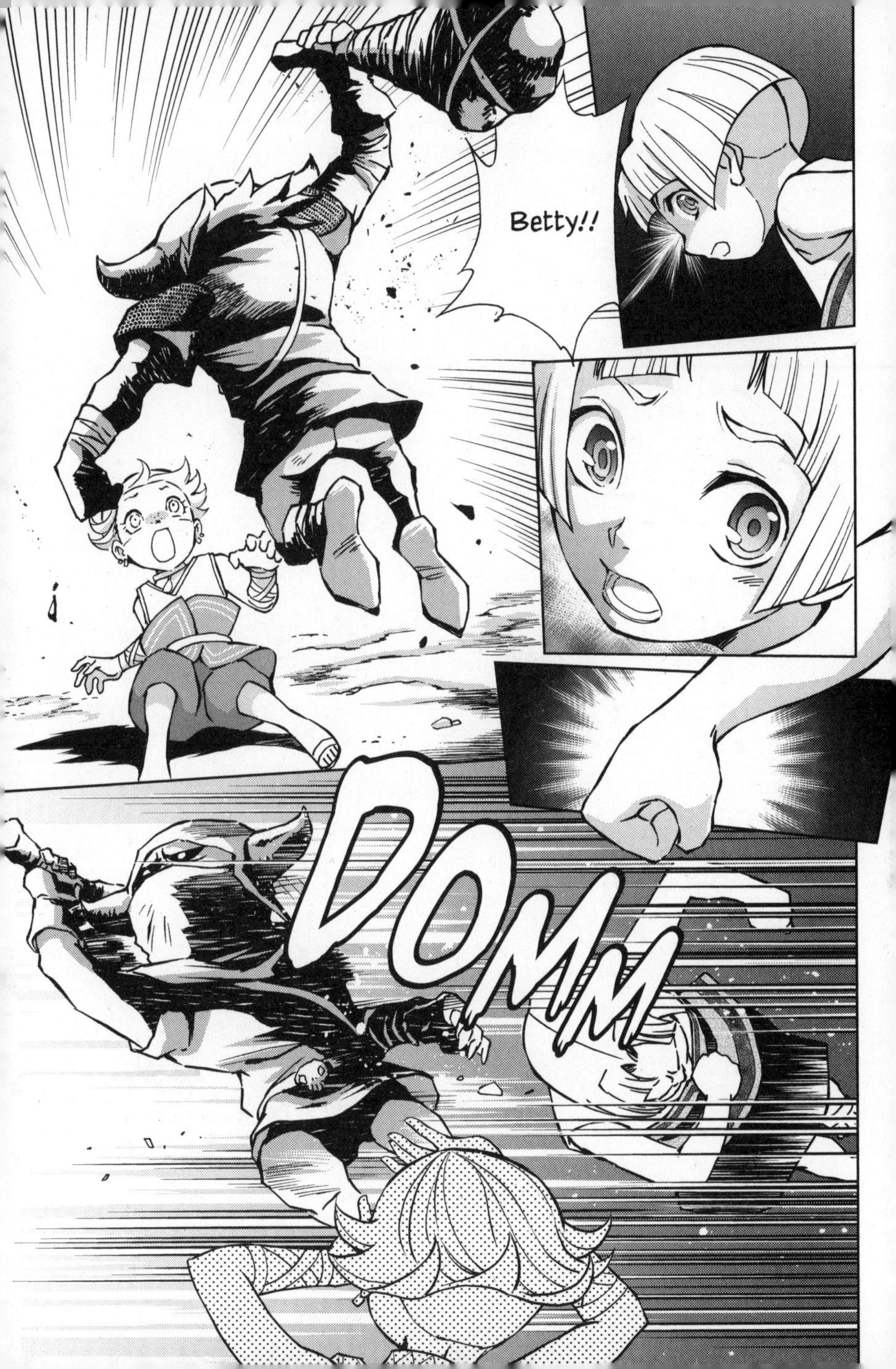
Betty!!
DOMM

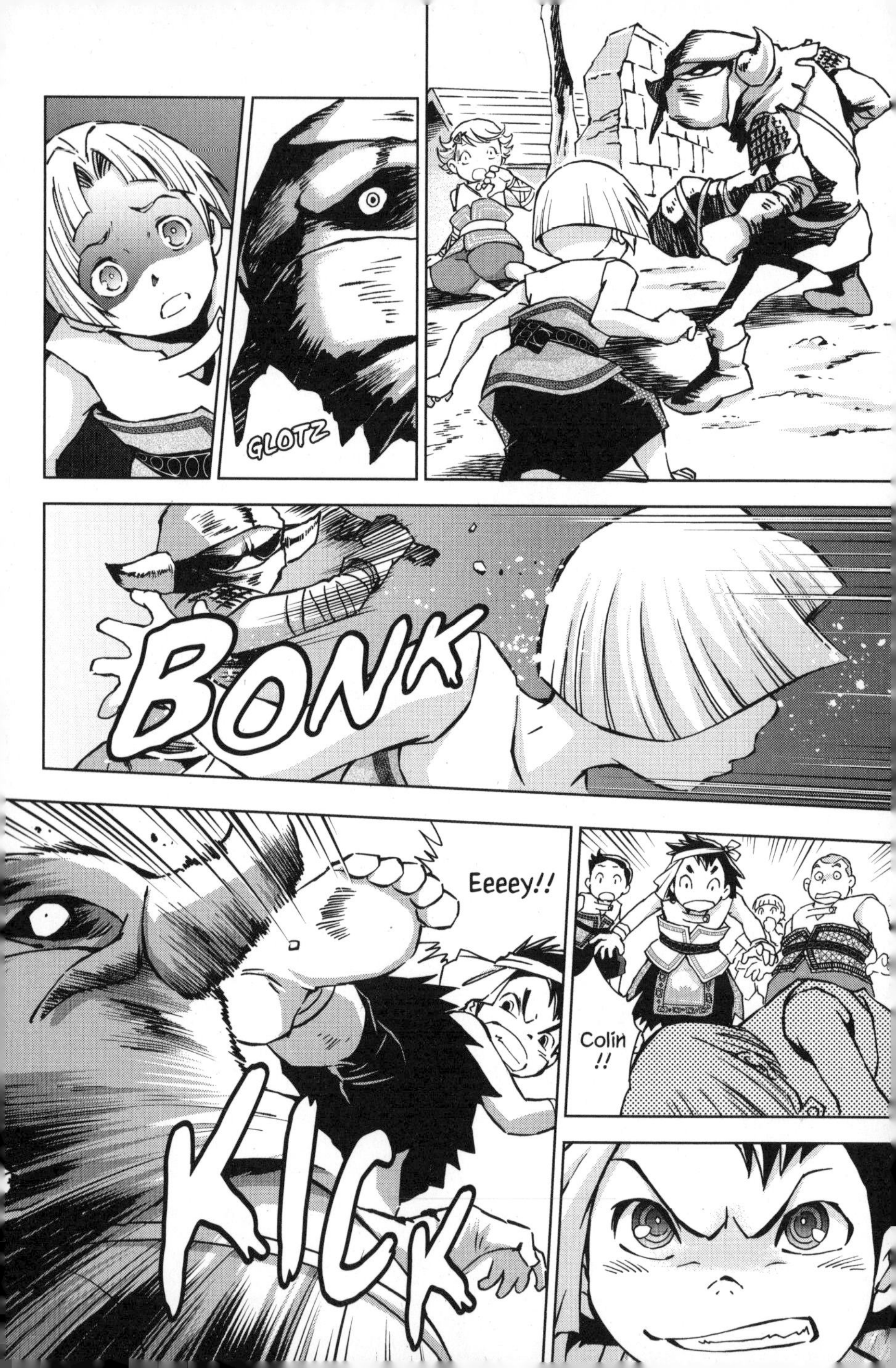
GLOTZ
BONK
Eeeey!!
Colin !!
KICK

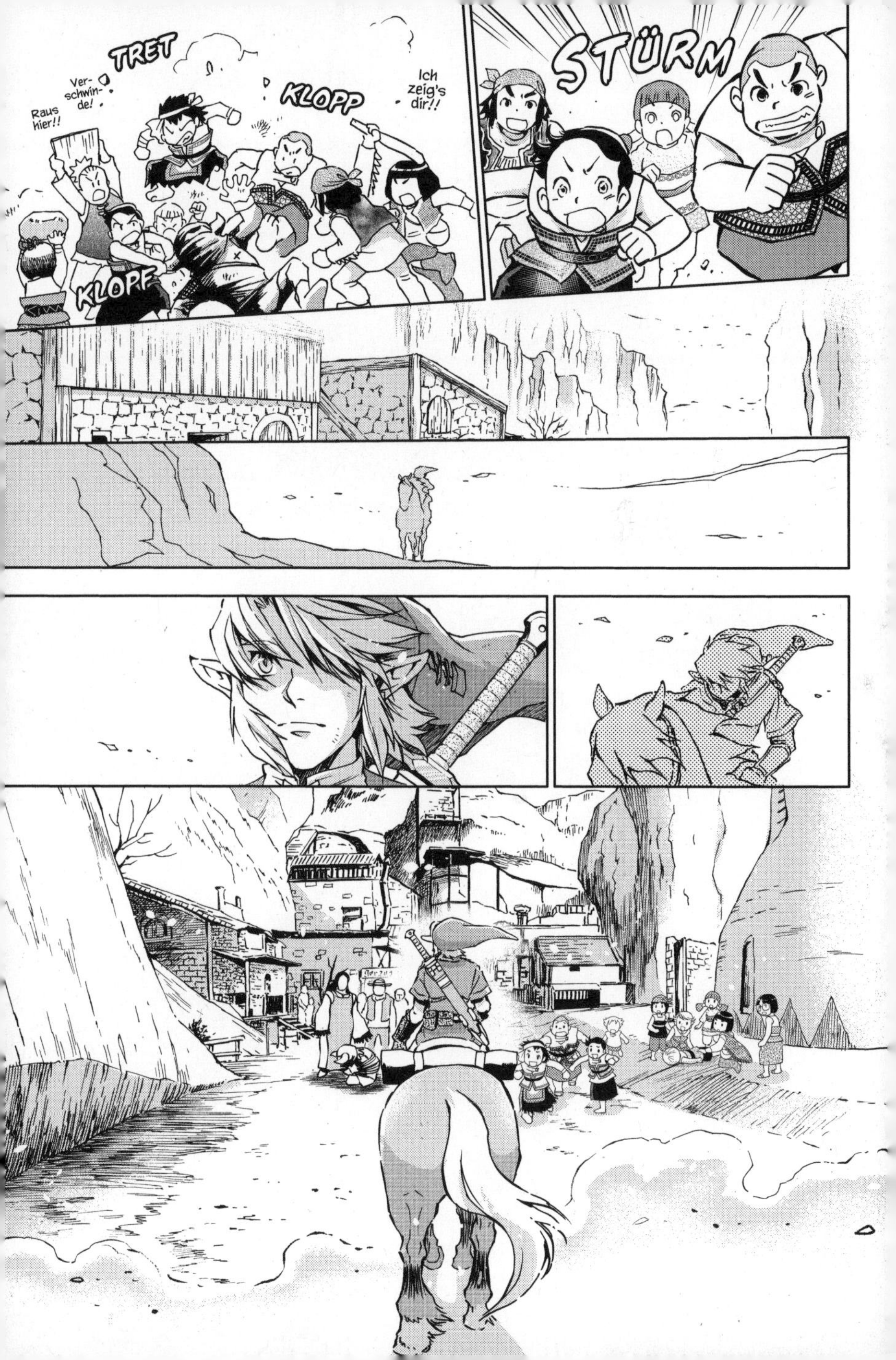
STÜRM
Ich zeig's dir!!
KLOPP
TRET
Ver-schwin-de!
Raus hier!!
KLOPF

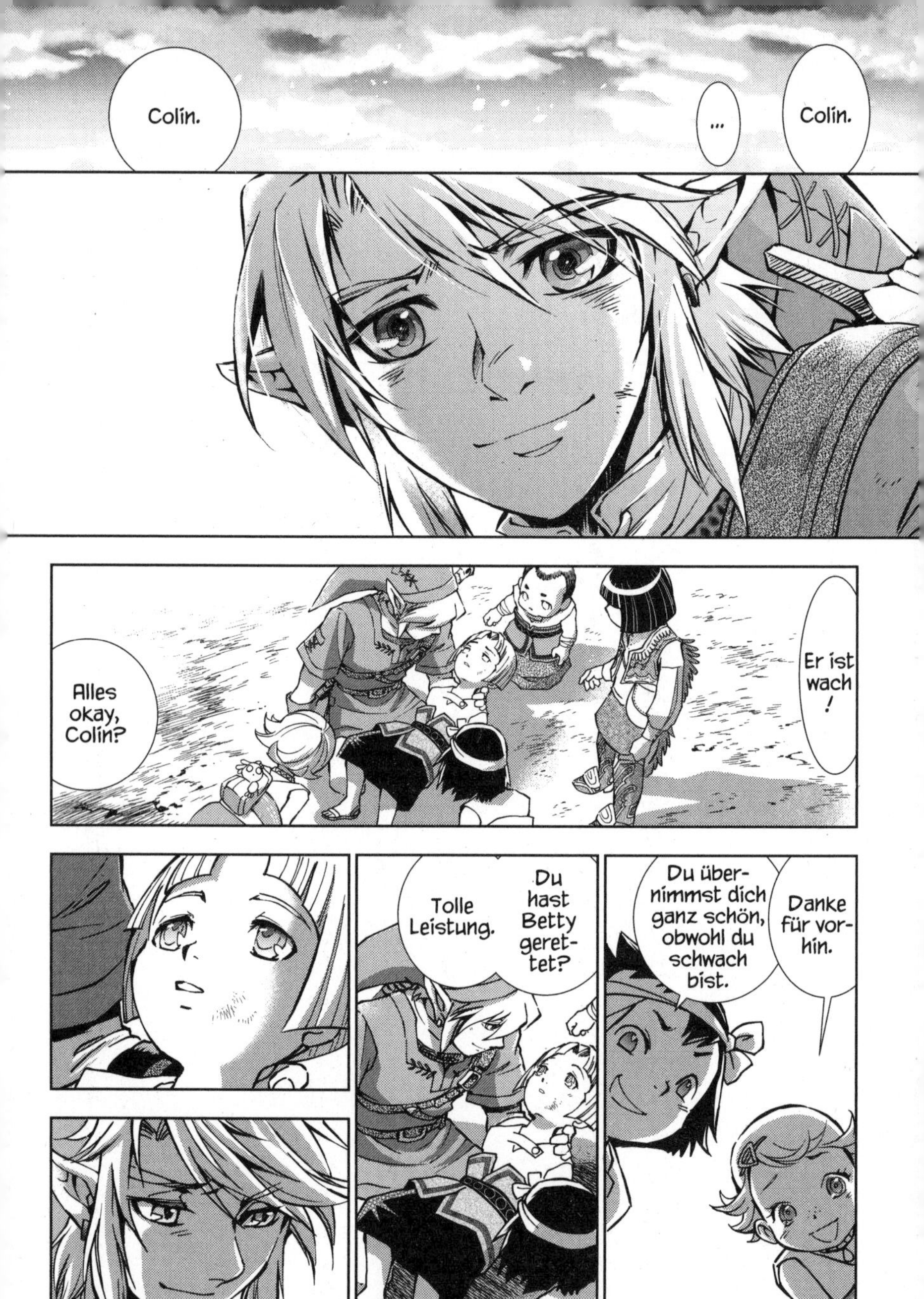
Colin.
...
Colin.
Er ist wach!
Alles okay, Colin?
Danke für vorhin.
Du übernimmst dich ganz schön, obwohl du schwach bist.
Du hast Betty gerettet?
Tolle Leistung.

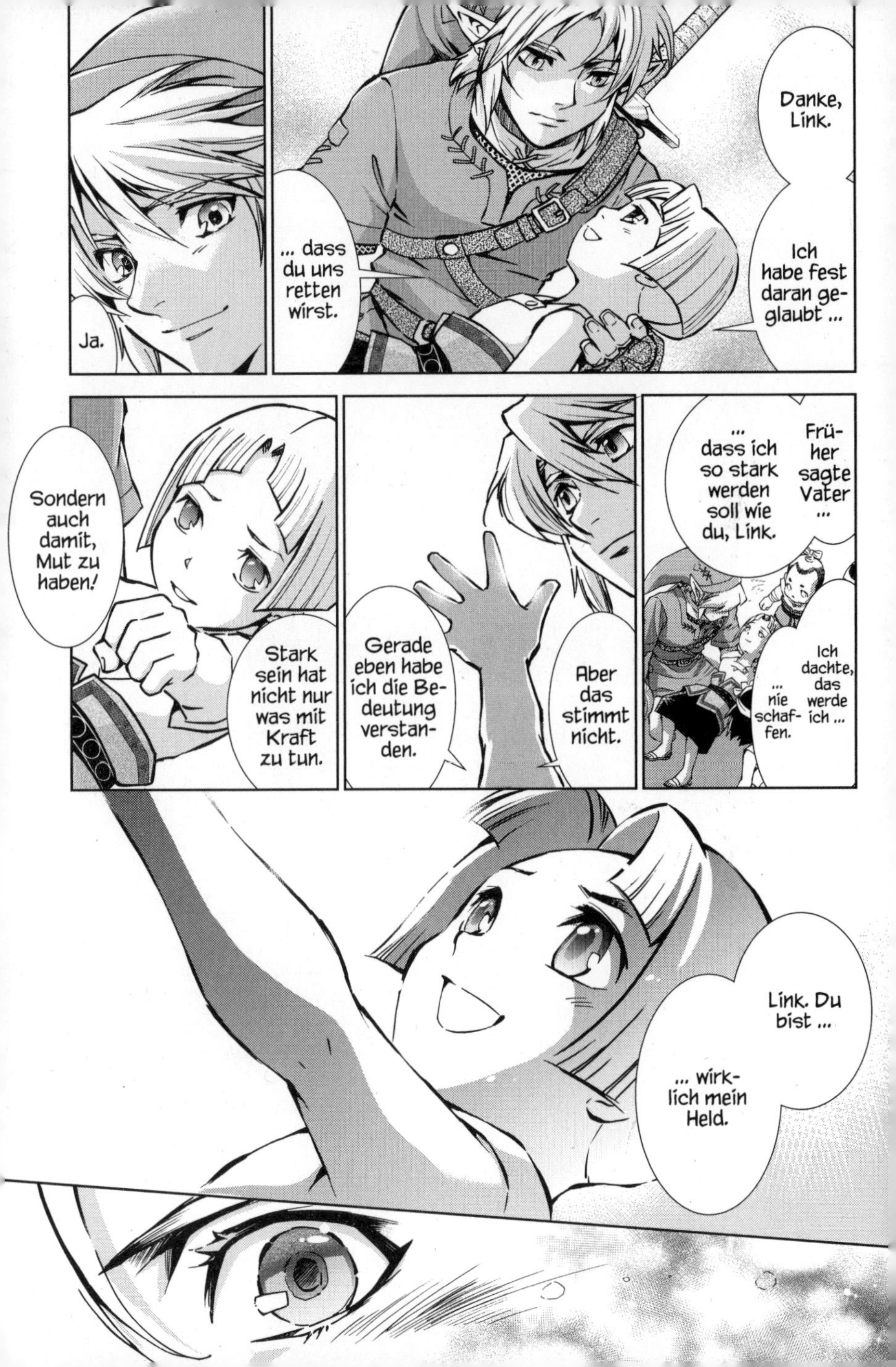

Danke, Link.
Ich habe fest daran geglaubt ...
... dass du uns retten wirst.
Ja.
Früher sagte Vater ...
... dass ich so stark werden soll wie du, Link.
Ich dachte, das werde ich ...
... nie schaffen.
Aber das stimmt nicht.
Gerade eben habe ich die Bedeutung verstanden.
Stark sein hat nicht nur was mit Kraft zu tun.
Sondern auch damit, Mut zu haben!
Link. Du bist ...
... wirklich mein Held.

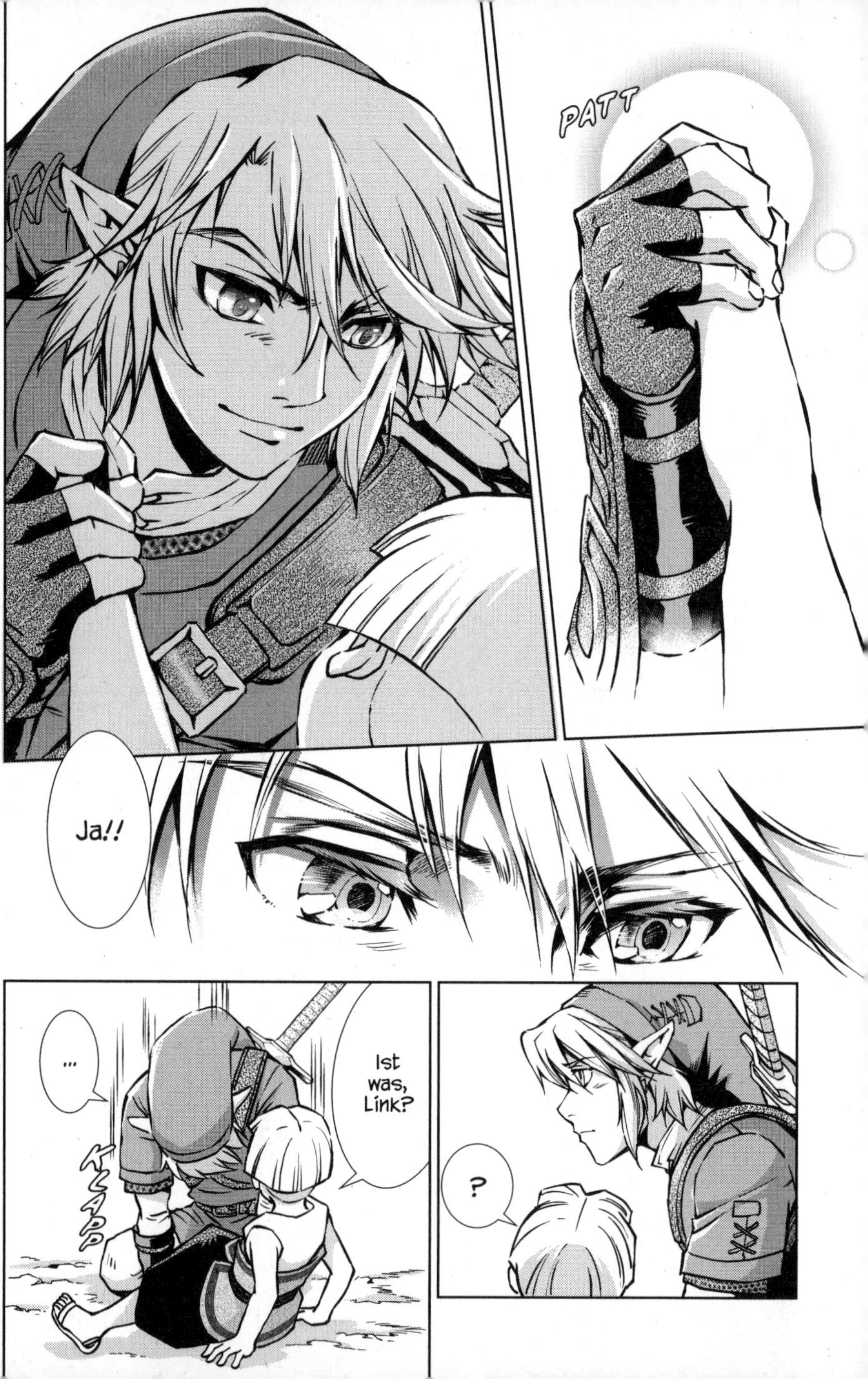
PATT
Ja!!
?
Ist was, Link?
...
KLAPP

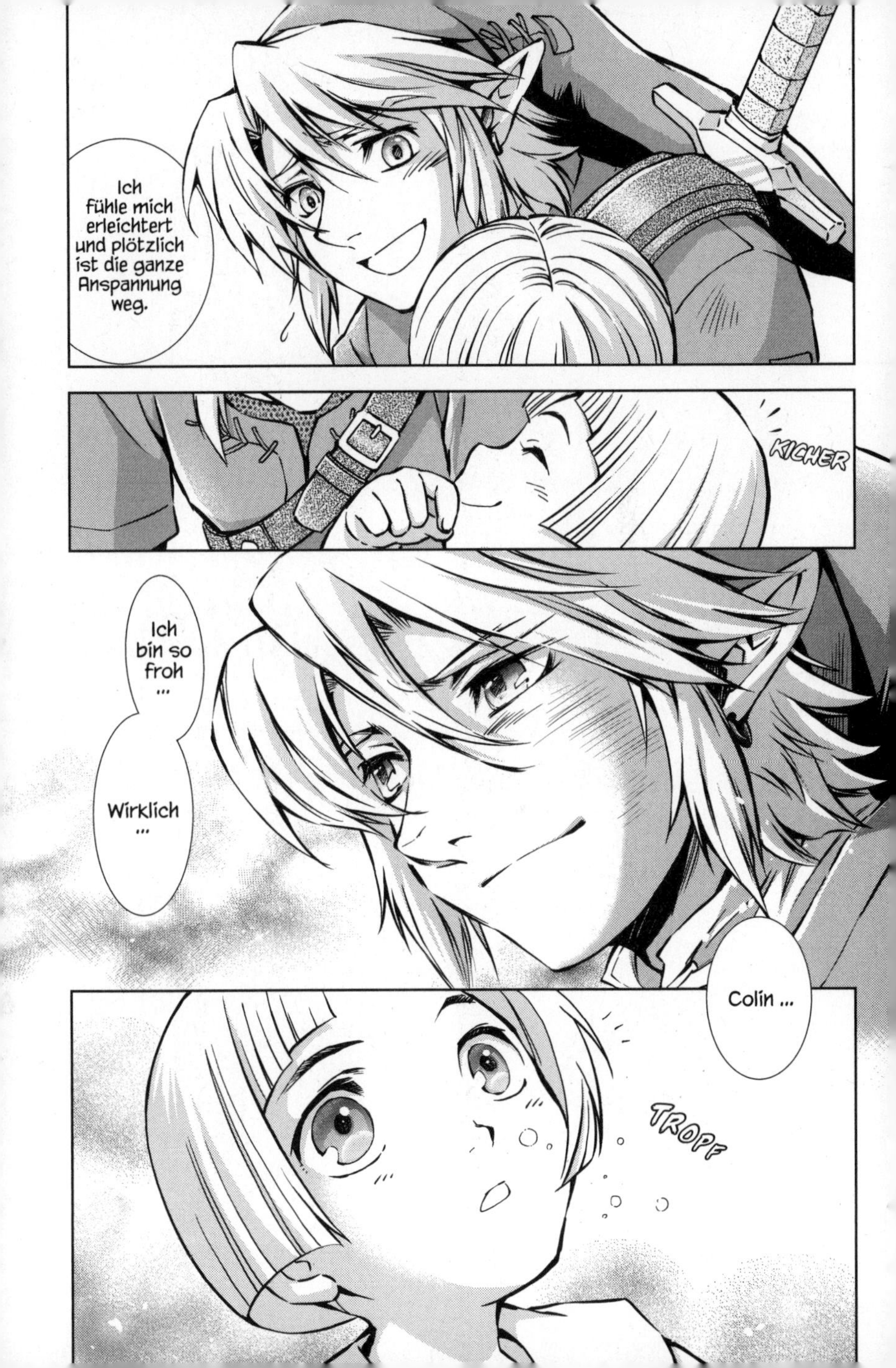

Ich fühle mich erleichtert und plötzlich ist die ganze Anspannung weg.
KICHER
Ich bin so froh ...
Wirklich ...
Colin ...
TROPF

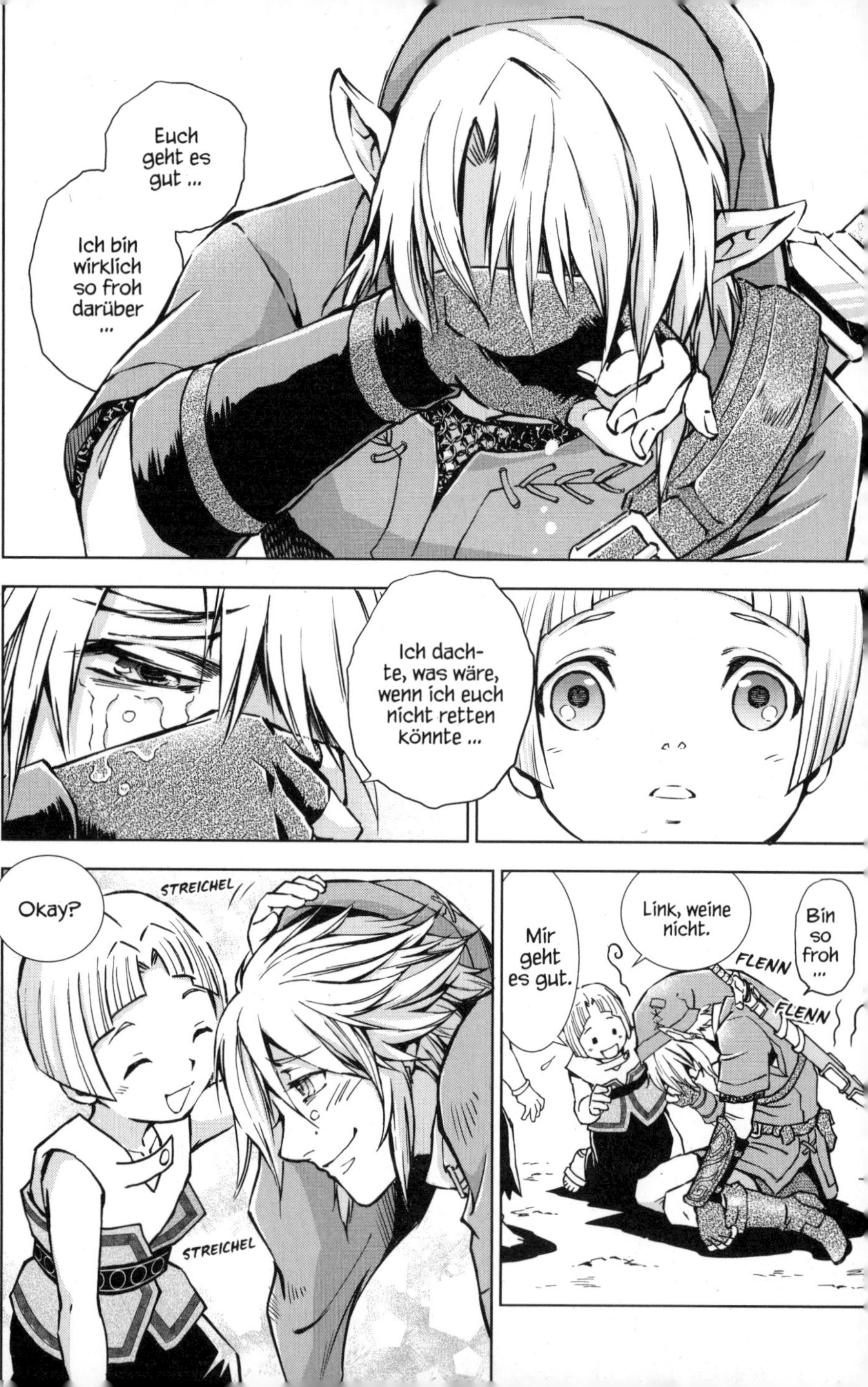

Euch geht es gut ...
Ich bin wirklich so froh darüber ...
Ich dachte, was wäre, wenn ich euch nicht retten könnte ...
Bin so froh ...
FLENN
FLENN
Link, weine nicht.
Mir geht es gut.
STREICHEL
Okay?
STREICHEL

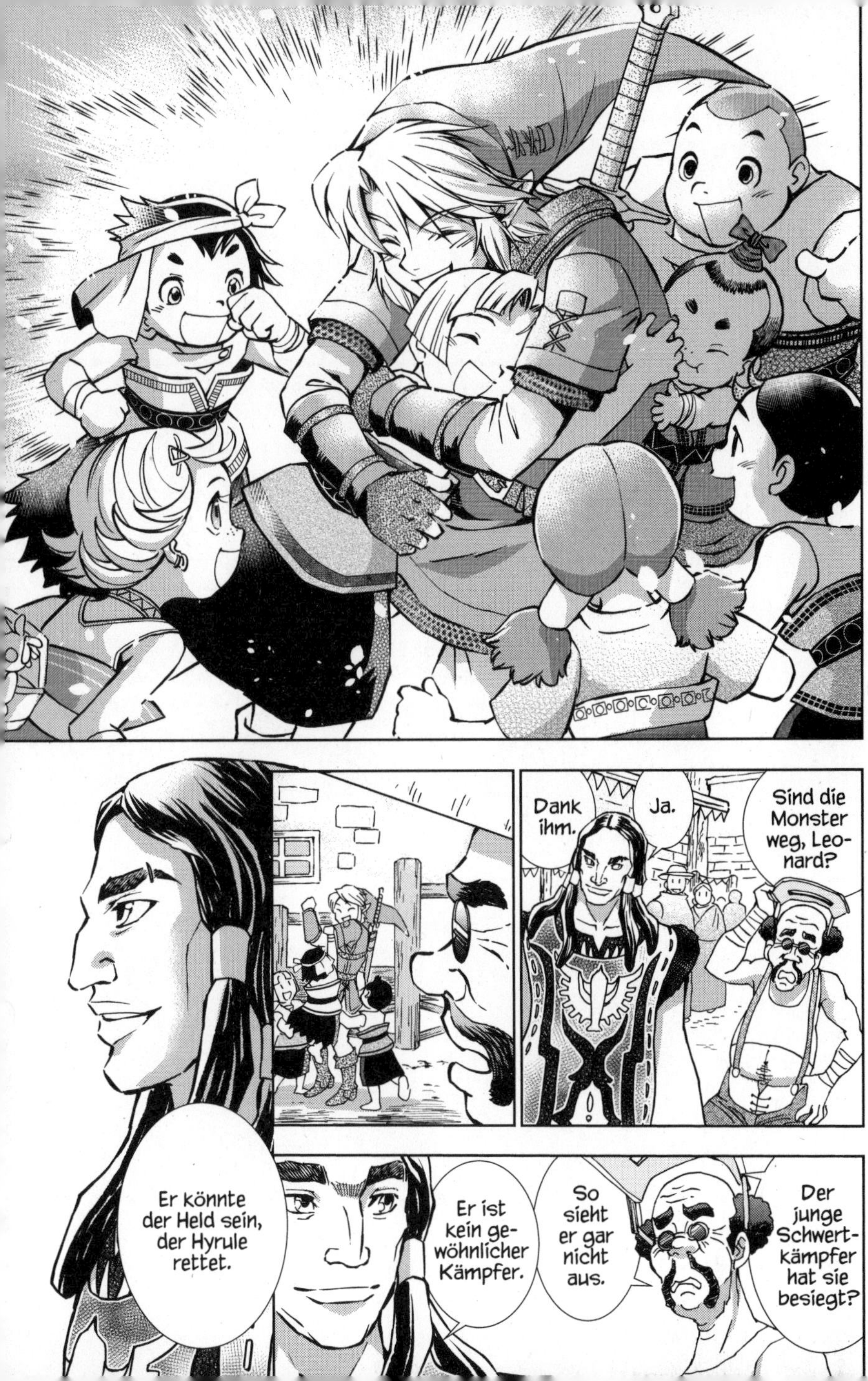

Sind die Monster weg, Leonard?
Ja.
Dank ihm.
Der junge Schwertkämpfer hat sie besiegt?
So sieht er gar nicht aus.
Er ist kein gewöhnlicher Kämpfer.
Er könnte der Held sein, der Hyrule rettet.

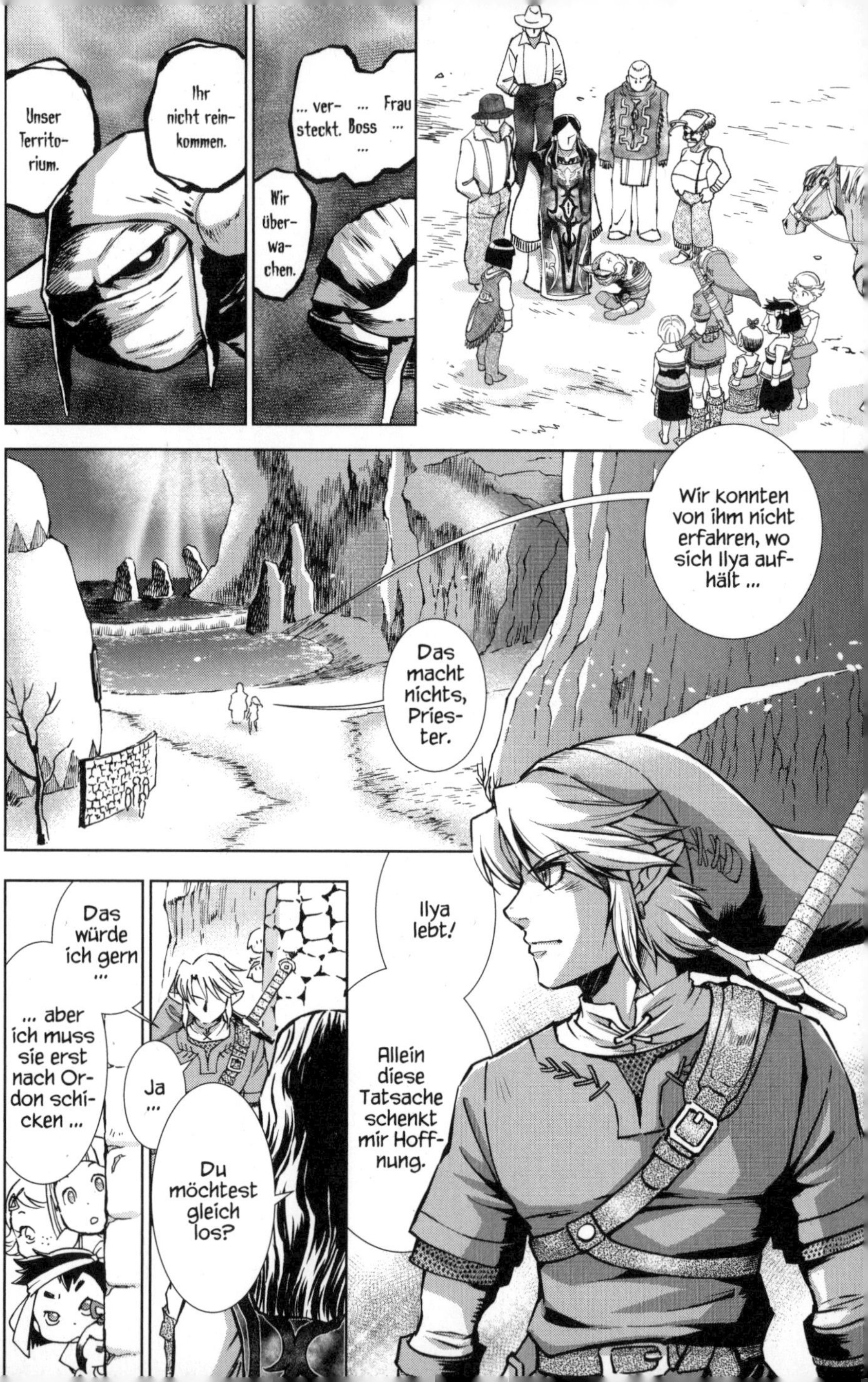
Frau ...
... Boss ...
... ver-steckt.
Wir über-wa-chen.
Ihr nicht rein-kommen.
Unser Territo-rium.
Wir konnten von ihm nicht erfahren, wo sich Ilya auf-hält ...
Das macht nichts, Pries-ter.
Ilya lebt!
Allein diese Tatsache schenkt mir Hoff-nung.
Du möchtest gleich los?
Ja ...
Das würde ich gern ...
... aber ich muss sie erst nach Or-don schi-cken ...

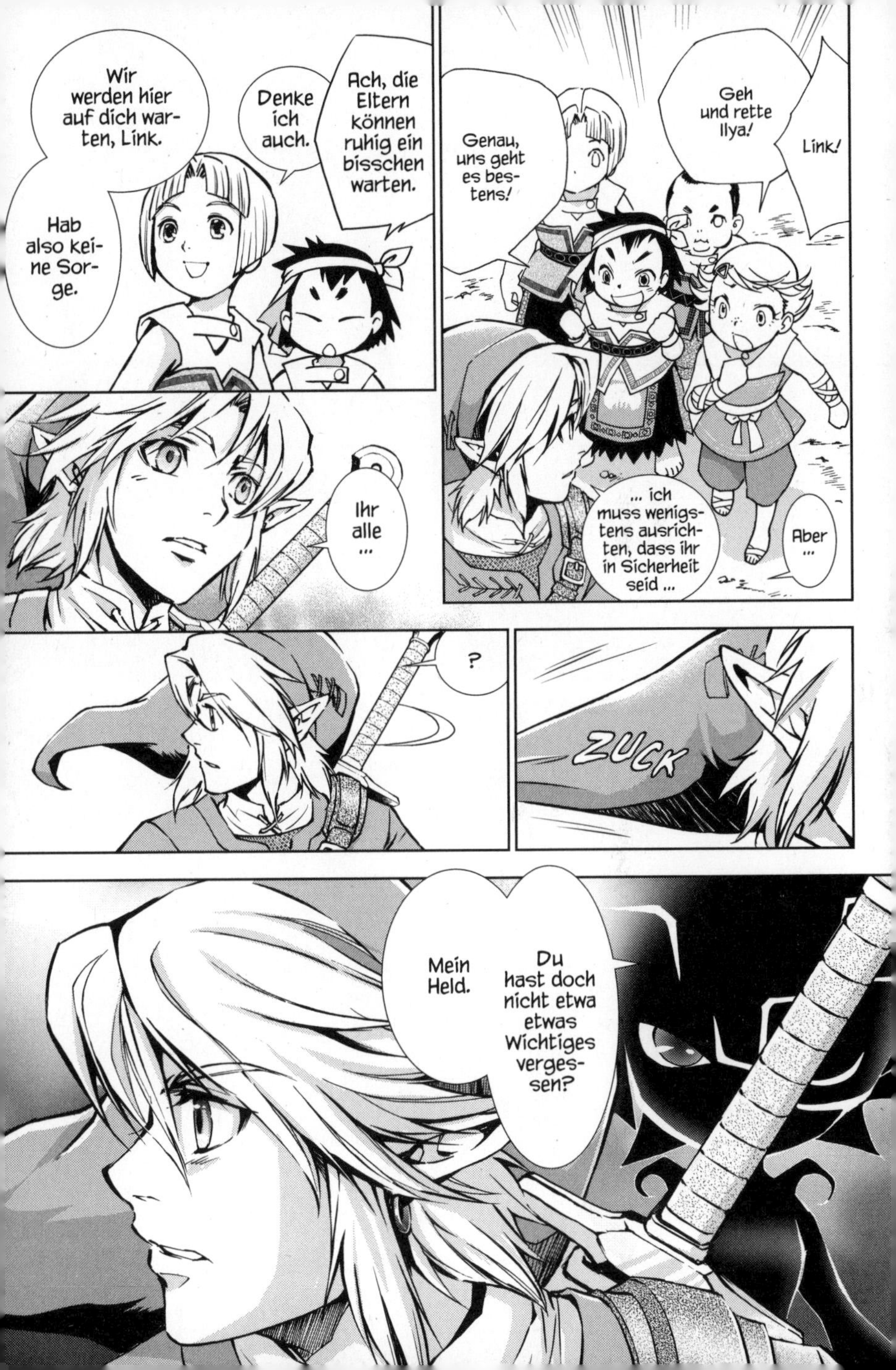
Link!
Geh und rette Ilya!
Genau, uns geht es bestens!
Ach, die Eltern können ruhig ein bisschen warten.
Denke ich auch.
Wir werden hier auf dich warten, Link.
Hab also keine Sorge.
Aber ...
... ich muss wenigstens ausrichten, dass ihr in Sicherheit seid ...
Ihr alle ...
ZUCK
?
Mein Held.
Du hast doch nicht etwa etwas Wichtiges vergessen?

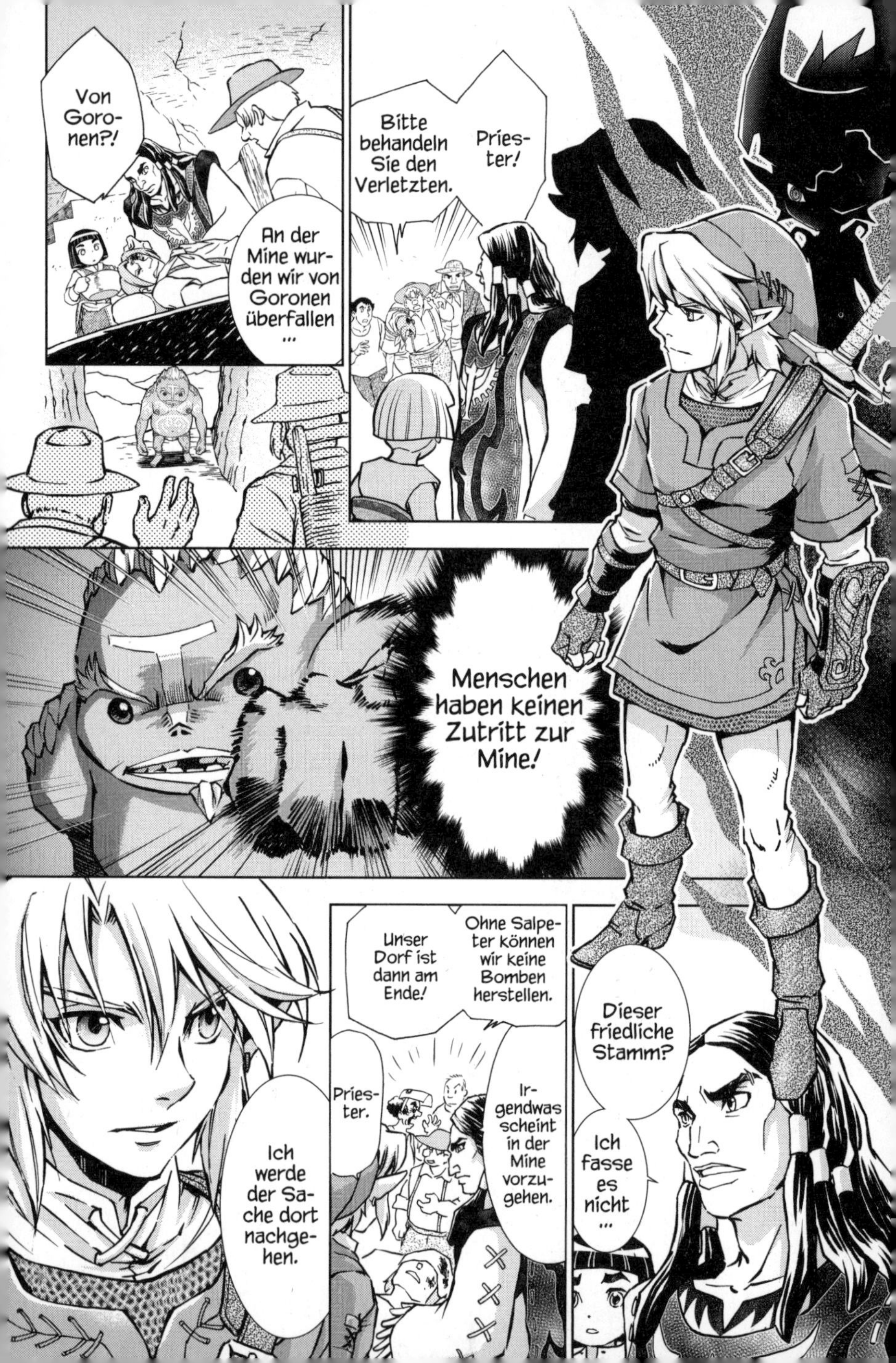
Pries-ter!
Bitte behandeln Sie den Verletzten.
An der Mine wur-den wir von Goronen überfallen ...
Von Goro-nen?!
Menschen haben keinen Zutritt zur Mine!
Dieser friedliche Stamm?
Ich fasse es nicht ...
Ohne Salpe-ter können wir keine Bomben herstellen.
Unser Dorf ist dann am Ende!
Ir-gendwas scheint in der Mine vorzu-gehen.
Pries-ter.
Ich werde der Sa-che dort nachge-hen.

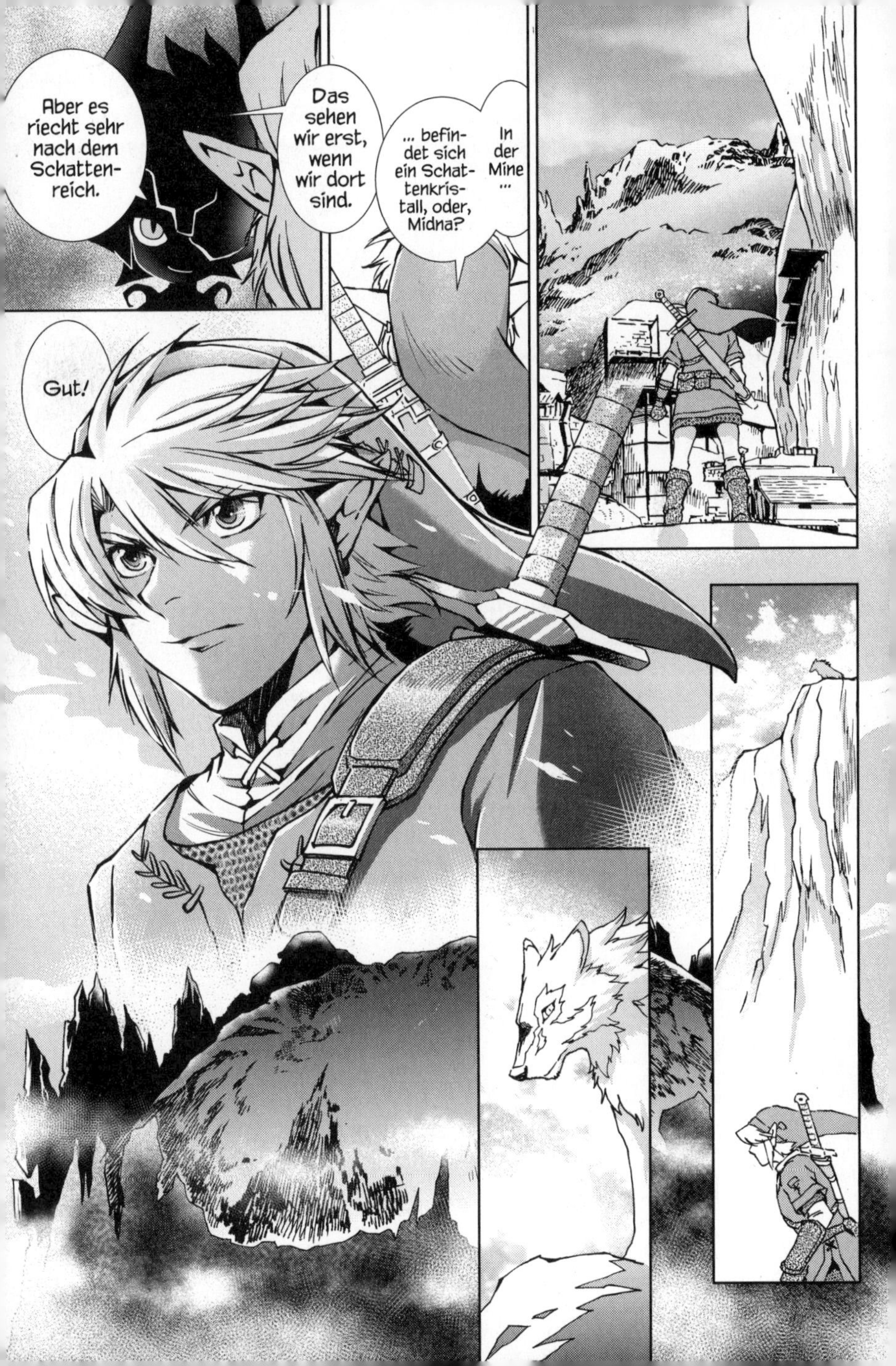

In der Mine ...
... befindet sich ein Schattenkristall, oder, Midna?
Das sehen wir erst, wenn wir dort sind.
Aber es riecht sehr nach dem Schattenreich.
Gut!

TOKYOPOP GmbH
Hamburg

TOKYOPOP
7. Auflage, 2025
Deutsche Ausgabe/German Edition

Aus dem Japanischen von Hirofumi Yamada

ZELDA NO DENSETSU TWILIGHT PRINCESS 3
by Akira HIMEKAWA

Original Japanese edition published by SHOGAKUKAN.
German translation rights in Germany, Austria, Liechtenstein and German speaking areas in Switzerland, Belgium, Italy and Luxembourg arranged with SHOGAKUKAN through VME PLB SAS.

Original designed by Kazutada YOKOYAMA

Redaktion: Sabine Scholz
Lettering: Vibrant Publishing Studio
Herstellung: Annika Meyer-Wülfing
Druck und buchbinderische Verarbeitung:
CPI–Clausen & Bosse GmbH, Leck
Printed in Germany

MIX Papier FSC® C083411

Wir achten auf die Umwelt.
Dieses Produkt besteht aus FSC®-zertifizierten und anderen kontrollierten Materialien.

ISBN 978-3-8420-3235-4

www.tokyopop.de